PSYCHOLOGISCHE NUMEROLOGIE NACH DR. MAZZA ®

Psychologische Numerologie für Kinder und Jugendliche

Das Entfaltungspotenzial von Kindern und Jugendlichen erkennen und fördern

Dr. Ernestina Sabrina Mazza

Impressum

Layout und Gesamtherstellung:
Mag. (FH) Clemens Mazza

Titelbild:
© gilles lougassi - Fotolia

Lektorat:
Olivia Höffernig, BA, MA, MA
Eva-Maria Schöttl, BA

Ökopapier:
Mondi Maestro Print – Zertifikate: EU Eco-Label, green range, ECF (elemental chlorine free), FSC, PEFC
Dieses Buch wurde besonders umweltschonend hergestellt.

1. Auflage Dezember 2018
Veröffentlicht im *bios® verlag*

ISBN 978-3-902907-08-0

Besuchen Sie uns auf:
www.bios-naturshop.eu
www.psychologischenumerologie.eu
www.akademiebios.eu

Inhalt

Kapitel 1

Kapitel 2

Kapitel 3

Kapitel 4

Hinweis des Verlags

Die Empfehlungen in diesem Buch wurden sorgfältig erworben und nach bestem Wissen und Gewissen geprüft. Jedoch bieten sie keinen Ersatz für professionelle psychologische, psychotherapeutische, pädagogische oder medizinische Ratschläge, Beratungen oder Therapien. Daher erfolgen alle Angaben in diesem Buch ohne Gewährleistung oder Garantie seitens der Autorin oder des Verlages.
Für Personen-, Sach- oder Vermögensschäden ist daher eine Haftung seitens der Autorin beziehungsweise des Verlages und seiner Mitarbeiter ausgeschlossen. Auf den Inhalt der in diesem Buch enthaltenen Verweise zu diversen Websites hat der Verlag keinen Einfluss, weshalb seitens des Verlages für diese Inhalte keine Gewähr übernommen wird. Für Inhalte verlinkter Seiten ist stets der jeweilige Betreiber der Seiten verantwortlich.

Einwilligung eingescannt, umgeschrieben und im Internet veröffentlicht werden. Dies gilt auch für Intranets von Schulen und sonstigen Bildungseinrichtungen.

Um die wichtigen Inhalte zu betonen und verständlicher zu machen, werden einige Zusammenhänge bewusst an mehreren Stellen des Buches wiederholt. Wir schreiben in gleicher Wertschätzung für beide Geschlechter. Um die Satzmelodie und den Textfluss angenehmer zu gestalten, haben wir uns entschlossen, die männliche Wortform stellvertretend auch für die weibliche zu wählen.

Vorwort

Mit jedem Menschen ist
etwas Neues in die Welt gesetzt,
was es noch nicht gegeben hat,
etwas Erstes und Einziges.
Martin Buber

Dieses Buch wurde mit der Absicht geschrieben, um Eltern und kinderliebenden Personen Wege aufzuzeigen, wie sie die Einzigartigkeit und das breite Spektrum eines Kindes erfassen können. Der Wunsch, mein Wissen in diesem Bereich an meine Mitmenschen weiterzugeben, wurde durch die Geburt meiner Tochter Alisea noch zusehends verstärkt. Die Begegnung mit meinem eigenen Kind in der Elternrolle und das Wahrnehmen seiner Einzigartigkeit machen mir Tag für Tag immer mehr bewusst, welche Aufgaben wir als Eltern, Erzieher oder Bezugsperson bei heranwachsenden Menschen haben. Es geht um nichts weniger, als unsere Kinder auf ihrem Weg zur Entfaltung bestmöglich zu begleiten, damit sie ihr Potenzial voll entwickeln und ausschöpfen können.

Erfassen wir die vielfältige Seele unserer Kinder und erkennen wir, dass jedes Kind eine tiefe Weisheit sowie ein enormes Potenzial und eine große Vielfalt an Möglichkeiten in sich trägt, dann gelingt es uns, die Begleitung von Kindern als Entdeckungsreise voller Überraschungen zu erleben. Uns wird dadurch bewusst, dass wir voneinander lernen und gemeinsam wachsen können.

Wir entdecken in jedem Kind ein neues Universum, das reich an Möglichkeiten der Begegnung sowie des Austausches ist.
Kinder und Jugendliche wünschen sich, von ihren Eltern respektiert und in ihrer individuellen Art wahrgenommen zu werden. Wenn Erwachsene und Kinder einander mit Ehrlichkeit, Wertschätzung und realistischen sowie flexiblen Erwartungen begegnen, können sie aktiv aufeinander eingehen und miteinander wie in einem harmonischen Tanz, losgelöst von jeglichem Zwang, verbunden sein.

Die **Psychologische Numerologie für Kinder und Jugendliche** bietet Erwachsenen die Möglichkeit, die Persönlichkeit der Kinder und Jugendlichen, die man begleitet, aus unterschiedlichen Perspektiven zu betrachten und den Kern sowie die Facetten ihres vielfältigen Charakters zu verstehen.
Lassen Sie sich von diesem Buch an die Hand nehmen und beginnen Sie eine spannende Entdeckungsreise, die Sie als Eltern, Erzieher und Kinderliebende zur Erweiterung Ihres Horizonts führt.

Viel Freude beim Lesen und Durchstöbern dieses Wegbegleiters.
In tiefer Verbundenheit,
Ernestina Mazza

Danksagung

Ich bedanke mich aus tiefstem Herzen bei allen Teilnehmern der Ausbildungen und Workshops der Psychologischen Numerologie im Bereich der Kinder-Jugendlichen-Numerologie. Sie haben mir mit ihren wertvollen Impulsen und persönlichen Erfahrungen die Möglichkeit gegeben, diesen Bereich der Psychologischen Numerologie lebendig und vielfältig zu gestalten.

Ein großer Dank gebührt vor allem meiner Tochter Alisea. Sie hat mir mit ihrer unabhängigen, starken Persönlichkeit und ihrer unbändigen Kraft noch bewusster gemacht, wie wichtig es ist, ein Kind in vollkommenem Respekt seiner Individualität und seines Naturells zu lieben, zu verstehen und zu erziehen.

Ein großes Dankeschön geht auch an alle Freunde, Lektorinnen und Mitarbeiterinnen, die mich dabei unterstützt haben, dieses Buch zu schreiben. Insbesondere bedanke mich bei Olivia Höffernig für Ihre Kompetenz und großartige Unterstützung im Lektorat.
Ich bedanke mich bei all meinen Freundinnen, insbesondere bei Elisabeth Riedler und Monica Bridie Haas, die sich mit viel Liebe und Geduld Zeit für das Lesen dieses Buches genommen haben.

Mein Dank gilt auch all jenen, die mit mir ihre eigenen Erfahrungen als Mütter oder Väter sowie ihre eigenen Kindheitserfahrungen geteilt haben. Dieser Erfahrungsaustausch war mir eine große Hilfestellung, weil all diese Frauen und Männer aus ihrer eigenen Sicht die Stimmigkeit der numerologischen Persönlichkeitsprofile überprüft haben.

Aus tiefstem Herzen bedanke ich mich zudem bei meinem Ehemann Clemens, der mir in den vielen Jahren unserer Ehe beruflich sowie privat als treuer Begleiter zur Seite steht und mich stets unterstützt. Auch beim Verfassen dieses Buches war er ein wichtiger Berater und ein wunderbarer Grafiker. Dank seines Sinns für Ästhetik ist dieses Buch nicht nur zu etwas Nützlichem geworden, sondern zu etwas Schönem – ein Werk, das die Einzigartigkeit von Kindern zelebriert.

Und zu guter Letzt:
Liebe Leser, mein Dankeschön geht auch an Sie! Ich danke Ihnen für die wertvolle Lebenszeit und Aufmerksamkeit, die Sie dem Lesen dieses Buches widmen.
Ich wünsche Ihnen von tiefstem Herzen, dass die Impulse, die die vielen Seiten dieses Buches beinhalten, Sie dabei unterstützen, heranwachsende Menschen liebevoll zu begleiten und das unglaubliche Entwicklungspotenzial, das Kinder in sich bergen, wertzuschätzen.

In tiefer Verbundenheit,
Ernestina Mazza

Entstehung der Psychologischen Numerologie für Kinder und Jugendliche

Als ich 19 Jahre alt war, saß ich zum ersten Mal in der vierten Klasse einer Volksschule in meiner Heimatstadt Padua, meine Heimatstadt in Italien. Ich hatte gerade mein Praktikum als Volksschullehrerin begonnen. Die Klasse war voll mit zehnjährigen Kindern, die teilweise neugierig, teilweise desinteressiert wirkten, jedenfalls aber darauf warteten, etwas von mir zu hören und zu lernen. Als ich die Gesichter der Kinder sah und in ihre Augen blickte, wurde mir sogleich bewusst, welch große Verantwortung man trägt, wenn man anderen Menschen ein Beziehungsangebot unterbreiten möchte und dabei Erfahrungen sowie Wissen vermitteln und austauschen will. **Eine Sache war mir allerdings vom ersten Moment an klar: Erwachsene und Kinder lernen ebenbürtig voneinander.**

Frau Fuochi, die damalige Begleitlehrerin meines Praktikums, berührte mich sehr mit ihrer unendlichen Liebe, Geduld, Akzeptanz und Ruhe, die sie jedem einzelnen Kind entgegenbrachte. Sie ruhte wahrlich in sich selbst. Mit ihrer Stimme, mit ihrem Blick und mit ihrem Körper strahlte sie Herzenswärme und Achtsamkeit aus. Sie war präsent, klar und hörte jedem einzelnen Kind aufmerksam zu. Schwer ließ sie sich aus der Ruhe bringen. Bereits in den ersten Wochen meines Praktikums

fiel mir auf, dass es Frau Fuochi wie kaum einer anderen Lehrkraft an der Schule gelang, Beziehungen zu ihren Schülern aufzubauen. Schon bald erkannte ich, dass genau Frau Fuochis Eigenschaften wesentlich waren, um meine tiefe Absicht zu erreichen, auf jedes einzelne Kind der Klasse bewusst einzugehen – soweit dies im schulischen Rahmen möglich ist.
Das Vorbild dieser Lehrerin bat mir die Möglichkeit, am Beginn meiner Laufbahn als Pädagogin und Lehrerin bereits sehr schnell herauszufinden, welche Grundeigenschaften in uns die Fähigkeit nähren, mit Kindern achtsam umzugehen und ihre Sprache zu sprechen.
In meiner nachfolgenden Tätigkeit als Lehrerin entschloss ich mich, diese Grundeigenschaften, die Frau Fuochi in mir inspiriert hatte, auch selbst zu entwickeln und zu pflegen. Im Zuge der Begegnung mit dieser erfahrenen Lehrperson, die damals kurz vor ihrer Pensionierung stand, wurde mir bewusst, dass es **für eine ausgeglichene Beziehung zu Kindern entscheidend ist, eine gute Beziehung zu sich selbst zu führen und vor allem immer wieder die Eigenschaft zu pflegen, innerlich ruhig und still zu werden**. Alle diese Gedanken motivierten mich, in meiner weiteren Laufbahn als Pädagogin nach diesem Vorbild jedes Kind in seiner Einzigartigkeit zu respektieren und zu versuchen, als Lehrerin eine Beziehung zu jedem einzelnen Schüler aufzubauen.

Das Naturell eines Kindes als Leitfaden für die Gestaltung der Erwachsenen-Kind-Beziehung und der Eltern-Kind-Beziehung

Schon seit Beginn meiner Tätigkeit als Lehrerin musste ich bei den Begegnungen mit meinen Schülern an die Ansätze des französisch-schweizerischen Philosophen Jean-Jacques Rousseau und an seinen Begriff der „Menschenbildung“ denken. Rousseaus Roman ***Emile*** aus dem

Jahr 1762 hatte mich besonders aufgrund des darin thematisierten Ideals einer naturnahen Erziehung, die auf die natürlichen Anlagen des Kindes eingeht und das Kind in der Entfaltung seines Naturells unterstützt, beeindruckt. **Ich war fasziniert vom Ansatz, Menschen getreu ihren Fähigkeiten zu erziehen, indem man ihre Begabungen erkennt und fördert.** Um genau dieses Ziel zu erreichen, setzte ich mich damit auseinander, die Einzigartigkeit, die natürlichen Charakterzüge sowie die Talente eines Kindes zu erkennen und zu erfassen, damit es sich im Einklang mit seinem Naturell entfalten kann. Aber auch, um mit mir selbst in Beziehung zu treten und eine realistische Selbsteinschätzung zu entwickeln, wusste ich, dass ich Rousseaus Bespiel folgen wollte.

Kinder ganzheitlich erfassen und fördern: eine Suche nach Möglichkeiten für eine allumfassende persönliche Entfaltung

Die Zeit als Lehrerin nährte immer stärker mein Verlangen, jedes Kind ganzheitlich in seinem Dasein zu erfassen und individuell auf jeden einzelnen Schüler einzugehen, um ihn verstehen und sein Wesen erkennen zu können. Auf der Suche nach unterschiedlichen pädagogischen sowie psychologischen Ansätzen wurde mein Interesse für eine Vielfalt an Themen geweckt.

In meiner Zeit als Lehrerin an einer Hauptschule und im Rahmen meiner Shiatsu- und Körperarbeitspraxis war ich immer auf der Suche nach Möglichkeiten, um jedes Kind in all seinen Persönlichkeitsfacetten zu erfassen und ihm empathisch zu begegnen.
Außerdem interessierte ich mich bereits zu Beginn meiner pädagogischen Tätigkeit für **Meditationen, Achtsamkeitstechniken und mentales Training für Kinder und Jugendliche**. Damals las ich auch viele

Bücher und besuchte zahlreiche Weiterbildungs- und Vertiefungsseminare zu diesen Themenbereichen. All diese Ansätze inspirierten mich und ich entschloss mich deshalb dazu, unterschiedliche Methoden aus den diversen Techniken in meine Arbeit miteinfließen zu lassen. Daraus entwickelte ich das Konzept des Mental- und Empathietrainings für Kinder und Jugendliche, das ich in meinem Buch **„Glückliche Kinder, gelassene Erwachsene. Selbstwahrnehmung und emotionale Intelligenz bei Kindern und Jugendlichen fördern“** mit ausführlichen wissenschaftlich fundierten theoretischen Ansätzen und zahlreichen Ritualen, Fantasiereisen und Übungen erklärt habe.

Diese faszinierende Entdeckungsreise lenkte meine Aufmerksamkeit insbesondere auf all jene Techniken, die nicht nur die geistige Entwicklung und die mentale Kraft eines Kindes fördern, sondern auch auf diejenigen Techniken, die es einem Kind erlauben, Zugang zu seiner Kreativität zu finden und seine Mitte zu stärken.
Bereits früh bemerkte ich im Rahmen meiner Lehrtätigkeit sowie bei der Gestaltung von Körperarbeit oder Sommerlagern für Kinder und Jugendliche, dass es höchste Priorität hat, Kindern ein Gefühl des Angenommenseins und der Akzeptanz zu vermitteln. Auf diese Weise eröffnet man diesen jungen Seelen die Möglichkeit, ihre Kreativität zu entfalten und ihren Einfallsreichtum fließen zu lassen. Durch die Auseinandersetzung mit dem Mental- sowie Achtsamkeitstraining und Meditationen für Kinder erkannte ich rasch, wie wichtig es ist, Verständnis für die Entfaltung der Kreativität und für die Persönlichkeit von Kindern aufzubringen. Die Kinder sollen das Gefühl haben, verstanden und angenommen zu werden.

In dieser Hinsicht erwies sich die Analyse des numerologischen Persönlichkeitsprofils von Kindern und Jugendlichen als enormes Hilfsmittel. Diese Art der Analyse ermöglicht es, Kinder besser zu verstehen und konstruktive Wege zu finden, um mit ihnen in Beziehung zu treten. Auf diese Weise gelang es mir, dem jeweiligen Kind das Gefühl zu vermitteln, dass ich Verständnis für seine Einzigartigkeit habe und sein Wesen aufrichtig akzeptiere.

Durch meine Tätigkeit als Lehrerin und Erzieherin und auch im Rahmen der Körperarbeit mit Kindern erkannte ich immer mehr, wie hilfreich die Numerologie sein kann, um die natürliche Veranlagung sowie die Vorlieben und Talente eines Kindes früh genug zu erkennen. Denn je früher diese Aspekte erkannt werden, desto mehr Zeit bleibt dafür, dem Kind zu signalisieren, dass man es in seiner Einzigartigkeit akzeptiert und es so wahrnimmt, wie es tatsächlich ist.

Außerdem zeigte mir die Numerologie neben pädagogischen und psychologischen Ansätzen, wie ich die Bedürfnisse von Kindern und Jugendlichen besser erfassen und die Hintergründe bestimmter Gruppendynamiken unter Kindern oder Jugendlichen verstehen kann.

Pädagogin trifft auf Numerologin

Nach zwei Jahren Lehr-, Erzieher und Beratertätigkeit, – stets getragen vom Bedürfnis, auf die Einzigartigkeit von Kindern und Jugendlichen einzugehen und sie in ihrem Naturell zu fördern – kam mir die Idee, die numerologischen Profile der Kinder zu berechnen.
Durch die Berechnungen verbesserte sich auch mein Verständnis für die unterschiedlichen Gruppendynamiken, die im Klassenzimmer vorherrschten. Dies erleichterte mir in weiterer Folge auch die Gestaltung von Gruppenarbeiten und verlieh mir die Fähigkeit, meinen Unterrichtsstil zu variieren. Nach intensiven empirischen Beobachtungen gelang es mir dadurch, die Zahlen der Kinder immer besser zu verstehen und auch deren Beschreibungen dementsprechend genau und präzise zu formulieren.

Vor allem fokussierte ich mich auf die herausfordernden Charakterzüge von Kindern, die ihre zwischenmenschlichen Beziehungen im familiären, sozialen und schulischen Bereich erschwerten.
Mithilfe meiner empirischen Beobachtungen und der Numerologie wollte ich zudem herausfinden, auf welche Art und Weise man ein Kind in seiner Kindheit und Jugend fördern kann, sodass es sich selbst treu bleiben kann und das Gefühl verspürt, dass es von seinem Umfeld verstanden und im Prozess des Heranwachsens unterstützt wird. Die Fragen, die ich eigenständig für meine empirischen Beobachtungen zur Entwicklung der Kinder-Jugendlichen-Numerologie formulierte, gestalteten sich daher wie folgt:

» *Was macht das Naturell des Kindes aus?*
» *Welche sind die herausfordernden Charakterzüge des Kindes oder Jugendlichen, die seine zwischenmenschlichen Beziehungen im Laufe des Lebens erschweren?*
» *Welche Förderungsmöglichkeiten stehen den Eltern bzw. Erziehern zur Verfügung, um bewusst auf das Kind oder den Jugendlichen einzugehen?*

Auch in einer Vielzahl von numerologischen Beratungen, bei denen es in erster Linie darum ging, Eltern mithilfe von numerologischem Wissen und pädagogischen Kenntnissen darin zu unterstützen, bewusst auf die eigenen Kinder einzugehen, konnte ich einzigartige Erfahrungen sammeln. Ich lernte dadurch unter anderem, wie man Eltern dabei helfen kann, dem eigenen Kind empathisch zu begegnen.

Die Eltern-Kind-Beziehung im Spiegel der Numerologie

Im Rahmen zahlreicher numerologischer Beratungen hatte ich die Chance, viele Eltern, Großeltern und Erzieher, sowie Erwachsene zu beraten, Empfehlungen auszusprechen sowie mein pädagogisches Wissen optimal anzuwenden. Dabei entwickelte ich zahlreiche Hilfestellungen, Rituale für Kinder, Fantasiereisen und weitere Möglichkeiten, um Kinder und Jugendliche im Prozess des Heranwachsens zu fördern, aber auch um Eltern sowie Lehrer, Erzieher, Pädagogen dabei zu unterstützen, die Herausforderungen der Elternschaft und der Begleitung von Kindern und Jugendlichen auf fürsorgliche und empathische Weise zu meistern. So gelang es mir im Laufe der Jahre, ein ausführliches System der psychologischen Numerologie für Kinder und Jugendliche zu entwickeln, das eine breit gefächerte, tiefgehende Analyse der Erwachsenden-Kind-Beziehung ermöglicht. Dank dieses Systems können diverse Hilfestellungen für Eltern, Erzieher, Pädagogen und alle, die mit Kindern leben und arbeiten, formuliert werden, damit sie liebevoll und einfühlsam auf das Kind eingehen und gleichzeitig das Naturell des Kindes fördern können.

Die Kinder-Jugendlichen-Numerologie als Kompass für das Seelenland heranwachsender Menschen

Die Numerologie kann am Anfang einer Beziehung zu einem Kind eine hilfreiche Orientierung sein, um das Wesen des Kindes mit Empathie und Verständnis zu begreifen. **Das Wichtigste in der Beziehung zu Kindern bleibt jedoch stets die eigene, persönliche Intuition und Wertschätzung, die man den Kindern entgegenbringt sowie die Empathie, mit der man ihnen begegnet.**

Im Laufe der Jahre wurde mir immer stärker bewusst, dass der Beziehungsaufbau zu einem Kind und die Gestaltung einer tragfähigen Beziehung einer faszinierenden Entdeckungsreise gleichen. Ein Abenteuer, das uns in ein noch unbekanntes Land führt und uns auf magische Weise in den Bann zieht. Am Anfang dieser Entdeckungsreise besitzen wir zwar keine Landkarte, die uns den genauen Weg weist, aber unser Gepäck ist bis oben hin voll mit Neugierde und Begeisterung. **Genau in dieser Hinsicht kann die Numerologie eine Orientierung bieten, eine Art Landkarte sein, um die ersten Schritte im Neuland sicher und mit Geborgenheit zu setzen.**

Die Psychologische Numerologie als Schlüssel zu einer harmonischen Erwachsenen-Kind-Beziehung

Ich habe die Kinder-Jugendlichen-Numerologie mit dem Ziel entwickelt, die natürlichen Charakterzüge, Veranlagungen, Talente und Bedürfnisse eines Kindes ausreichend zu erfassen. **Die unterschiedlichen Zahlen eines Kind-Numeroskops dienen in ihrer symbolischen und archetypischen Wirkung jedoch lediglich als Orientierung.**

Die Psychologische Numerologie wurde im Laufe der letzten 23 Jahre entwickelt. Zu Beginn dieses Forschungsweges setzte ich mich zunächst mit den üblichen numerologischen Zahlen der pythagoräischen Numerologie, wie Lebenszahl, Seelenzahl, Talentzahl und Geburtsdatumsraster, im Rahmen der Kinderanalysen auseinander. Schon bald erkannte ich, dass diese Zahlen und ihre symbolische und numerologische Bedeutung nachhaltige Hinweise für das numerologische Persönlichkeitsprofil von Kindern und Jugendlichen lieferten.
Allerdings eröffneten diese Zahlen zu wenige Möglichkeiten, um die persönliche Entwicklung, das Potenzial und die Talente von Kindern und Jugendlichen zu fördern. Diese Erkenntnis motivierte mich und gab mir das Durchhaltevermögen, im Laufe der letzten 20 Jahre Tausende von Kindern zu analysieren und die Beschreibung der Zahlen, die das numerologische Persönlichkeitsprofil der Kinder-Jugendlichen-Numerologie bilden, auf empirischer Basis zu definieren.

In diesem Buch finden Sie eine ausführliche Einführung in die Kinder-Jugendlichen-Numerologie und können sich ein Bild über ihren weit in die Tiefe reichenden Charakter machen.
Ich habe dieses Buch geschrieben, um Eltern und Erziehern eine umfangreiche Einführung in diesen Bereich der Psychologischen Numerologie zu bieten. In der nachfolgenden Tabelle sind sämtliche Aspekte dieser Form der Numerologie zusammengefasst. Dieser tabellarische Überblick ermöglicht ein fundiertes Verständnis der Komplexität der Kinder-Jugendlichen-Numerologie.

Konkret finden Sie in diesem Buch die Beschreibung der Lebenszahl der Kinder, den Bildungszyklus, die Lebenszahl der Eltern und die Kinder-Eltern-Zahl.
Diese Tabelle gibt Ihnen, einen klaren Einblick in die umfangreiche Psychologische Kinder-Jugendlichen-Numerologie. Wie schon erwähnt, stellt dieses Buch eine vertiefte **Einführung** in diese faszinierende Disziplin dar.

Weitere Inhalte sowie die Schritte für das Verfassen, Gestalten und Interpretieren eines Kind-Jugendlichen-Numeroskops **werden im Rahmen von Seminaren bzw. in der Diplom Ausbildung Psychologische Numerologie** nach Dr. Mazza ® **in unserem Ausbildungsinstitut *akademie bios*®** **vermittelt.**

Eine kurze Zusammenfassung aller Zahlen der Kinder-Jugendlichen-Numerologie finden Sie in der folgenden Tabelle:

	Beschreibung der Zahl	Inhalte der Zahl
Lebenszahl der Kinder	Diese Zahl beschreibt wesentliche Aspekte der Persönlichkeit eines Kindes in seiner Entwicklung vom Kleinkind bis zum jungen Erwachsenen.	• Beschreibung der herausfordernden Charakterzüge in der Kindheit und der Pubertät, altersgerechte Förderungsmöglichkeiten, Hilfestellungen für die Eltern vom Kleinkindalter bis zur Pubertät
Seelenzahl der Kinder und Jugendlichen	Die Seelenzahl von Kindern und Jugendlichen beschreibt verborgene Aspekte der Persönlichkeit, die des Öfteren mit dem Familiensystem des Kindes in Konflikt stehen und zeigt Wege zu ihrer friedlichen und konstruktiven Integration auf.	• Beschreibung versteckter Charakterzüge, die sich in der Kindheit und/oder Pubertät zeigen, und Analyse des Entfaltungspotential eines heranwachsenden Menschen • Überblick über die tief sitzenden Ängste, die die Entwicklung des Kindes beeinträchtigen • Konkrete Hilfestellungen und Förderungsmöglichkeiten vom Kleinkindalter bis zur Pubertät
Bildungszyklus	Diese Zahl gibt einen Einblick in wichtige Aspekte der Entwicklung des Kindes, die sich vom Kleinkindalter bis zur Pubertät vollzieht.	• Beschreibung wichtiger Charakterzüge, die den Kern der Persönlichkeit eines Menschen von Anfang an prägen • Förderungs- und Integrationsmöglichkeiten

	Beschreibung der Zahl	Inhalte der Zahl
Lebenszahl der Eltern	Die Lebenszahl der Eltern bietet die Möglichkeit, die elterlichen Herausforderungen aus dem Gesichtspunkt der Elternschaft zu analysieren.	• Herausforderungen der Elternschaft • Lernaufgabe und Entwicklungspotenzial im Rahmen der Eltern-Kind-Beziehung • Hilfestellungen zur Entfaltung der eigenen Persönlichkeit und für die Gestaltung einer harmonischen Beziehung zu Kindern und Jugendlichen
Geburtsdatumsraster von Kindern und Jugendlichen	Das Geburtsdatumsraster gibt mit seinen vorhandenen und fehlenden Zahlen Auskunft über Talente und persönliche Schwächen, auf die Rücksicht genommen werden soll, sowie Anregungen für eine optimale Entwicklung des eigenen Potenzials.	• Vorhandene Talente und Entfaltungsmöglichkeiten, persönliche Schwächen und konkrete Hilfestellungen zur Integration • Förderungsmöglichkeiten in der Kindheit und in der Pubertät, wichtige Hinweise zur Entfaltung des eigenen Potenzials und der eigenen Berufung • Analyse von Konfliktpunkten, die in der Eltern-Kind-Beziehung vorkommen, Klärung von Gemeinsamkeiten, die die Beziehung zwischen Eltern und Kind stärken können • Verborgenes Potenzial, Entfaltung persönlicher Ressourcen, von denen die Person auch im Erwachsenenalter profitieren kann • Glaubenssätze und Verhaltensmuster, die im Familiensystem der Eltern vorhanden sind und die das Kind annimmt bzw. weiterlebt • Tief sitzende Ängste und Verhaltensmuster, die den freien Selbstausdruck des Kindes und Jugendlichen beeinträchtigen

	Beschreibung der Zahl	Inhalte der Zahl
Erziehungsmusterzahl	Diese Zahl gibt umfangreiche Auskünfte über die Position und die Rolle des Kindes im Rahmen seines Familiensystems und im Rahmen des Familiensystems der Eltern.	• Analyse des Entfaltungspotenzials, das dem Kind durch die Verbindung mit dem Familiensystem beider Eltern zur Verfügung steht • Systemische Vorbelastungen der Eltern und des Kindes, die das Kind in seiner Entwicklung vom Kleinkindalter an über die Pubertät hinweg bis sogar ins Erwachsenenalter beeinflussen können • Beschreibung der Rolle und der Position, die das Kind im Rahmen des Familiensystems einnimmt • Systemische Glaubenssätze und Verhaltensmuster, mit denen das Kind in Resonanz geht • Klärung der Verhaltensweisen, die das Kind an den Tag legt, um sich dem eigenen Familiensystem anzupassen • Klärung der Beziehungsdynamik zwischen Eltern und Kind • Klärung der Beziehungsdynamik zwischen dem Kind und dem Familiensystem der Eltern • Antwort des Kindes auf die festgefahrenen, systemischen Strukturen und Verstrickungen der Systeme beider Eltern

	Beschreibung der Zahl	Inhalte der Zahl
Ausdruckszahl	Die Ausdruckszahl der Kinder gibt zahlreiche Auskünfte über die Art und Weise, wie Kinder in ihrem Verhalten wirken und bietet konkrete Hilfestellungen, um die soziale Kompetenz und die emotionale Intelligenz der Kinder zu fördern.	• Entfaltungshemmende Glaubenssätze und Verhaltensmuster, die den mutigen, authentischen, freien Selbstausdruck der Kinder beeinträchtigen • Hilfestellungen und Förderungsmöglichkeiten, um den authentischen Selbstausdruck der Kinder zu stärken • Klärung unterschiedlicher Hilfestellungen, um den Kindern die Möglichkeit zu bieten, ihre persönliche Entwicklung in Harmonie mit ihrem eigenen Naturell durchzuführen/zu entwickeln
Kinder-Eltern-Zahl	Die Kinder-Eltern-Zahl gibt klare Auskünfte über die Beziehungsdynamik zwischen Elternteil und Kind und zeigt Wege auf, um die Eltern-Kind-Beziehung harmonisch zu gestalten.	• Klärung der Lernaufgabe der Eltern und der Kinder im Rahmen der Eltern-Kind-Beziehung • Förderungsmöglichkeiten und hilfreiche Unterstützungsmöglichkeiten, um empathisch auf das eigene Kind einzugehen • Konstruktive Vorschläge, um die persönliche Entwicklung des eigenen Kindes in Harmonie mit seinem Naturell zu fördern • Aufzeigen von Wegen, um die eigentlichen Bedürfnisse des eigenen Kindes wahrnehmen zu können und zu stillen

Die Struktur dieses Buches

Dieses Buch ist ein Reisebegleiter auf dem Weg zur Entdeckung der vielfältigen Persönlichkeit des eigenen Kindes oder all jener Kinder, die Sie begleiten. Hier finden Sie einen kurzen Leitfaden, der Ihnen zur Orientierung dient, um einen Überblick über die Inhalte der Kapitel des Buches zu bekommen.
Sie sollten die Zahlen der Kinder und der Erwachsenen, die Sie überprüfen möchten in der Reihenfolge des Buches berechnen und analysieren, um die Zusammenhänge zwischen den unterschiedlichen Zahlen zu klären.

Kapitel 1
Die Lebenszahl eines Kindes: Der Schlüssel zur Klärung seines Lebenspfades
In diesem Kapitel lernen Sie die zwölf Lebenszahlen kennen, die Ihnen als Orientierung dienen und die Grundlagen der Persönlichkeit Ihrer Kinder darstellen. Dieses Kapitel beinhaltet eine ausführliche Beschreibung der Lebenszahlen und ist reich an Erläuterungen und Hilfestellungen, die Ihnen helfen, die Grundlagen der Persönlichkeit eines Kindes zu erfassen.

Kapitel 2
Der Bildungszyklus: Unterstützung auf dem Lebensweg
In diesem Kapitel finden Sie die Beschreibung des Bildungszyklus eines

Kindes. Der Bildungszyklus informiert Sie über das Naturell Ihres Kindes und ist Ihnen eine konkrete Stütze, um Ihr Kind im Einklang mit dem eigenen Naturell und mit Respekt seiner Persönlichkeit zu begleiten. Außerdem beschreibt der Bildungszyklus wichtige Herausforderungen, mit denen Ihr Kind von den frühen Kindheitsjahren bis zum Ende der Pubertät konfrontiert wird.

Kapitel 3

Die Lebenszahl der Eltern und der Erzieher: Der Kompass für eine gelassene Erwachsenen-Kind-Beziehung

Dieses Kapitel beleuchtet die Lebenszahl der Eltern und Erwachsenen, die die Herausforderung der Begleitung der Kinder empathisch und liebevoll sowie in vollkommenem Respekt ihrer Individualität meistern wollen, ohne dabei auf sich selbst zu vergessen. In diesem Kapitel lernen Sie Ihre persönliche Lebenszahl kennen und erhalten konkrete Hilfestellungen, um die Begleitung von Kindern und Jugendlichen so zu gestalten, dass auch Sie Ihr Naturell in diesem Prozess entfalten können. Außerdem werden in diesem Kapitel die individuellen Herausforderungen analysiert, die die Begleitung von Kindern mit sich bringt, und es wird auf die Lernaufgabe von Erwachsenen und Kindern in der Eltern-Kind-Beziehung oder in der Beziehung zwischen Erzieher und Kind eingegangen.

Kapitel 4

Kinder-Eltern-Zahl: Leitfaden für eine harmonische Gestaltung der Beziehung zwischen Erwachsenen und Kindern

In diesem Kapitel wird die Kinder-Eltern-Zahl analysiert. Diese Zahl ist in der Numerologie ein wesentlicher Bestandteil der numerologischen Analyse von Kindern und Jugendlichen. Sie gibt konkrete Hilfestellungen für eine harmonische Gestaltung der Erwachsenen-Kind-Beziehung und unterstützt darin, die Beziehungsdynamik zwischen Eltern und Kindern zu analysieren. Die Inhalte dieser Zahl sind auch sehr hilfreich für die Analyse der Beziehung zwischen Kindern oder Jugendlichen und den Erwachsenen, die sie begleiten. Dieses Kapitel beleuchtet aber nicht nur die Beziehung, die Kinder, Jugendliche, Eltern oder Erwachsene zueinander haben, sondern ebenso die Entwicklungsfelder, die sich aus dieser Beziehung ergeben können. Darüber hinaus gibt Ihnen die Beschreibung der Kinder-Eltern-Zahl konkrete Impulse zur Verbesserung und liebevollen Gestaltung der Beziehung zu den Kindern oder Jugendlichen, die Sie begleiten.

Kapitel 1
Die Lebenszahl eines Kindes

DER SCHLÜSSEL ZUR KLÄRUNG SEINES LEBENSPFADES

In den Kindern erlebt man
sein eigenes Leben noch einmal,
und erst jetzt versteht man es ganz.
Søren Kierkegaard

Die Lebenszahl ist eine tragende Säule im Rahmen der Erstellung eines numerologischen Persönlichkeitsprofiles von Kindern und Jugendlichen.

Beschreibung der Lebenszahl

Tatsächlich gibt sie Auskunft über ein breites Spektrum an Charaktereigenschaften, Entwicklungsfeldern und entwicklungshemmenden Verhaltens- und Glaubensmustern der Kinder und Jugendlichen, die Sie begleiten. All diese Aspekte zu erkennen, bietet die Chance, die Entfaltung der Persönlichkeit sowie die Entwicklung des Potenzials eines Kindes und eines Jugendlichen einfühlsam zu fördern. Die Lebenszahl der Kinder und Jugendlichen gibt wertvolle Hinweise über:

» *persönliche Charakterzüge*
» *herausfordernde Persönlichkeitsmerkmale*
» *Entwicklungspotenziale*
» *Förderungsmöglichkeiten von der Kindheit bis zur Pubertät*
» *Hilfestellungen für eine harmonische und empathische Beziehungsgestaltung zum eigenen Kind*

Die Beschreibung der Lebenszahlen in diesem Buch nimmt genau auf diese Aspekte Rücksicht.

Struktur der Lebenszahl für Kinder und Jugendliche

Die Beschreibung der Lebenszahl in diesem Buch wurde wie folgt für die Kindheit bis zum zwölften Lebensjahr und in der Pubertät aufgegliedert, um den Eltern und Erziehungsberechtigten **die Möglichkeit zu bieten, unter Berücksichtigung der Einzigartigkeit des Kindes in unterschiedlichen Entwicklungsphasen und Altersstufen liebevoll auf das Kind einzugehen.**

» *Beschreibung der Persönlichkeit in der Kindheit bis zum 12. Lebensjahr*
» *Herausfordernde Charakterzüge in der Kindheit bis zum 12. Lebensjahr*
» *Förderungsmöglichkeiten bis zum zwölften Lebensjahr*
» *Beschreibung der Persönlichkeit in der Pubertät*
» *Herausfordernde Charakterzüge in der Pubertät*
» *Förderungsmöglichkeiten in der Pubertät*

Beschreibung der Persönlichkeit in der Kindheit bis zum zwölften Lebensjahr und in der Pubertät

Die hier beschriebenen Charakterzüge sind meistens jene, die die Gelassenheit und Sicherheit von Eltern sowie Erziehern auf die Probe stellen. In diesem Bereich der Lebenszahl finden Sie nicht nur die Beschreibung der anstrengenden Charakterzüge, sondern auch Empfehlungen, um diese Seiten einer heranwachsenden Person wertzuschätzen und um mit diesen Qualitäten liebevoll umgehen zu können.

Herausfordernde Charakterzüge in der Kindheit bis zum zwölften Lebensjahr und in der Pubertät

Nehmen Sie zuerst Rücksicht auf diese herausfordernden Persönlichkeitsmerkmale und lernen Sie, mit diesen gelassen umzugehen. Auf diese Weise wird es Ihnen gelingen, in der Eltern-Kind-Beziehung gelassen zu bleiben und weniger Druck auf das Kind oder den Jugendlichen auszuüben. Im Zuge dessen zeigen sich viele Wege auf, um die Beziehung zum eigenen Kind lebendiger und empathischer zu gestalten. Das Bewusstwerden dieser Charakterzüge, die in der Eltern-Kind-Beziehung oft die Verletzbarkeit der Eltern berühren und die Eltern dadurch an die eigenen Grenzen stoßen lassen, hilft, mit mehr Verständnis und weniger persönlich darauf zu reagieren, wenn ein Kind oder ein Jugendlicher eine dieser Verhaltensweisen auslebt.

Förderungsmöglichkeiten in der Kindheit bis zum zwölften Lebensjahr und in der Pubertät

Dieser Teil der Lebenszahlen hilft Ihnen, konkrete Empfehlungen mit Umsetzungsmöglichkeiten zu finden, um die Einzigartigkeit und das Naturell des jungen Menschen, den Sie begleiten, individuell zu fördern. Die Förderungsmöglichkeiten unterstützen Sie dabei, Ihr Kind in seiner persönlichen Entwicklung bewusst zu fördern und dabei zugleich Rücksicht auf sein Naturell und sein natürliches Entfaltungspotenzial zu nehmen. Setzen Sie die empfohlenen Förderungsmöglichkeiten auf kreative und spielerische Art und Weise mit Ihrem Kind oder Jugendlichen um. Dadurch kann es Ihnen gelingen, eine empathische Beziehung mit Ihrem heranwachsenden Nachwuchs zu gestalten. Es ist dies eine Verbindung, in der Sie als Erwachsener gelassen bleiben können und in der Ihr Kind das Gefühl hat, dass sein Wesenskern von Ihnen verstanden und wahrgenommen wird.

Berechnungsweise

Die Lebenszahl wird aus der Ziffern-Quersumme des Geburtsdatums errechnet. Zum Beispiel:
Wenn jemand am 11.04.2015 geboren ist, kann die Lebenszahl durch eine Addition der einzelnen Ziffern des gesamten Geburtsdatums und der Reduzierung des Ergebnisses auf eine einstellige Zahl ermittelt werden. Das bedeutet in unserem Beispiel:

Beispiel Lebenszahl (LZ) mit Wurzelzahl (WZ)

11.04.2015 = 1+1+0+4+2+0+1+5 = 14 => 1 + 4 = 5 WZ = 14
LZ = 5 bzw. 14/5

1 + 0 + 0 + 4 + 2 + 0 + 1 + 5 = 14. Man kommt auf die Summe 14 und deren Ziffern-Quersumme 5 bzw. in numerologischer Schreibweise: 14/5. Die Lebenszahl schreibt man üblicherweise als zweistellige Zahl, gefolgt von einem Schrägstrich und der nächsten Zahl, die sich aus der Quersumme der Wurzelzahl ergibt.

Die Lebenszahl besteht aus zwei Teilen: z.B. 14/5

Die einstellige Zahl rechts vom Schrägstrich stellt die allgemeine Schwingung unseres Lebenspfades dar.

Die zweistellige Zahl der Lebenszahl auf der linken Seite des Schrägstrichs wird in der Psychologischen Numerologie nach Dr. Mazza ® als Wurzelzahl benannt. Diese Definition deutet auf die Wurzeln, die die Dualität unseres Daseins zum Ausdruck bringen. Jeder von uns erlebt im Alltag die Herausforderung, seine inneren Empfindungen mit dem Umfeld in Einklang zu bringen.
Die erste Zahl beschreibt unser Innenleben, unsere Sehnsüchte. Sie zeigt die Schwingung, die in unserem Unbewussten wirkt, erklärt unsere Denk- und Verhaltensmuster und dringt nicht zur Ebene des Bewusstseins durch.
Die zweite Zahl zeigt auf, wie unser Verhalten im außen wirkt.

Die dreiteiligen Zahlen 19/10/1, 28/10/1, 37/10/1, 29/11/2, 38/11/2, 47/11/2 zeigen in ihrer Schreibweise, dass sich die Wurzeln der Lebenszahlen 1 bzw. 2 hinter den Zahlen 10 bzw. 11 „verstecken". Wenn man die Dualität, die diese Persönlichkeiten prägt, erforschen möchte, ist es notwendig, bei der Berechnung einen Schritt zurückzugehen, denn dadurch wird der Zwiespalt dieser Persönlichkeiten sichtbar.

Jede einzelne Zahl spielt auf unterschiedlichen Ebenen eine Rolle für die Deutung des Lebensweges eines Kindes und für die Analyse seiner Persönlichkeit.
Manchmal besteht die Quersumme des Geburtsdatums eines Kindes aus einer einzelnen Zahl, z.B. jemand der am 1.4.2002 (1+4+2+0+0+2 = 9) geboren wurde hat als Lebenszahl nur die 9. In diesem Fall beschreibt die Qualität dieser Zahl die Persönlichkeit des Menschen und auch seinen Lebensweg.

Wie Sie mit der Lebenszahl von Kindern und Jugendlichen analysieren können

Weiters beleuchtet die Lebenszahl herausfordernde Charakterzüge der Persönlichkeit von jungen Menschen und zeigt Wege der optimalen Persönlichkeitsförderung auf.
Die Lebenszahl wird durch die Beschreibung von unterschiedlichen Förderungsmöglichkeiten ergänzt, um den heranwachsenden Menschen in der Kindheit oder Pubertät seinen Qualitäten entsprechend zu begleiten.

Nachdem Sie die Zahlen Ihres Kindes errechnet haben, kommen Sie meistens zu einer Zahl, die aus drei Zahlen besteht. Zwei vor dem Schrägstrich und eine nach dem Schrägstrich. Diese Zahlen beleuchten unterschiedliche Aspekte der Persönlichkeit Ihres Kindes. Die folgenden Schritte helfen Ihnen dabei, die Analyse für Ihr Kind und die Kinder, die Sie begleiten, optimal durchzuführen.

Schritt 1: Analyse der Zahl nach dem Schrägstrich

Diese Zahl beschreibt die Charakterzüge, die Ihr Kind möglicherweise schon lebt und die Ihnen vertraut sind. Beim Durchlesen und Reflektieren über die Inhalte dieser Zahl sollten Sie versuchen, **besonderes Augenmerk auf die herausfordernden Charakterzüge zu legen. In weiterer Folge** konzentrieren Sie sich **auf die Förderungsmöglichkeiten**, die Ihnen zur Verfügung stehen. Überprüfen Sie ausgehend von Ihren persönlichen Erfahrungen, welche vorgeschlagenen Förderungsmöglichkeiten am besten geeignet wären, um die Beziehung zu Ihrem Kind oder Jugendlichen bewusst zu gestalten. Die folgenden Fragen unterstützen Sie in diesem Prozess:

- *Welche der beschriebenen Persönlichkeitsmerkmale finde ich bei meinem Kind?*
- *Welche der herausfordernden Charakterzüge, die bei dieser Zahl beschrieben sind, erkenne ich bei meinem Kind?*
- *In welcher Form bringen mich diese herausfordernden Charakterzüge aus der Ruhe?*
- *Welche der angebotenen Hilfestellungen und Empfehlungen kann ich mir vorstellen, in der Beziehung zu meinem Kind und im Alltag zu integrieren?*
- *Welche der vorhandenen Unterstützungen dieser Lebenszahl können mir helfen, eine harmonischere und liebevollere Beziehung zum Kind oder Jugendlichen zu gestalten, das/den ich begleite?*

Schritt 2: Analyse der ersten Zahl vor dem Schrägstrich

Diese Zahl gibt Auskunft über **Persönlichkeitsaspekte sowie die Glaubenssätze und Verhaltensweise** eines jungen Menschen, die teilweise **verborgen bleiben**, aber doch größtenteils den innersten Kern seiner Persönlichkeit bilden. Lesen Sie diese Zahl aufmerksam mit etwas Abstand durch und **beobachten Sie, mit welchen Aspekten der Charakterbeschreibung Ihr Kind in Resonanz geht**. Lenken Sie Ihre Aufmerksamkeit vor allem auf die herausfordernden Charakterzüge und auf die Förderungsmöglichkeiten. Filtern Sie in diesen beiden Bereichen heraus, welche erklärten Themen hilfreich für die Beziehung zu Ihrem heranwachsenden Kind sein könnten. Danach lesen Sie aufmerksam die Beschreibung der Persönlichkeitsmerkmale am Anfang der Zahl.
Fragen Sie sich anschließend bewusst, welche dieser Aspekte Ihr Kind schon lebt. Überlegen Sie sich auch Möglichkeiten, wie Sie Ihr Kind dabei unterstützen können, diesen Teil seines Naturell, der bis jetzt noch im Verborgenen liegt, in sein Ich-Bewusstsein und in seinen Alltag zu integrieren.
Nachdem Sie die Beschreibung dieser Zahl durchgelesen haben und darüber nachgedacht haben, welche der beschriebenen Charakterzüge

und Förderungsmöglichkeiten sich für das Kind oder den Jugendlichen eignen, das/den Sie begleiten, bitte ich Sie, ein paar Tage vergehen zu lassen und die Beschreibung dieser Lebenszahl dann erneut durchzulesen. Versuchen Sie im Zuge dessen bitte, die folgenden Fragen zu beantworten:

» *Welche Aspekte dieser Lebenszahl könnte das Kind oder der Jugendliche, das/den ich begleite, in sich tragen?*
» *Welche herausfordernden Charakterzüge des Kindes oder des Jugendlichen, das/den ich begleite, sind mir beim Lesen aufgefallen?*
» *Wie könnte ich mit diesen anstrengenden Charakterzügen umgehen?*
» *Welche der beschriebenen Förderungsmöglichkeiten kann ich mit dem Kind oder dem Jugendlichen, das/den ich begleite, optimal umsetzen und in welcher Form?*

Schritt 3: Analyse der zweiten Zahl vor dem Schrägstrich

Diese Ziffer der Lebenszahl beschreibt auf der einen Seite **Charakterzüge, die Ihr Kind in der Zeit der Pubertät entwickeln wird**, und auf der anderen Seite zeigt diese Ziffer Aspekte auf, die veranschaulichen, **auf welche Art und Weise der junge Mensch in seinem Umfeld wirkt**. Die Analyse dieser Zahl ist für Sie und für die Gestaltung einer harmonischen Beziehung zum Jugendlichen sehr wertvoll.

Versuchen Sie beim Durchlesen dieser Lebenszahl, bewusst die Beschreibung der Persönlichkeitsmerkmale und herausfordernden Charakterzüge Ihres Kindes zu reflektieren. Reflektieren Sie bewusst darüber, welche dieser Aspekte der junge Mensch in seinem Ausdruck nach außen hin aufweist.
Anschließend überlegen Sie sich, welche Förderungsmöglichkeiten Ihr Kind darin unterstützen, das Potenzial, das diese Lebenszahl in sich birgt, zu entfalten, um eine vollkommene Entwicklung seines ange-

borenen Potenzials zu erreichen. Versuchen Sie beim Durchlesen der Beschreibung dieser Lebenszahl, die folgenden Fragen zu beantworten:

» *Welche der beschriebenen Charakterzüge dieser Lebenszahl zeigt der Jugendliche im außen am meisten?*
» *Welches Entwicklungspotenzial und welche Entwicklungsfelder beschreibt diese Zahl, die im jungen Menschen, den ich analysiere, vorhanden sind, aber noch im Verborgenen liegen?*
» *Welche der Förderungsmöglichkeiten könnte ich mir vorstellen mit dem Kind oder dem Jugendlichen anzuwenden, das/den ich begleite?*

Lebenszahl 1 – eine willensstarke und charismatische Persönlichkeit

Kinder brauchen Eltern,
die genau fühlen,
wann es die Ausnahme von der Regel
auch mal sein darf
und damit ihre Grundregel dennoch bestätigen.
Christa Schyboll

Persönliche Beschreibung in der Kindheit bis zum zwölften Lebensjahr

Kinder mit der Lebenszahl 1 sind bereits im Kleinkindalter richtige Energiebündel. Sie können eine **unbändige Kraft, Willens- und Charakterstärke sowie eine schnelle Auffassungsgabe** ihr Eigen nennen. Des Weiteren stechen diese sensiblen Wesen durch ihr **feinfühliges und intuitives Handeln** hervor.

Neugierige Grenzgänger

1er-Kinder sind gute Beobachter und verfolgen ihren Lebensweg mit Ausdauer und Konsequenz. Außerdem wollen sie, von ihrer natürlichen **Neugierde** und ihrem unermüdlichen **Forschergeist** getrieben, schon in jungen Jahren alles verstehen und erfassen. Gern gehen sie auf Konfrontationskurs und **machen in vielen Situationen genau das Gegenteil von dem, was ihnen gesagt wird**. Meist zeigen sie ein ausgeprägtes Bedürfnis nach Bewegung, das mit dem Wunsch, Grenzen zu spüren, verknüpft ist. Darüber hinaus **sehnen sich** Kinder mit dieser Lebenszahl **nach Geborgenheit**.

Wenn das Kind mit der Lebenszahl 1 schon in den ersten Lebensjahren Anerkennung, Unterstützung und Ermutigung erfährt, kann es sich selbstständig, ohne die Hilfe von außen entwickeln und einen klaren, sicheren Weg zum persönlichen Erfolg einschlagen. Wird der Autorität und Kraft dieser Zahl hingegen keine Beachtung und Wertschätzung entgegengebracht, so wird dieses Kind oftmals recht unsicher und fühlt sich dazu gezwungen, um seine Stellung zu kämpfen.

Selbstbestimmt durchs Leben gehen

Diese jungen Menschen sind echte Pioniere, die durch ihre rege Vorstellungskraft schon im Kleinkinderalter wissen, was sie wollen und brauchen. Die Entschlossenheit, Entscheidungssicherheit und Charakterstärke dieser Kinder sollte unbedingt bewahrt und gefördert werden. Leider sind diese Charaktereigenschaften für Eltern und Erziehungsberechtigte auch sehr anstrengend, wodurch diese oftmals damit kämpfen, sich in ihrer elterlichen Rolle sicher zu fühlen.

In der Kindheit zeigt sich die Persönlichkeit eines Menschen mit der Zahl 1 zudem oft in seiner Sturheit, seiner außergewöhnlichen Kraft und Selbstständigkeit. Ein Kind mit dieser Lebenszahl weiß meist sehr genau, was es möchte und benötigt, **wobei es die Erwachsenen mit seiner Selbstsicherheit überrascht und überfordert**.

Rückzug in die eigene Fantasiewelt

Manchmal ist bei diesen selbstständigen Persönlichkeiten auch eine leichte Tendenz zur Isolation erkennbar. Diese resultiert aus der Tatsache, dass sich dieser junge Mensch **bevorzugt in seiner eigenen Welt bewegt und mit Fantasiefreunden spielt.** Insbesondere in den ersten neun Lebensjahren fällt es dem 1er-Kind schwer, mit Gleichaltrigen in Kontakt zu treten. Im Vergleich zur normalen Entwicklung von Kindern findet der Prozess der Sozialisierung bei dieser Lebenszahl daher etwas später statt und läuft auch weniger schnell ab.

Herausfordernde Charakterzüge in der Kindheit bis zum zwölften Lebensjahr

Die Eltern dieser lebendigen und freiheitsliebenden Persönlichkeiten benötigen viel Geduld, Humor und Gelassenheit, um ihre Sprösslinge zu begleiten. Besonders liebevoll auf folgende Charakterzüge einzugehen, hilft den Eltern, Selbstsicherheit und Gelassenheit zu bewahren:

Eigensinnige Besserwisser

Aufgrund ihrer sprühenden Energie und Neugierde gehen diese Kinder immer an ihre Grenzen. Dadurch **erscheinen sie ihrem Umfeld manchmal besserwisserisch, eigensinnig und sogar stur.** 1er-Kinder fühlen sich allerdings eingeschränkt und gefangen, sobald man versucht, ihren Willen in andere Bahnen zu lenken. Ein **autoritärer Erziehungsstil ohne viel Empathie** und Einfühlungsvermögen wirkt sich meist negativ auf das Empfinden dieser Kinder aus und **vermittelt ihnen ein Gefühl der Ablehnung**. Die Kinder bewältigen dieses Gefühl der Zurückweisung, indem sie schon im Kleinkind- und Vorschulalter eine intensive Rebellenrolle einnehmen.

Charakterstärke als Herausforderung

Dank ihrer schnellen Auffassungsgabe und ihres beinahe extrem ausgeprägten Unabhängigkeits- und Freiheitsdrangs **haben diese Kinder ein gutes Gespür dafür, was für sie richtig ist**. Sie sind nicht nur aufgrund ihrer Intuition gut mit ihren Bedürfnissen und Wünschen verbunden, sondern auch dazu in der Lage, diese zu artikulieren. **Wie schon vorhin angedeutet, überfordert dieses selbstsichere Auftreten bei so jungen Menschen das Erwachsenenumfeld häufig.** Dies hat zur Folge, dass diese Kinder vonseiten ihrer Eltern oder Bezugspersonen nicht ernst genommen werden. Konkret sind letztere davon überzeugt, besser zu wissen, was für ihre Kinder angemessen ist. Als Elternteil sollten Sie jedoch darauf achten, die Charakterstärke und Selbstsicherheit Ihres Kindes nicht zu verdrängen und die Entfaltung dieser Wesenszüge bei Ihrem Kind zu fördern.

Intensives emotionales Leben

Gerade dieser Aspekt erweist sich nicht selten als eine belastende Herausforderung für die Eltern, da **diese Kinder schnell zwischen Phasen euphorischer Stimmung und Momenten tiefer Niedergeschlagenheit hin- und herwechseln können**. Dieses unbeständige und intensive emotionale Leben zeigt sich als ein problematisches Persönlichkeitsmerkmal.

Lassen Sie sich von diesen Charaktereigenschaften nicht unter Druck setzen, wenn Sie in gewissen Momenten nicht genau wissen, wie sie auf Ihre Kinder eingehen und ihnen auf emotionaler Basis erste Hilfe leisten können. Vertrauen Sie Ihrer Intuition und begegnen Sie Ihrem Kind mit liebevollen, beruhigenden und trostspendenden Berührungen. Wie bereits angesprochen, spielen Kinder mit der Lebenszahl 1 gerne mit Fantasiefreunden und kämpfen in den ersten neun Jahren ihres Lebens manchmal damit, mit Gleichaltrigen in Kontakt zu treten. Wenn das familiäre Umfeld diese Kinder in ihrem Sozialisierungsprozess allerdings unterstützt, dann fühlen sich diese jungen Menschen wahrgenommen und entwickeln bereits früh ausgeprägte soziale Fähigkeiten. Außerdem finden die 1er in diesem Fall auch den Mut, auf ihre Altersgenossen und Mitmenschen zuzugehen. Wenn nahestehende Personen jedoch versuchen, Kinder mit dieser Zahl in eine zu einengende Richtung zu drängen, so tun sich oft unausgesprochene Konflikte auf. In weiterer Folge neigen diese jungen Menschen dazu, sich von ihren Mitmenschen zurückzuziehen.

Förderungsmöglichkeiten in der Kindheit bis zum zwölften Lebensjahr

Kinder mit der Lebenszahl 1 brauchen viel Freiheit und eine klare Führung. Meistern Sie als Elternteil diesen Balanceakt, dann gelingt es Ihnen, Ihre Kinder in deren persönlicher Entfaltung mit Freude und Gelassenheit zu begleiten. Lassen Sie sich von den folgenden Empfehlungen bei der Beziehungsgestaltung zu Ihrem Kind leiten und inspirieren:

Forscherdrang fördern

Im Umgang mit 1er-Kindern ist es essenziell, den Kindern die Möglichkeit zu geben, ihrem **machtvollen Forscherdrang** auf den Grund zu gehen und diese Charakterseite **frei auszuleben**. Wenn diese Kinder etwas wissen möchten, sind sie beharrlich und unermüdlich in ihrer Art und Weise des Spielens. **Spiele**, bei denen sie Dinge in ihre Einzelteile zerlegen und wieder zusammenbauen müssen, **befriedigen ihre natürliche Neugier** und fördern sie darin, ihre Kreativität frei auszudrücken.

Gehen Sie auf die natürliche Neugierde Ihres Kindes ein und achten Sie darauf, dass sich Ihr Nachwuchs im familiären Umfeld in seiner Individualität wahrgenommen, wertgeschätzt und unterstützt fühlt.

Akzeptieren Sie die manchmal bohrenden Fragen Ihres Kindes als Zeichen seines aufgeweckten, wissensdurstigen Geistes, selbst wenn dieses Verhalten vielleicht Ihre Geduld strapaziert. **Es ist sehr wichtig, mit klaren Antworten und ohne auszuweichen auf die Neugier und Fragen der 1er-Kinder einzugehen**. Auf diese Art und Weise fühlen sich diese jungen Menschen ernst genommen und gehört.

Berührungen als Liebesbestätigung

Kinder mit der Zahl 1 brauchen liebevolle Berührungen und viel Körperkontakt. In der Erziehung sollten Sie besonderen Wert auf diesen Aspekt legen, weil 1er-Kinder ihr Liebes- und Zuwendungsbedürfnis über Berührungen stillen. Zudem zeigen die Kinder diese Emotionen auch selbst über Berührungen. Des Weiteren helfen Streicheleinheiten dabei, das intensive Gefühlsleben dieser Kinder zu beruhigen und das Zugehörigkeitsgefühl zu den eigenen Eltern zu stärken. **Die Liebessprache der Berührung hilft Ihnen, das Herz Ihres Kindes zu erreichen.** Vernachlässigen Eltern diesen Aspekt, wird die Annäherung aneinander auf emotionaler und körperlicher Ebene noch zusätzlich dadurch erschwert, dass sich diese Kinder nicht gerne in die Karten schauen lassen. **Es ist nicht immer leicht, sich die Persönlichkeit dieser Kinder in der Elternrolle zu ergründen.** Wenn es an einer gemeinsamen Vertrauensbasis mangelt, geben die jungen 1er ihre Gefühle nur zögerlich preis.

Über die eigenen Gefühle sprechen lernen

Diese sensiblen Gemüter kann man leicht mit einem unbedachten Wort oder einer falschen Geste verletzen. Wenn sie gekränkt sind, **verstecken** sie **ihren Schmerz** meist und **verdrängen den belastenden Gefühlszustand**. Aus diesem Grund sollten Sie Ihr Kind mit dieser Lebenszahl dabei unterstützen, schon im Kleinkindalter über seine Gefühle zu sprechen. Wenn man für das Kind **unterschiedliche Möglichkeiten und Kontexte schafft, um über Gefühle zu sprechen und diese zu zeigen,** fördert dies zugleich seine emotionale Intelligenz. Um wiederum die natürliche Neugier und den Forschergeist dieser Kinder zu wecken und zu stärken, kann man auf Spiele zurückgreifen, die zum Beispiel Mikroskope oder Chemiekästen beinhalten. Auch das Beobachten der Natur samt ihrer vielfältigen Pflanzen- und Tierwelt gibt Kindern mit der Lebenszahl 1 die Gelegenheit, ihren Charakter ihrem Naturell entsprechend zu entfalten.

Entscheidungsfreiheit mit liebevoller Führung

Es ist – vor allem dann, wenn das Kind schon älter ist – sinnvoll, ihm immer eine Wahlmöglichkeit anzubieten. Auf diese Weise **kann dem Heranwachsenden das Gefühl vermittelt werden, dass er mitentscheiden kann und dass seine Stimme Gewicht hat**. Ein autoritärer Erziehungsstil ist im Fall der 1er-Kinder also nur bedingt erstrebenswert und sollte sich darauf beschränken, dem Kind eine gewisse Richtung vorzugeben und einfühlsam auf das Kind einzugehen. Wenn Sie auf diese Aspekte Rücksicht nehmen, so gelingt es Ihnen, eine harmonische Eltern-Kind-Beziehung aufzubauen. Außerdem ermöglicht diese Rücksichtnahme in weiterer Folge einen relativ ausgeglichenen Verlauf der Pubertät. Insbesondere in dieser turbulenten Zeit sollten Sie darauf achten, dass sich **Ihr Kind ernst genommen und respektiert fühlt**. Geschieht dies nicht, reagieren Kinder mit dieser Zahl mit einer rebellischen inneren Haltung, um ihre Stärke durchsetzen zu können.

Intuition für das eigene Kind entwickeln

Für die Eltern ist es wichtig, ihr Kind genau zu beobachten und dabei zu lernen, seine momentane Gefühlslage zu erfassen. **In der Elternrolle sollten Sie das Verhalten Ihres Nachwuchses keinesfalls voreilig interpretieren.** Ganz im Gegenteil, Sie sollten in der Lage sein, **die Beweggründe Ihres Kindes sowie seinen emotionalen Zustand wahrzunehmen**. Dies gelingt Ihnen, wenn Sie in die Rolle des Beobachters schlüpfen und das Verhalten Ihres Kindes nicht persönlich nehmen. Außerdem sollten Sie sich darin üben, der Einzigartigkeit und Charakterstärke Ihres Kindes Wertschätzung entgegenzubringen. Finden Sie im Gespräch mit Ihrem Nachwuchs und durch Ihre intuitive Wahrnehmung heraus, was Ihr Kind, getrieben von seiner starken Neugierde, anstrebt. Vermeiden Sie dabei jedoch stets, Ihrem Nachwuchs böse Absichten oder Unarten zu unterstellen.

Bestätigung und positives Feedback

Um Ihr Kind dabei zu unterstützen, seine Persönlichkeit auf eine konstruktive Art und Weise zu entfalten, ist es essenziell, dass Sie Ihr Kind in seinem positiven Verhalten bestärken. Außerdem sollten Sie Ihr eigenes Verhalten beobachten und über dieses reflektieren. Es ist im Zuge dessen von großer Bedeutung, **sich für ein positives Verhalten und die Mithilfe des Kindes zu bedanken und Freude zu zeigen, wenn es sich freut oder ihm etwas gelingt**. Durch diese Reaktionen und Gesten erleichtern Sie es Ihrem Kind, seine eigenen Stärken zu erkennen. Dadurch gewinnt es an Mut und Zuversicht und wagt es, seine Schwachstellen anzunehmen. **Diese Unterstützung Ihrerseits stärkt gleichzeitig auch die Frustrationstoleranz des Kindes**.

Wie bereits erwähnt, kann sich das Kind mit der Zahl 1 zu einer selbstständigen Persönlichkeit entwickeln und einen klaren, sicheren Weg zum Erfolg gehen, wenn es bereits in der Kindheit Akzeptanz, Unterstützung und Ermutigung erfährt. Wenn die natürliche Autorität und Kraft dieses Kindes hingegen keine Beachtung und Wertschätzung finden, wird dieser junge Mensch oft unsicher und kämpft um seinen Platz im Leben.

Aktives Zuhören als Liebesbeweis

Eltern sollten diesem Kind bewusst zuhören und Momente schaffen, in denen sich das Kind frei mit ihnen austauschen und seine Erzählungen mit ihnen teilen kann. Auch das Erfinden und gemeinsame Gestalten von Fantasiegeschichten stellt einen guten Weg dar, um **dem Kind Raum für seinen Selbstausdruck zu geben**. Hören Sie Ihrem Kind konzentriert zu und finden Sie heraus, was Ihr Nachwuchs Ihnen mitteilen will.

Um die Liebensspeicher Ihres Kindes aufzufüllen, sollten Sie Ihrem Kind ungeteilte Aufmerksamkeit und ein offenes Ohr schenken. Wenn Sie diese Vertrauens- und Gesprächsbasis schon in der Kindheit aufbauen, legen Sie damit einen wertvollen Grundstein für eine ausgeglichene und stabile Eltern-Kind-Beziehung in der Pubertät.

Bedenken Sie, dass Ihr Kind mit der Lebenszahl 1 ein Kämpfer ist. In der Elternrolle sollten Sie angesichts dieses Charakterzuges darauf achten, dass sich dieser Konfrontationsdrang bei Ihrem Kind nicht zu einem Muster entwickelt. Andernfalls neigt Ihr Kind sehr schnell dazu, alles zu verneinen oder zu verweigern, was zu ihm gesagt wird. **Vermitteln Sie Ihrem Kind über Berührungen und eine offenkundige Zuwendung, dass Sie es so annehmen, wie es ist.** Dadurch kann Ihr Kind zugleich seine Grenzen erfahren und ruhiger werden.

Der inneren Weisheit des Kindes vertrauen

Es bedarf eines ausgeprägten Einfühlungsvermögens, um die Bedürfnisse dieser Kinder zu erkennen. In diesem Zusammenhang ist es von Bedeutung, dass Sie es **Ihrem Nachwuchs zugestehen, dass er selbst weiß, was er braucht**, und auch dazu in der Lage ist, sich dies zu holen. Damit geht einher, dass Sie als Elternteil die Reaktionen und Antworten Ihres Kindes, also auch ein „Nein", akzeptieren und **die Bereitschaft mitbringen, mit Ihrem Kind einen Kompromiss einzugehen**. Wenn Sie diese Kompromissbereitschaft schon in frühen Kindheitstagen gemeinsam mit Ihrem Kind trainieren, dann fällt es sowohl Ihnen als auch Ihrem Kind später in der Pubertät leichter, **Lösungen zu finden, die sie beide zufriedenstellen**. Zudem sollten Sie Ihr Kind dazu anregen, Mannschaftssportarten, Kampfkunst oder Ausdauersport zu betreiben. Diese sportlichen Aktivitäten erlauben es Ihrem Kind, seine Kraft und Persönlichkeit konstruktiv zu kanalisieren.

Beschreibung der Persönlichkeit in der Pubertät

In der Jugend bewahren Persönlichkeiten mit der Zahl 1 ihren starken Freiheitsdrang und ihr Unabhängigkeitsbedürfnis.

Rebellen am Weg zur Selbstfindung

1er-Persönlichkeiten sind **sensible, intuitive Jugendliche, die ein enormes Energiepotenzial besitzen** und darauf brennen, das Leben in vollen Zügen auszukosten und Erfahrungen zu sammeln. Diese Jugendlichen **gestalten ihre Identitätsfindung auf eine rebellische Art und Weise.** Sie stellen ihre Eltern, das Umfeld und die Werte der elterlichen Erziehung in Frage. Darüber hinaus wollen sie ihr Leben selbst bestimmen: Sie sind sehr darauf bedacht, ihre Meinung zu verteidigen und ihr Freiheitsbedürfnis auszuleben, ohne dass es von den Eltern oder anderen Bezugspersonen eingeschränkt wird.

Verantwortungsbewusst oder sogar heldenhaft

Ihre Leidenschaft, Zähigkeit und Lebendigkeit machen aus diesen Menschen faszinierende Persönlichkeiten. Durch ihr natürliches Charisma und ihre starken Charakterzüge verschaffen sie sich **im Freundeskreis oft einen Platz im Vordergrund und sind für ihre Altersgenossen eine Bezugsperson oder sogar ein nachahmenswertes Vorbild**. Genau dieser Aspekt kann auf den Prozess der Identitätsfindung dieser jungen Menschen jedoch auch entfaltungshemmend wirken. Wenn sie in einer Gruppe eine Vorbildwirkung übernehmen, verspüren diese Kinder innerlich häufig den Drang, in eine heldenhafte Rolle zu schlüpfen. Durch diese Rollenübernahme keimt in ihnen der Wunsch auf, sich immer stark zu zeigen. Sie **lehnen ihre Schwächen und ihre Bedürftigkeit ab** und sind in der Rolle des Helden oder des Anführers gefangen. Die Neigung dieser Jugendlichen, aufgrund ihrer besonderen Ausstrahlung im Mittelpunkt zu stehen, muss aber nicht immer bedeuten, dass sie zu Gruppenanführern werden.

Rückzug als Selbstschutz und zur Wahrung der persönlichen Freiheit
Manchmal werden Kinder mit der Lebenszahl 1 auch zu Einzelgängern. Im schulischen oder beruflichen Bereich glänzen diese Persönlichkeiten in diesem Fall meist mit außerordentlich guten Leistungen. In der Pubertät äußern sie außerdem oftmals den Wunsch, für einige Zeit ins Ausland zu gehen oder woanders wohnen zu wollen. Problematische Situationen können sich dann ergeben, **wenn diese jungen Menschen vom familiären oder schulischen Umfeld keine Unterstützung bekommen**. Dies hat zur Folge, dass ihr Bedürfnis nach Anerkennung und Aufmerksamkeit nicht gestillt wird und sie dadurch beginnen, **eine gewisse Unsicherheit** zu **entwickeln**. In vielen Fällen kommt es in der Jugendphase bei dieser Lebenszahl zudem dazu, dass sich die jungen Heranwachsenden **in der Stammfamilie nicht verstanden fühlen** und sich ihre „Familie" woanders suchen, wie zum Beispiel in der Schule unter einer Gruppe von Gleichaltrigen, bei den Großeltern und/oder bei älteren Freunden, die als elternähnliche Figuren fungieren.

Herausfordernde Charakterzüge in der Pubertät

Diese lebendigen und kraftvollen Persönlichkeiten benötigen klare Führung und viel Anerkennung und Wertschätzung. Nehmen Sie Rücksicht auf die folgenden Charakterzüge Ihre s Kindes, um eine stabile Vertrauensbasis zu schaffen.

„Niemand versteht mich"
Heranwachsende mit der Lebenszahl 1 fühlen sich manchmal isoliert und nicht verstanden. Ihre vergebliche Suche nach Vorbildern und Menschen, die sie verstehen, ist Anlass dafür, dass sie sich oft zurückziehen. In diesem Fall **werfen sie ihren Mitmenschen vor, sie würden kein Verständnis für sie haben und ihre Bedürfnisse nicht wahrnehmen**. Beharrt ein Kind mit der Lebenszahl 1 auf der Rolle des Nicht-Wahrgenommenen, des Nicht-Verstandenen, so fällt es ihm schwer,

eine Sozial- sowie Beziehungskompetenz zu entwickeln. Der Jugendliche fühlt sich verlassen und unverstanden.

„Ich muss alles alleine schaffen"

Wenn der **Weg zur eigenen Identität zu einem Rückzug** wird, lebt dieser junge Mensch seine Kämpfernatur in vollen Zügen aus und hält auch im Erwachsenenalter an folgendem Glaubenssatz fest: „Ich muss alles allein schaffen." Außerdem meint er: „Ich bin felsenfest davon überzeugt, dass mich niemand versteht oder mir helfen kann."

Isolation und Eigenwille

Im Prozess seiner Identitätsfindung neigt diese Lebenszahl also dazu, zu rebellieren. Sie **isoliert sich von den Eltern, Erziehungsberechtigten oder Erwachsenen**, die sie dabei unterstützen wollen, ihren Weg zu finden. Weiters tendieren Jugendliche mit dieser Zahl dazu, alle Ratschläge oder Empfehlungen, die sie von ihrem Umfeld bekommen, als Einschränkungen ihrer Freiheit wahrzunehmen und sich aufgrund dessen stark von diesen abzugrenzen. **Eigensinnigkeit und Selbstständigkeit sind oftmals die stärksten Persönlichkeitsmerkmale, die sich in der Pubertät zeigen**. Dieser Rückzug zu sich selbst und der Hang dazu, sich gegen die Eltern zu stellen und alles ohne Hilfe schaffen zu wollen, erschwert den Prozess der Identitätsfindung. **Durch das Erwachsenwerden beginnt für diese Jugendlichen ein Abnabelungsprozess, den sie selbst gestalten wollen.** Sie streben danach, schon früh Verantwortung zu übernehmen und sich zu isolieren. Ihre eigene Identität erfahren sie, indem sie sich intensiv mit sich selbst beschäftigen und sich eingehend mit folgenden Fragen auseinandersetzen: „Wer bin ich?" und „Was zeichnet mich als Individuum aus?".

Förderungsmöglichkeiten in der Pubertät

Als Elternteil können Sie die Suche Ihrer Kinder nach der eigenen Identität in der Pubertät mit diesen hilfreichen Tipps begleiten:

Kontinuierliches Beziehungsangebot

Man kann Jugendliche mit der Lebenszahl 1 während ihres Identitätsfindungsprozesses unterstützen, **indem man ihnen ein kontinuierliches Beziehungsangebot macht.** Die Eltern und Bezugspersonen sollten versuchen, die ihnen dabei entgegengebrachte abwertende Haltung nicht persönlich zu nehmen. Damit sich die Heranwachsenden selbst gut spüren können und ein besseres Selbstverständnis erlangen, ist es sehr hilfreich, wenn sie in Vereinen und durch das Betreiben von Mannschaftssportarten einen konstruktiven Ausdruck ihrer starken Persönlichkeit und eine positive Reibungsfläche für ihren starken Willen finden. **Sport stärkt die Selbstwahrnehmung und dadurch auch das Selbstbewusstsein.** Regelmäßige Sporteinheiten erlauben den 1er-Jugendlichen, ihre „rebellische Energie“ auf eine konstruktive Art und Weise zu kanalisieren.

Den persönlichen und emotionalen Ausdruck fördern

Man kann die Autonomie der Heranwachsenden mit der **Lebenszahl 1 fördern, indem man diese Menschen immer wieder dazu anregt, über ihr Alltagsleben, ihre Gefühle, ihre Erlebnisse und ihre Freunde zu sprechen.** Um seine starke Persönlichkeit auf eine positive Art und Weise zu entfalten, braucht dieser junge Mensch das Gefühl, nahezu bedingungslos angenommen zu werden. Wenn Eltern und Familienmitglieder den Unabhängigkeits- und Freiheitsdrang der 1er-Persönlichkeit ernst nehmen, dann bestärken sie den Jugendlichen mit dieser Zahl darin, seine Individualität zu leben.

Den Abnabelungsprozess zulassen

Der Liebes- und Kontrollverlust, den die Eltern im Zuge der Pubertät ihrer Kinder erleben, stellt eine große Herausforderung dar. Als Elternteil eines Jugendlichen mit der Lebenszahl 1 müssen Sie in dieser Phase damit umgehen lernen, dass Ihr Nachwuchs bereits wie ein Erwachsener frei und eigenständig über sein Leben entscheiden will. In dieser Situation ist es für Sie in der Elternrolle hilfreich, **die kämpferische Einstellung Ihrer Kinder und die daraus resultierenden Konflikte nicht persönlich zu nehmen**.
Seien Sie sich zudem bewusst, dass der Abnabelungsprozess und das starke Unabhängigkeitsstreben Ihres Nachwuchses elementare Bestandteile des Erwachsenwerdens sind. Dieses Bewusstsein zu erlangen, erleichtert Ihnen, mit Ihrem Kind anstelle der alten Eltern-Kind-Beziehung fortan **eine Beziehung zwischen Erwachsenen zu führen**.
Eine weitere Herausforderung besteht für Sie in der Erzieherrolle außerdem darin, mit der „Bestrafung durch Liebesentzug“, die gerne von Jugendlichen mit dieser Zahl angewandt wird, umzugehen.

Liebevoll Grenzen setzen

1er-Persönlichkeiten erfahren ihre eigene Identität meist durch Konfrontation und durch das Austesten ihrer persönlichen Grenzen. Als Elternteil stehen Sie in diesem Kontext vor der Aufgabe, Ihrem Nachwuchs liebevoll klare Grenzen zu setzen, wobei ein adäquates Maß an Autorität wichtig ist. **Am besten unterstützen Sie Ihr Kind beim Erwachsenwerden, indem Sie ihm ein Zuhause schaffen, das Herzlichkeit, Wärme und Offenheit ausstrahlt.** Verzichten Sie in dieser Phase auf rechthaberische Kritik und wenden Sie Ihre Energie in der Elternschaft besser dafür auf, Ihrem Kind bewusst und aktiv zuzuhören. So schaffen Sie eine Umgebung, in die sich der Jugendliche mit der Zahl 1 gerne zurückzieht, um sich von den Schwierigkeiten und Enttäuschungen des Lebens zu erholen. Darüber hinaus verspürt der Jugendliche an diesem Ort, Liebe und Wärme zu erfahren.

Lebenszahl 2 – eine empathische und weise Persönlichkeit

Kinder sind eine Brücke zum Himmel.
(Aus Persien)

Persönliche Beschreibung in der Kindheit bis zum zwölften Lebensjahr

Kinder mit der Lebenszahl 2 sind sehr sensibel und empfindsam. Um sich geborgen und angenommen zu fühlen, brauchen sie ein friedliches und liebevolles Zuhause sowie harmonische Beziehungen in ihrem Umfeld.

Harmoniebedürftig und hochsensibel
Sie leiden unter Streitigkeiten und gehen Konflikten aufgrund ihrer Harmoniebedürftigkeit gerne aus dem Weg. 2er-Kinder sind sehr daran interessiert, mit anderen Menschen in Beziehung zu treten und genießen vor allem dann die Gesellschaft von Altersgenossen oder Erwachsenen, wenn sie sich von diesen respektiert und ernst genommen fühlen. Ihre liebevolle, ruhige und zuvorkommende Art macht sie zu sehr beliebten Persönlichkeiten und lässt sie ausgleichend sowie inspirierend auf ihr Umfeld wirken. Außerdem sind diese Charaktere **sehr anpassungsfähig und wissen ganz genau, wie sie am besten bei ihren Mitmenschen ankommen**.

Geborene Vermittler
Schon in früher Kindheit verfügen 2er-Kinder über gute Mediationsfähigkeiten. Manchmal schlüpfen sie bereits in jungen Jahren in **die Rolle von einfühlsamen Friedensstiftern**, die gut zwischen unterschiedlichen Parteien vermitteln und wieder Harmonie in ihrem Umfeld schaffen.

Darüber hinaus sind 2er-Persönlichkeiten geborene Ästheten: Sie besitzen ein gutes Gefühl für Farben, Formen, Tanz und Musik und weisen eine Vielzahl an künstlerischen Begabungen auf. Schon von Kindheit an pflegen sie einen persönlichen Stil und stechen durch herausfordernde Persönlichkeitszüge hervor. Diese harmoniebedürftigen Kinder neigen trotz ihrer vielfältigen Talente jedoch dazu, sich in den Hintergrund zu stellen.

Bedürfnis nach Sicherheit

Persönlichkeiten mit dieser Lebenszahl zeigen in der Kindheit einen sensiblen Charakter und ein starkes Bedürfnis nach Sicherheit in ihrem Umfeld. Diese **Geborgenheit benötigen sie, um sich ihrem Umfeld sowie ihren Mitmenschen gegenüber öffnen zu können.** Insbesondere in der Eltern- und Erzieherrolle haben Sie die Möglichkeit, Ihrem Kind ein hohes Maß an Aufmerksamkeit entgegenzubringen und durch Berührungen eine starke Bindung zueinander aufzubauen. Ein Gefühl der Sicherheit und Körperkontakt sind von großer Bedeutung für die Entwicklung von 2er-Kindern.

Herausfordernde Charakterzüge in der Kindheit bis zum zwölften Lebensjahr

Diese gefühlsvollen und hilfsbereiten Persönlichkeiten brauchen liebevolle Zuwendung und viel Bestätigung, um Mut zum Selbstausdruck zu finden. Achten Sie auf die folgenden Persönlichkeitsmerkmale, um die Selbstsicherheit und Selbstliebe Ihres Kindes zu stärken.

Brav und angepasst

Aufgrund **ihrer hohen Anpassungsfähigkeit verzichten diese Persönlichkeiten häufig auf ihre eigenen Bedürfnisse**, um die Liebe und Anerkennung ihres Umfeldes nicht zu verlieren. Diese Dynamik zeigt sich in vielen Fällen bereits in der frühen Kindheit. So wird das Kind in dieser

Phase zumeist mit viel Lob überhäuft, da es fügsam und zuvorkommend ist. Als Elternteil sollten Sie jedoch darauf achten, dass Ihr Kind auch den Mut findet, seine Bedürfnisse und Meinungen zu äußern.

„Ich bin so wie, du mich willst"

Es ist wichtig, dass das Kind, während es nach Beliebtheit strebt, genauso zu seiner eigenen Größe steht. 2er-Kinder versuchen nämlich sehr oft, es allen Menschen recht zu machen, um Zurückweisungen zu vermeiden. Im Zuge dessen liegt es nahe, dass **diese Kinder** ihre eigenen Wünsche häufig vernachlässigen und **Schwierigkeiten damit haben, „Nein" zu sagen**. Sie verfügen über eine ausgeprägte Empathie und Beobachtungsgabe. Aufgrund dieser Eigenschaften können Heranwachsende mit dieser Lebenszahl bereits im Vorfeld spüren, was sich ihre Mitmenschen wünschen und erwarten.

Zurückgezogen in der eigenen Fantasiewelt

Das Kind mit der Lebenszahl 2 ist in seiner ersten Lebensphase gerne **verträumt und lebt in einer Fantasiewelt, in der es zahlreiche imaginäre Freunde hat.** In dieser Welt gestaltet es oft Geschichten und lebt jene Persönlichkeitsfacetten aus, die es in seinem Umfeld und in der Familie nicht entfalten kann. Wie schon zuvor thematisiert, neigt das Kind dazu, in der Realität dem Ideal des „braven Kindes" entsprechen zu wollen. In seiner Fantasie erlaubt es sich hingegen, frech zu sein und zu verwirklichen, was es aufgrund seines Harmoniebedürfnisses den anderen Kindern gegenüber und innerhalb der Familie nicht zeigen darf. Aufgrund ihrer großen Sensibilität lernen diese Menschen schon in der Kindheit, auf ihre Mitmenschen zu achten

Förderungsmöglichkeiten in der Kindheit bis zum zwölften Lebensjahr

Als Eltern dieser einfühlsamen Wesen sollten Sie darauf Acht geben, die Sensibilität und das Ruhebedürfnis Ihrer Kinder ausreichend wahrzunehmen und zu berücksichtigen. Im Folgenden werden Ihnen unterschiedliche Wege aufgezeigt, wie Sie Ihre Sprösslinge mit der Zahl 2 kindgerecht und empathisch begleiten können:

Den Selbstausdruck kreativ fördern

Kinder mit der Lebenszahl 2 sollten dazu motiviert werden, ihren künstlerischen Ausdruck zu finden. Als Elternteil sollten Sie Ihrem Kind ausreichend Raum und Zeit für seine kreative Selbstfindung geben, denn **durch eine individuelle, künstlerische Ausdruckskraft kann Ihr Kind seine Selbstwahrnehmung stärken**. Durch das Ausleben seiner kreativen Ader kann dieser Heranwachsende Willensstärke und ein Gefühl dafür entwickeln, was er selbst will. Dadurch gelingt es ihm immer besser, sich durchzusetzen und seine Gefühle, Meinungen und Bedürfnisse anderen Personen selbstbewusst und präzise mitzuteilen. Wenn sich dieses Kind angenommen fühlt und nicht nur dann gelobt wird, wenn es sich brav verhält und die Erwartungen der Erwachsenen erfüllt, gewinnt es den Mut, sich und seine Persönlichkeit offen zu zeigen. In weiterer Folge ist es in der Lage, sich von seiner angeborenen Angst vor Zurückweisung und vor dem Verlassenwerden zu befreien.

Das Selbstbewusstsein stärken

Kinder mit dieser Lebenszahl sollten von klein auf lernen, in jeder Beziehung einen harmonischen Fluss des Gebens und Nehmens zu gestalten. Da diese Kinder dazu neigen, sich in den Hintergrund zu stellen und anderen Personen den Vortritt zu lassen, **sollten Sie Ihre 2er-Kinder unterstützen, auf sich zu achten und ihre Talente fördern**. So finden diese jungen Menschen die nötige Kraft, um zu ihrer eigenen Größe zu stehen. Wenn 2er-Persönlichkeiten die eigenen Begabungen und Stärken bewusst wahrnehmen, erlaubt ihnen dies, erfolgreich mit ihrem starken Bedürfnis nach Harmonie, Liebe und Anerkennung umzugehen.

Bewusst auf die Neugierde des Kindes eingehen

Als Eltern eines 2er-Kindes sollten Sie darauf achten, ausreichend Zeit mit Ihrem Kind zu verbringen und regelmäßig etwas mit Ihrem Sprössling zu unternehmen. Kinder mit der Lebenszahl 2 weisen schon in frühen Jahren eine sehr gute Beobachtungs- und eine schnelle Auffassungsgabe auf. Sie interessieren sich für ihre Umwelt und speziell für zwischenmenschliche Beziehungen. Aus diesem Grund ist es ratsam, sich als Elternteil viel mit dem eigenen Kind zu unterhalten. **Nehmen Sie sich auch die Zeit dafür, Ihrem Nachwuchs zu erklären, warum bestimmte Entscheidungen und Handlungen getroffen werden.**

Den Mut zur Eigenständigkeit fördern

Sie sollten Ihrem Kind mit dieser Lebenszahl auf eine sanfte Weise zu verstehen geben, dass Uneinigkeiten, die sich gelegentlich in Beziehungen zeigen, ein natürlicher Bestandteil des Zusammenlebens sind. **Legen Sie in der Elternrolle Wert darauf, Ihr Kind dazu zu ermutigen, seine Meinung kundzutun und stets eine klare Stellung zu beziehen.** Dadurch stärken Sie das Selbstbewusstsein Ihres sensiblen und nach außen orientierten Nachwuchses. Außerdem sollten Sie Ihrem Sprössling zu verstehen geben, dass er keinesfalls Ihre Liebe und Zuwendung verliert, wenn er zu seiner Meinung steht und Stärke zeigt.

Abhängigkeit von Lob und Anerkennung von außen vermeiden

Da 2er-Persönlichkeiten das tiefe Bedürfnis verspüren, mit anderen in Kontakt zu treten, um geliebt zu werden, sind sie dazu bereit, nach den Wünschen ihrer Mitmenschen zu handeln. Oft laufen diese Muster unbewusst ab und es bedarf einer scharfen Beobachtungsgabe, um diese verborgen liegenden Mechanismen ans Licht zu bringen.

Als Eltern und Bezugspersonen sollten Sie versuchen, den machtvollen Drang Ihrer 2er-Kinder, allen zu gefallen und es allen recht zu machen,

einzudämmen. Mithilfe von Mentaltraining oder Fantasiereisen mit Kraftsymbolen sowie Krafttieren können Sie Ihren Kindern ein profundes Bewusstsein für ihre persönlichen Stärken vermitteln. Lernt das Kind mit der Lebenszahl 2, seine positiven Qualitäten zu spüren und in Beziehung mit seinen eigenen Bedürfnissen zu treten, so fällt es ihm leicht, sich gut abzugrenzen. Diese Kinder fühlen sich wohl, wenn sie in klare Strukturabläufe eingebettet sind und in einem schönen, gemütlichen Zuhause leben.

Bunte Formen und Farben zur Stärkung der Kreativität

Kinder mit der Lebenszahl 2 lieben Farben und ästhetische Formen. Die Eltern können den Sinn für Ästhetik und **die künstlerische Veranlagung des Kindes** bereits in der frühen Kindheit fördern, indem sie **gemeinsam mit ihm malen und sich künstlerisch betätigen**. Dafür eignen sich verschiedene Techniken und Materialien, wie Fingerfarben, Buntstifte oder Collagen. Dabei ist es insbesondere der Einsatz unterschiedlicher Materialien, der die Fantasie Ihres 2er-Sprösslings anregt und ihm den Zugang zu seinem eigenen Willen eröffnet. Außerdem lernt das Kind durch diese kreativen Aktivitäten, Entscheidungen zu treffen, die seinen Selbstausdruck stärken.

Kommunikations- und Austauschmöglichkeiten schaffen

Wenn diese sensible Persönlichkeit schon in frühen Jahren die Fähigkeit entwickelt, sich selbst zu spüren, so fällt es ihr im Jugend- und Erwachsenenalter leichter, der Außenwelt ihre Verlustangst und ihr Geltungsbedürfnis zu offenbaren. Als äußerst soziale Charaktere brauchen diese Kinder zwischenmenschliche Beziehungen, um zu sich selbst zu finden und ihre Identität zu entdecken. **Als Elternteil sollten Sie Ihrem 2er-Kind also die Gelegenheit bieten, in einen liebevollen Austausch mit seinen Mitmenschen zu treten.** Verbringen Sie auch selbst bewusst Zeit mit Ihrem Nachwuchs. Zeigen Sie aktives Interesse an den Vorlieben Ihrer Kinder und daran, in deren innere Welt einzutauchen. Als Eltern haben Sie zudem die Aufgabe, unterschiedliche Kommunikationswege zu finden, um Ihren Kindern ein Gefühl der Geborgenheit und Akzeptanz zu vermitteln.

Sanftmut wertschätzend behandeln

Manchmal fällt es den Eltern dieser Persönlichkeiten schwer, die Sanftheit und Harmoniebedürftigkeit dieser Zahl anzunehmen und diese Kinder so zu akzeptieren, wie sie sind. Für Sie als Eltern ist es dahingehend von großer Bedeutung, die intensiv ausgeprägte Sensibilität Ihres Kindes in allen Bereichen zu sehen, seine Einzigartigkeit zu erkennen und Ihren Nachwuchs dazu zu ermutigen, zu sich zu stehen. **Fühlt sich das Kind in seinem Sein angenommen, so entwickelt es ein stabiles Fundament für sein Selbstwertgefühl.** Versuchen Sie hingegen, das 2er-Kind durch Ihre Erziehung zu mehr Kampfgeist und Ehrgeiz zu motivieren, resultiert dies meist darin, dass sich das Kind zurückzieht und vermehrt Frust verspüren.

Gemeinsam mit anderen Kindern spielen

Das Kind mit der Lebenszahl 2 sollte in seiner Kindheit so oft wie möglich mit anderen Kindern spielen, damit es lernt, Grenzen zu setzen, sich Respekt zu verschaffen und über seine Gefühle zu sprechen. Diese Heranwachsenden neigen dazu, nur einen besten Freund oder eine beste Freundin zu haben und andere Altersgenossen zu vernachlässigen. **Deshalb sollten Sie Ihr 2er-Kind ermuntern, Freundschaften mit mehreren Kindern zu schließen.** Ermutigen Sie Ihren Sprössling auch dazu, sich über die eigenen Gefühle und Pläne auszutauschen.

Beschreibung der Persönlichkeit in der Pubertät

Jugendliche mit der Lebenszahl 2 sind sehr sensibel und zeigen ein teilweise stark ausgeprägtes Ruhebedürfnis. In der Pubertät offenbaren sie ein freundliches und einfühlsames Wesen und sind bei Gleichaltrigen meist sehr beliebt.

Außerordentliche soziale Fähigkeiten

In vielen Fällen nehmen 2er-Persönlichkeiten in der Jugendphase für ihre Altersgenossen die Rolle von Bezugspersonen und weisen Ratgebern ein. Die heranwachsenden 2er scheuen sich also nicht vor Beziehungen. Sie sehnen sich nach tiefgründigen und wertvollen Freundschaften sowie danach, harmonische Verbindungen zu ihren Eltern, Verwandten und Familienmitgliedern aufzubauen. **Neben der Sehnsucht nach tiefen Beziehungen und Harmonie stellen sie in einigen Fällen allerdings idealistische Erwartungen an ihre Mitmenschen.**

Sinn für Ästhetik und Schönheit

2er-Kinder sind von Natur aus liebevolle Menschen mit einem angeborenen Sinn für Ästhetik und Schönheit. **In der Pubertät sind sie im Rahmen ihrer Identitätsfindung sehr auf ihr körperliches Aussehen fixiert und haben eine intensive Beziehung zu ihrem Körper, wobei sie nach Harmonie mit ihren physischen Attributen streben.** Zudem legen sie sehr viel Wert auf ihre Kleidung und wählen ihre Outfits stets sorgfältig aus. Bei diesen jungen Menschen ist es von besonderer Bedeutung, dass sie jenseits von Modediktaten und entrückten Vorbildern eine Möglichkeit finden, ihre Persönlichkeit authentisch auszudrücken.

Rege Gefühlswelt

Der Prozess der Identitätsfindung verläuft bei dieser Lebenszahl insgesamt sehr intensiv, was damit zu tun hat, dass diese jungen Menschen **zumeist einer starken Gefühlswelt ausgeliefert sind.** Diese Phase der Selbstfindung lässt sich ausgeglichener gestalten, wenn die Jugendlichen das Gefühl verspüren, in ein stabiles Beziehungsnetz aus Freunden und Familienmitgliedern eingebettet zu sein. Allein auf sich gestellt, fühlen sich Kinder mit dieser Zahl selten wohl, selbst wenn sie manchmal selbstgefällig und eigen wirken können.

Empathie durch ein gesundes Selbstbewusstsein leben

Aufgrund ihrer ausgeprägten Sensibilität können diese Jugendlichen, wie bereits angedeutet, für ihre Altersgenossen zu verlässlichen Freunden und reifen Beratern werden. Manchmal üben sie diese Funktion sogar den Erwachsenen in ihrem Umfeld gegenüber aus. Diese helfende, **beratende Rolle für Gleichaltrige oder selbst ältere Menschen übernehmen** sie, wenn sie bereits als Kind gelernt haben, auf ihre Intuition zu hören und ihr Einfühlungsvermögen bewusst einzusetzen. Dieser Schritt gelingt ihnen zudem dann, wenn sie bereits in der Kindheit ein gutes Selbstvertrauen und Selbstbewusstsein entwickelt haben.

Herausfordernde Charakterzüge in der Pubertät

Begleiten Sie Ihr Kind in der empfindlichen Phase der Pubertät mit viel Liebe und Wertschätzung für seine Weisheit und soziale Kompetenz. Wenn Sie auf die folgenden Charakterzüge Rücksicht nehmen, dann gelingt es Ihnen eine tragfähige Beziehung zu ihm aufzubauen.

Ausgeprägtes Geltungsbedürfnis gepaart mit einer unterstützenden Helferrolle

Jugendliche mit der Lebenszahl 2 zeichnen sich durch ihre hohe Empfindsamkeit und ihr starkes Geltungsbedürfnis aus. Durch diese Eigenschaften neigen sie in der Pubertät dazu, sich manchmal regelrecht für ihre Eltern und Familienmitglieder aufzuopfern. **Sie handeln in diesem Kontext bestimmt vom Glauben, für das Glück und Wohlbefinden ihrer Familie verantwortlich zu sein.** Bildet sich dieses Verhaltensmuster heraus, so identifizieren sich die jungen 2er-Persönlichkeiten normalerweise stark mit der Rolle des Helfers. Sie fühlen sich in diesen Fällen meist nur dann wertvoll, wenn sie gebraucht werden und ihre Hilfe in Anspruch genommen wird. Gelegentlich kann es sogar zu der Situation kommen, dass sie den Menschen in ihrem Umfeld ihre Hilfe und gut gemeinten Ratschläge regelrecht aufzwingen wollen. Das Problematische an dieser Einstellung ist, dass diese Sichtweise die natürliche Dynamik einer gesunden Pubertät unterdrückt. Sie hält die Jugendlichen im Korsett ihrer Helferrolle gefangen und hindert sie daran, spontan und verspielt zu sein.

Unterdrückung von Zorn aus Angst vor Ablehnung

Des Weiteren neigen 2er-Persönlichkeiten in dieser Lebensphase dazu, ihre Wut und ihren Zorn zu unterdrücken. Im Zuge dessen vermeiden sie oftmals gesunde und für das Erwachsenwerden wichtige Konflikte mit ihren Eltern und verabsäumen dabei, ihre rebellische Seite auszuleben. **Eine Ursache für dieses Verhaltensmuster liegt vermutlich in der Angst begründet, nicht mehr akzeptiert zu werden, wenn sie unvernünftig, widerständig oder unverantwortlich handeln.** Dadurch vermindert sich jedoch auch die Lust von 2er-Personen, Neues auszuprobieren und unbekannten Dingen nachzugehen. Dieses Ergründen neuer Horizonte ist aber gerade in der Pubertät sehr wichtig, um herauszufinden, was dem eigenen Charakter tatsächlich entspricht.

Fokussierung auf Äußerlichkeiten

Wenn diese Jugendlichen wiederum ein geringes Selbstwertgefühl besitzen, so versuchen sie, ihre innere Unzufriedenheit zu kompensieren, indem sie sich auf ihr Aussehen fokussieren. Sie weisen die Tendenz auf, Modetrends sklavisch zu verfolgen und pflegen einen ausgefallenen Kleidungsstil, um ihre Einzigartigkeit und Besonderheit zu unterstreichen. In dieser Phase ist es für Sie als Elternteil wichtig, darauf zu achten, dass Ihr Kind den Bezug zu sich selbst nicht verliert.
Die Jugendlichen sollten danach streben, ihre Unabhängigkeit zu bewahren und eine äußere Erscheinung zu pflegen, die ihrem Naturell entspricht, ohne sich zu verstellen. Wenn Jugendliche mit der Lebenszahl 2 in der Pubertät zu vernünftig und angepasst sind, so wirken sie rasch wie weise, reife Erwachsene. Allerdings treten irgendwann im Laufe des Lebens alle in der Kindheit und Jugend unterdrückten Emotionen wieder zutage und zeigen sich ganz offensichtlich – manchmal erst im Erwachsenenalter, häufig im Laufe der sogenannten Midlife-Crisis.

Förderungsmöglichkeiten in der Pubertät

Diese Jugendlichen benötigen eine sichere Hand, die ihren Weg mit Verständnis und Klarheit begleitet. Besonders wichtig ist es, dass Sie als Eltern bzw. Erziehungsberechtigte die 2er dazu ermutigen, ihre emotionale Selbstständigkeit zu leben und Mut zum Selbstausdruck zu finden. Das Erreichen dieser Ziele kann Ihnen durch die folgenden Hilfestellungen gelingen:

Stabile Freundschaften aufbauen

Jugendliche mit der Lebenszahl 2 profitieren sehr davon, wenn sie schon in der Pubertät tragfähige, tiefgründige Freundschaften zu Gleichaltrigen oder reifen Menschen aufbauen. **Wenn sie den Halt dieser stabilen Beziehungen spüren, so gewinnen sie den Mut, ihre Verletzlichkeit und Sensibilität offen zu zeigen.** Sie lernen, sich zu öffnen und anderen Menschen zu vertrauen. Dadurch gelingt es ihnen, die trügerische Sicherheit, die sie durch die Helferrolle erhalten, loszulassen, ihre Schwächen zu zeigen und Hilfe für sich einzufordern. Als Elternteil sollten Sie die Heranwachsenden mit dieser Zahl also dazu anregen, ein stabiles Beziehungsnetz aufzubauen.

Zeit für sich allein

Jugendliche mit dieser Lebenszahl benötigen viel Zeit für sich allein. Ihr reger Geist und ihre ruhebedürftige Persönlichkeit können sich dann optimal entfalten, wenn sie einen Ort haben, an dem sie sich geborgen fühlen und sich ihren Gedanken und Reflexionen widmen können. Um den Prozess ihrer Identitätsfindung zu unterstützen, ist es wesentlich, einen solchen Rahmen zu schaffen. **Zeiten des Rückzugs und des Tagträumens sollte den Pubertierenden ohne Vorwürfe gegönnt werden.** 2er-Jugendliche brauchen diesen Raum und diese Zeit, um innerlich Ordnung zu schaffen und Klarheit zu finden.

Sport und Bewegung zur Stärkung des Selbstbewusstseins

In der Pubertät ist es für Heranwachsende mit der Lebenszahl 2 entscheidend, sich viel zu bewegen. Mannschaftssport eignet sich hierzu am besten, da dieser den Jugendlichen dabei hilft, ihren persönlichen Platz im Leben zu finden, **ihr Selbstwertgefühl zu stärken und Grenzen zu setzen**. Zudem fördert Mannschaftssport die Sozialkompetenz der 2er-Persönlichkeiten und ist ihnen im Umgang mit ihrem ausgeprägten Harmoniebedürfnis eine Stütze.

Die einfühlsame Persönlichkeit des Kindes würdigen

Als Elternteil oder Bezugsperson sollten Sie liebevoll, einfühlsam und respektvoll auf Ihren Nachwuchs mit der Lebenszahl 2 eingehen. Dabei ist es essenziell, dass Sie die Persönlichkeit und Wesensart Ihres Kindes entsprechend würdigen. **Üben Sie sich** in diesem Zusammenhang insbesondere **darin, die Sanftheit und hohe Sensibilität dieser Zahl zu akzeptieren und als Stärke zu sehen**. Wenn Sie Ihrem Kind das Gefühl vermitteln, dass Sie es so annehmen, wie es ist, dann kann sich Ihr Kind auch selbst wertschätzen und zu seinen individuellen Eigenschaften stehen.

Aktiv eine gemeinsame Vertrauensbasis schaffen

Wenn sich Jugendliche mit der Lebenszahl 2 zurückziehen und unzufrieden mit sich selbst, ihrem Körper und ihrem Leben wirken, so sollten Sie als Eltern nicht resignieren, sondern versuchen, aktiv zu werden: Machen Sie Ihrem Sprössling kontinuierliche Beziehungsangebote und suchen Sie immer wieder respekt- und würdevoll den persönlichen Kontakt mit ihm. Wenn Sie schon in der frühen Kindheit eine gute Gesprächsbasis mit Ihrem 2er-Nachwuchs geschaffen haben, so wird es Ihnen auch in der Pubertät Ihres Kindes leichtfallen, sich mit Ihrem Schützling auszutauschen. **Nehmen Sie sich Zeit, um mit Ihrem Heranwachsenden über seine Bedenken, Ängste, Zweifel und Meinungen zu sprechen.**

Eine ehrliche Kommunikation stärkt die Offenheit und die Beziehungsfähigkeit

Heranwachsende 2er-Personen brauchen ein harmonisches familiäres Umfeld, das von klaren Beziehungsverhältnissen geprägt ist. **Als Elternteil sollten Sie daher ehrlich und offen mit Ihrem Kind kommunizieren, besonders dann, wenn Sie Ihre Gefühle äußern.** Dadurch fällt es Ihrem Nachwuchs leichter, sich zu öffnen und Vertrauen zu Ihnen aufzubauen. Bedenken Sie dabei, dass 2er-Kinder sehr genau spüren, wenn ihre Eltern ihnen gegenüber nicht ehrlich sind, sich nicht authentisch verhalten, etwas vor ihnen verbergen oder ihnen etwas vorspielen. Daher sollten Sie in der Eltern-Kind-Beziehung mit der Lebenszahl 2 möglichst vermeiden, Unwahrheiten auszusprechen oder etwas vorzutäuschen, das nicht der Realität entspricht. Andernfalls verliert dieser Jugendliche das Vertrauen zu Ihnen als Elternteil, fühlt sich hintergangen und zum Rückzug gezwungen. Es ist für Sie dann äußerst schwierig, diesen Fehler wieder zu korrigieren und das Vertrauen Ihres misstrauisch gewordenen Jugendlichen zurückzugewinnen.

Lebenszahl 3 – eine lebendige und neugierige Persönlichkeit

Mit jedem neugeborenen Kind
wird die Welt ein Stück reicher.

Persönliche Beschreibung in der Kindheit bis zum zwölften Lebensjahr

Kinder mit der Lebenszahl 3 sind sehr **lebhafte und temperamentvolle Wesen**, die von Tatendrang und Kraft durchdrungen auf das Leben zugehen. In ihrem Innersten bewahren sie eine Eroberer- und Pioniermentalität, die von außen nicht unmittelbar erkennbar ist. Ihr Wesenskern ist auf Durchsetzung und Abenteuer ausgerichtet. **Sie lieben Herausforderungen und gehen wagemutig alle möglichen Abenteuer ein.** Geduld und Ausdauer gehören nicht unbedingt zu den Stärken dieser Kinder.

Mutig und charismatisch durchs Leben

Diese kleinen, risikofreudigen Wesen wollen alles selbst ausprobieren und ihre eigenen Grenzen ständig neu ausloten. Sie neigen dazu, buchstäblich mit dem Kopf durch die Wand zu rennen und wenig systematisch durchs Leben zu gehen. Sie legen los, ohne vorher lange zu überlegen. Herausforderungen stellen sie sich stets mutig und Hindernissen blicken sie kühn entgegen. Kinder mit der Lebenszahl 3 probieren gern Neues aus und müssen ihre Erfahrungen selbst machen, da sie nicht bereit dazu sind, auf die Empfehlungen und Ratschläge von anderen zu hören. **Durch diese natürliche Lebenskraft und ihre charismatische Ausstrahlung stehen diese Kinder häufig im Mittelpunkt** und verfügen über eine ausgeprägte Überzeugungskraft. Sie tendieren schon in früher Kindheit dazu, die Aufmerksamkeit aller auf sich zu ziehen, und übernehmen häufig die Rolle des Anführers.

Vielfältig interessiert und willensstark

Persönlichkeiten mit dieser Lebenszahl sind einerseits schnell zu begeistern und stets Feuer und Flamme für Neues, andererseits erlischt ihre Begeisterung auch rasch wieder, wenn wieder neue Themen ihre Aufmerksamkeit fesseln. Aufgrund dieser Charaktereigenschaft wechseln diese Kinder oft ihre Interessen und wirken nach außen hin sehr sprunghaft. **Ihre Willensstärke und ihr Ehrgeiz helfen diesen Kindern dabei, dieses Persönlichkeitsmerkmal als Ressource zu nutzen**. Die jungen 3er sind in der Tat sehr darauf bedacht, ihre Vorstellungen auch zu verwirklichen. Da sie viel Selbstvertrauen besitzen, sehr kreativ sind und ein sonniges Wesen haben, gehen sie zielstrebig durchs Leben. Ihre Lebensfreude und positive Einstellung wirken ansteckend auf ihr

Umfeld. Diese Eigenschaften machen diese Kinder zu sehr beliebten Zeitgenossen, die ihren Mitmenschen besonders aufgrund ihrer Persönlichkeit immer wieder auffallen.

Herausfordernde Charakterzüge in der Kindheit bis zum zwölften Lebensjahr

Diese lebendigen, unternehmungslustigen und wagemutigen Kinder sind sehr aktiv und durch ihre recht spontane Art immer wieder dazu bereit, sich neue Horizonte zu ergründen. Es fällt ihnen jedoch schwer, sich auf ein Thema zu konzentrieren und Dinge zu Ende zu führen. Außerdem neigen sie aufgrund ihres Energieüberschusses zu Wutanfällen, die sich vor allem dann zeigen, wenn diese Kinder das Gefühl haben, ihren Willen nicht durchsetzen zu können. Auf diese Art und Weise entladen diese jungen Menschen ihre angestaute Energie.

Unbändige Lebendigkeit

3er-Kinder sind sehr aktive Menschen, die eine verspielte Seite zeigen und viel Bewegung brauchen. Anstatt ruhig ein Buch zu lesen oder vor einem Spiel zu sitzen und über Strategien zu sinnieren, toben sie sich lieber in der freien Natur aus. Ihre sprühende und teilweise dominante Art macht es ihnen oft schwer, Anschluss an Gleichaltrige zu finden. **Aufgrund ihrer selbstbestimmten und häufig sprunghaften Art haben sie bereits in jungen Jahren oftmals Probleme damit, dauerhafte Kontakte mit anderen Kindern zu knüpfen.** Die folgenden zwei Faktoren spielen hierbei eine zentrale Rolle: ihr rasch wechselndes Interesse an Menschen, das vom Reiz des Neuen geprägt ist, und ihr Wunsch, eigene Spielideen und Regeln durchzusetzen.

Immer auf Trab

Für Kinder mit der Lebenszahl 3 ist es wichtig, ihre Kraft, ihren Bewegungsdrang und ihre überschüssige Energie auf kreative Art und Weise zu kanalisieren. **Ihre Lebendigkeit und ihr wechselhaftes Temperament zeigen sich auch in ihrem Innenleben: Manchmal sind 3er-Persönlichkeiten recht wankelmütig und fühlen sich von einem Moment auf den anderen fröhlich oder niedergeschlagen und mutlos.**

Förderungsmöglichkeiten in der Kindheit bis zum zwölften Lebensjahr

Diese lebendigen Persönlichkeiten stellen eine echte Herausforderung für ihre Eltern bzw. für Erziehungsberechtigte dar. Die folgenden Empfehlungen möchten Sie dazu inspirieren, Ihr eigensinniges Kind mit Gelassenheit und etwas mehr Verständnis durchs Leben zu begleiten:

Toleranz lernen

Sie können Ihr energiegeladenes 3er-Kind optimal fördern, indem Sie ihm genügend Raum und Zeit für Bewegung und Aktivität geben. Des Weiteren sollten Sie Ihrem Nachwuchs mit der Lebenszahl 3 vermitteln, wie wichtig es ist, andere Meinungen zu respektieren und tolerant zu sein. Unterstützen Sie Ihr Kind insbesondere darin zu akzeptieren, dass andere Menschen eine eigene Meinung besitzen dürfen. Mannschaftssportarten eignen sich sehr gut, um Ihrem Kind genau diese Fähigkeiten näherzubringen und die soziale Intelligenz Ihres Kindes nachhaltig weiterzuentwickeln. Leben Sie Ihrem Kind zudem selbst vor, wie man empathisch und wertschätzend auf andere Menschen eingeht.

Den Bewegungsdrang fördern

Wie bereits erwähnt, brauchen Kinder mit der Lebenszahl 3 viel Bewegung und die Möglichkeit, ihre aufgestauten Aggressionen auf eine konstruktive Art und Weise auszuleben, um sich entfalten zu können.

Sie können Ihr Kind in seinem Wachstum fördern, indem Sie es darin bestärken, seine Lebendigkeit offen zu zeigen, und laufend versuchen, seinen Bewegungsdrang zu stillen. **Probieren Sie gemeinsam unterschiedliche Formen des Spielens aus, um auf diesem Weg die Konzentrationsfähigkeit und Ausdauer Ihres Kindes zu stärken.** Zudem ist es wichtig, auf die natürliche Neugier dieser Zahl einzugehen. Dies gelingt Ihnen, indem Sie Ihrem Sprössling unterschiedliche Impulse zur Weiterentwicklung geben und ihm eine Vielzahl an Erfahrungen ermöglichen.

Neugierde ernst nehmen und stillen

Bereits in den frühen Lebensjahren dieser Kinder sollte man als Elternteil mit ihnen üben, sich nicht nur oberflächlich für etwas zu interessieren, sondern auch in die Tiefe zu gehen. Die jungen 3er sollten also einerseits zu schätzen lernen, wie wichtig und bereichernd es ist, Wissen und neue Erfahrungen zu sammeln, andererseits sollten sie aber auch erkennen, dass Tiefgang, sowohl beim Lernen als auch bei Begegnungen mit Menschen, ebenso sehr erfüllend sein kann. Diese wichtige Erkenntnis hilft 3er-Persönlichkeiten in der Pubertät und später im Erwachsenenalter dabei, zu ihrer Größe zu stehen, ihre Talente zu entfalten und Beziehungen mit ihren Mitmenschen einzugehen.

Die Empathie stärken

Als Eltern sollten Sie Ihre Kinder mit der Lebenszahl 3 dabei unterstützen, die eigene Sozialkompetenz und Empathiefähigkeit zu entfalten. Manchmal wirkt die grenzenlose Energie und Kraft dieser Kinder auf ihr Umfeld sehr dominant und es kann vorkommen, dass diese Kinder ihre Spielkameraden etwas grob behandeln. Dies geschieht allerdings nicht aufgrund von Boshaftigkeit, sondern weil die jungen 3er ihre Lebendigkeit in vollen Zügen ausleben möchten. Als Elternteil oder Bezugsperson sollten Sie darauf achten, dass Ihre Schützlinge ihr Einfühlungsvermögen entfalten können und bereits in jungen Jahren lernen, sich insbesondere schwächeren Personen gegenüber rücksichtsvoll zu verhalten.

Den Gefühlsausdruck unterstützen

Für Sie als Erzieher von 3er-Kindern ist es unerlässlich, sich hilfreiche „Werkzeuge" anzueignen und ausreichend Möglichkeiten zu erhalten, die es Ihnen erlauben, mit den intensiven Gefühlen Ihrer Schützlinge umzugehen. Dies ist vor allem deshalb wichtig, da die Vorbildwirkung der Eltern und Bezugspersonen großen Einfluss auf Kinder mit dieser Lebenszahl hat. **3er-Kinder sollten lernen, ihre Gefühle konstruktiv auszudrücken und sich ihrem Umfeld klar mitzuteilen**. Wie zuvor erwähnt, können diese Kinder anderen Personen gegenüber manchmal sehr verletzend wirken, besonders bei Wutanfällen oder Aggressionsausbrüchen. Daher ist es für diese jungen Menschen unumgänglich zu lernen, wie sie mit ihrer Wut und Aggression bewusst umgehen und diese positiv kanalisieren können. Als Elternteil sollten Sie Ihrem Kind daher ermöglichen, seine Wut auszuleben und ihm die Gelegenheit bieten, sich selbst, zum Beispiel durch bewusstes Atmen oder Achtsamkeitsübungen, wieder zu beruhigen. Starke, verlässliche Eltern, die ihre Gefühle offen preisgeben und einfühlsam aufeinander eingehen, sind genau das, was Kinder mit der Lebenszahl 3 brauchen. In dieser Umgebung fällt es diesen Heranwachsenden leicht, ihr starkes Temperament konstruktiv zum persönlichen Wachstum zu nutzen.

Stärkung der Ausdauer als Schlüssel zu mehr Charakterstärke

Als Eltern sollten Sie Ihre Kinder bewusst dabei unterstützen, Ausdauer und Konsequenz zu entwickeln. Bei jeglicher Aktivität – egal ob beim Spielen oder Lesen – sollten diese Kinder immer wieder dazu ermutigt werden, das, was sie begonnen haben, auch abzuschließen. Wenn sich diese jungen Menschen in Ausdauer üben, so verbessert dies ihre Konzentrationsfähigkeit und erlaubt ihnen, ihre Begeisterungsfähigkeit und Neugierde konstruktiv anzuwenden. Diese Art von Beständigkeit schafft zudem einen fruchtbaren Boden für die Entwicklung der künstlerischen Talente dieser Kinder, ihrer Intelligenz und Kreativität. Auch in der Pubertät sollte diesem Aspekt besondere Aufmerksamkeit geschenkt werden.

Beschreibung der Persönlichkeit in der Pubertät

Achtsame Zuwendung, ein ruhiges Umfeld und viel Freiheit sind Aspekte, die die Lebendigkeit und die persönliche Entwicklung des 3-er Kindes in der Pubertät enorm unterstützen. Die unten beschriebenen Aspekte der Persönlichkeit hilft Ihnen in der Elternrolle, einen klaren Zugang zu Ihrem Kind zu finden und eine stabile Beziehung aufzubauen.

Zwei unruhige Seelen in einer Brust

Jugendliche mit der Lebenszahl 3 tragen zwei Seelen in ihrer Brust: Auf der einen Seite können sie ihren Willen in vielen Situationen **sehr gut durchsetzen** und sehr selbstbewusst sein, wodurch sie auch **gerne im Mittelpunkt stehen**. Auf der anderen Seite sind sie aufgrund ihrer unbändigen Begeisterungsfähigkeit und ihres Tatendranges **ständig auf der Suche nach neuem Input und lassen sich leicht vom Umfeld beeinflussen**. Dadurch ruhen sie nur selten in ihrer Mitte. In ihrer Identitätsfindung zeigen sich diese Jugendlichen grundsätzlich sehr selbstständig und eigensinnig. Sie wollen sich selbst erfahren und sind darauf bedacht, alles auszuprobieren, was ihnen in den Sinn kommt und ihr Interesse weckt.

Inkonsequenz als Charakterzug

Die Sprunghaftigkeit dieses Persönlichkeitstypus verunsichert die Eltern oft, weil es sich komplex gestaltet, einem derart energiegeladenen jungen Menschen Grenzen aufzuzeigen. **Der rege Geist und das fantasiereiche Wesen von Kindern mit der Lebenszahl 3 entfalten sich in der Pubertät sehr intensiv.** 3er-Jugendliche gleichen einem rauschenden Wildbach, der sich auf unterschiedlichen Wegen durch die Natur schlängelt, bevor er schlussendlich ein friedliches Flussbett bildet. Bereits in frühen Kindheitsjahren, vor allem aber in der Pubertät, zeigt sich sehr deutlich, wie der Weg dieser jungen Menschen aufgrund ihrer vielfältigen Persönlichkeit von verschiedensten Erfahrungen geprägt ist.

Von der Vielfalt des Lebens begeistert

Das Lebensmotto dieser jungen Menschen besteht darin, die Vielfalt des Lebens auszukosten. Wie bereits angedeutet, neigen 3er-Persönlichkeiten aufgrund ihrer Charakterzüge dazu, eine Vielzahl an Erfahrungen machen zu wollen, ohne dabei jedoch in die Tiefe zu gehen. So sind sie am Anfang mit feurigem Eifer bei der Sache, werden jedoch rasch ungeduldig und müde. Daher kommt es dazu, dass sie sehr schnell nach neuen Reizen suchen. Diese Begeisterungsfähigkeit kann durchaus ein positives Persönlichkeitsmerkmal sein, da Persönlichkeiten wie diese ständig für Veränderungen offen und bereit dazu sind, sich weiterzuentwickeln. **Der Nachteil dieses Charakterzuges liegt jedoch darin, dass diese Jugendlichen selten zur Ruhe kommen und sich an ihrer Außenwelt orientieren.** Sie finden in keiner Weise die nötige Stille und Zentriertheit, die zur Innenschau notwendig sind. Genau diese Aspekte sind allerdings ausschlaggebend, um herauszufinden, was man selbst wirklich will und was tatsächlich zum eigenen Wesen passt.

Unbeständig und neugierig

Diese jungen Persönlichkeiten leben ein „Schmetterlingsdasein". Ruhelos „fliegen" sie sozusagen von Begegnung zu Begegnung, von unterschiedlichsten Erfahrungen zu neuen Erlebnissen, ähnlich wie Schmetterlinge, die unablässig von Blume zu Blume flattern. **Diese Unbeständigkeit in ihrem Wesen erschwert den Prozess der Identitätsfindung, da diese Pubertierenden ständig neuen Impulsen von innen und außen ausgesetzt sind.** Dieser Charakterzug spielt zugleich mit der Tendenz dieser Jugendlichen zusammen, ständig auf der Suche nach Klarheit und einem Vorbild zu sein. Wenn sich die Suche großteils im Außen gestaltet und die Jugendlichen sich auf destruktive Vorbilder fokussieren, so sind diese jungen Menschen aufgrund ihres wechselhaften Gefühlszustandes oft mit dem inneren Druck konfrontiert, nicht zu wissen, wer sie sind und was sie wollen.

Äußere Vorbilder

Um dem Druck der Unsicherheit standzuhalten, orientieren sich Pubertierende mit der Lebenszahl 3 gerne an äußeren Vorbildern, die selten ihrer Persönlichkeit und ihrem Naturell entsprechen. In diesem Fall sind sie **trotz ihres Unabhängigkeitsdrangs und dem Bedürfnis, selbstbestimmt zu leben, sehr leicht von ihrer Umwelt beeinflussbar**. Gelingt es ihnen jedoch, diese Charaktereigenschaften in konstruktiver Form zu kanalisieren, wie zum Beispiel durch künstlerische Aktivitäten, durch sportliche Betätigung oder durch die Entfaltung ihrer Talente, so werden sie zu selbstsicheren Menschen. Folglich sind sie im Erwachsenenalter dazu in der Lage, in ganz unterschiedlichen Bereichen Erfahrungen zu sammeln und sehr erfolgreich zu sein.

Herausfordernde Charakterzüge in der Pubertät

Jugendliche mit der Lebenszahl 3 stehen gerne im Mittelpunkt und verhalten sich anderen gegenüber oft ungeduldig und nicht immer rücksichtsvoll. In der Pubertät neigen sie dazu, sich stark mit der Suche nach ihrer eigenen Identität zu beschäftigen und ihrem Umfeld gegenüber wenig Empathie zu zeigen. Sie wollen ihren Platz im Leben finden und brauchen oft ein Publikum, um ihre selbstdarstellerische Ader auszuleben. Ihr intensives Innenleben und ihre angeborene Tendenz, sich „zu verzetteln", erschwert ihnen den Weg zur Selbsterkenntnis und Selbstfindung.

Gespieltes Selbstbewusstsein

In ihrem ungestümen Dasein sind diese jungen Menschen wenig diplomatisch und verletzen ihre Eltern sowie ihre Freunde oft verbal. Sie bewältigen ihre innere Unsicherheit, indem sie eine Maske tragen, die große Kompetenz suggeriert. So projizieren sie etwa die Wut, die sie sich selbst gegenüber empfinden, oft nach außen und greifen andere an. **Ein derartiges Verhaltensmuster belastet in diesem sensiblen Le-**

bensabschnitt häufig die Beziehung dieser Menschen zu ihren Eltern. Außerdem neigen die 3er in der Pubertät dazu, in ihrem Umfeld und in ihrer Clique die Rolle des Anführers einzunehmen. Dies resultiert aus der Tatsache, dass Jugendliche mit der Lebenszahl 3 ihre Mitmenschen sehr gut mitreißen und beeinflussen können, wenn sie von etwas überzeugt sind.

Rückzug als Schutz

Trotz ihrer extrovertierten Charakterzüge zeigt sich bei diesen Jugendlichen in vielen Fällen die Tendenz, sich zu isolieren, wenige Freunde zu haben und Zeit mit sich selbst verbringen zu wollen. Dies liegt zunächst im Drang dieser Heranwachsenden begründet, herauszufinden, wer und wie sie sind. Des Weiteren ist es das Umfeld, das entscheidend mitbestimmt, ob diese jungen Menschen eher nach einem Leben in Zurückgezogenheit oder im Mittelpunkt streben. **Wenn Ihr 3er-Nachwuchs durch Sie oder sein engeres soziales Umfeld das Gefühl vermittelt bekommt, nicht gut genug zu sein oder nicht den Erwartungen des Umfeldes zu entsprechen, dann tendiert er dazu, sich zurückzuziehen.** In diesem Fall wird Ihr Kind seinen natürlichen Drang, im Zentrum der Aufmerksamkeit zu stehen, unterdrücken und sich von Ihnen als Elternteil missverstanden fühlen. Um dies zu vermeiden, sollten Sie Ihr Kind so annehmen, wie es ist, und nicht übermäßigen Druck auf Ihren Sprössling ausüben. Ansonsten könnte er versuchen, diese Situation zu bewältigen, indem er sich in eine Opferrolle begibt und sein Führungspotenzial dadurch ungenützt lässt.

Förderungsmöglichkeiten in der Pubertät

Eine wesentliche Hilfestellung für eine erfolgreiche Identitätssuche besteht darin, dem Pubertierenden ausreichend Raum und Zeit zu geben, um seinen vielfältigen Interessen mit Beständigkeit nachzugehen. In der Begleitung Ihres Kindes sollten Sie als Elternteil oder erziehungsberechtigte Person insbesondere Rücksicht auf die folgenden Charakterzüge nehmen:

Den Tatendrang der jungen Erwachsenen stärken

Heranwachsende mit der Lebenszahl 3 müssen unbedingt lernen, sowohl ihre Leidenschaften und Interessen zu identifizieren als auch herauszufinden, welche davon ihrem Naturell entsprechen. **Des Weiteren ist es für diese Persönlichkeiten anschließend wichtig, Zeit dafür zu finden, ihre Interessen auszuleben, da sie sich ihrer selbst erst dann bewusst werden, wenn sie ihre natürliche Neugierde entfalten.** Dank ihres angeborenen Tatendranges erlangen sie im Zuge dessen innere Sicherheit und erfahren, was sie ausmacht und wer sie sind. Wird ihr lebendiger Geist in der Pubertät in konstruktiven Ausdrucksformen kanalisiert, so schaffen sie eine stabile Grundlage für das eigene Selbstwertgefühl und werden weniger stark von ihrer Umwelt beeinflusst.

Die Ausdauer fördern

Wie bereits erwähnt, sollten Sie Ihr 3er-Kind als Elternteil oder Bezugsperson dabei unterstützen, Ausdauer, Konsequenz sowie Durchhaltevermögen zu entwickeln. Schon in der frühen Kindheit sollten Sie Wert darauf legen, diese Aspekte bei Ihrem Kind zu fördern, damit es diese Eigenschaften in der Pubertät noch stärker festigen kann. **Gelingt Ihnen dies, so fällt es Ihrem Nachwuchs schon in jungen Jahren leicht, die eigenen Talente nachhaltig und konstant zu entfalten und einen erfolgreichen Lebensweg einzuschlagen.**

Selbstakzeptanz als Schlüssel zum Selbstvertrauen

Die Eltern sollten auf die natürliche Neigung ihrer Kinder, sich für unterschiedliche Dinge, Menschen und Erfahrungen zu interessieren, Rücksicht nehmen. **Wenn die Eltern dieser Charakterseite der Kinder mit Empathie und einer liebevollen Art begegnen, finden die Kinder auch selbst einen positiven Zugang zu diesen persönlichen Qualitäten.** Dies eröffnet den Heranwachsenden mit der Lebenszahl 3 die Möglichkeit, ihre starke bis unbändige Begeisterungsfähigkeit als ein positives Merkmal ihres Charakters wahrzunehmen. Durch diese Selbstakzeptanz können die Jugendlichen ihrem vielfältigen Reichtum einen authentischen und starken Selbstausdruck verleihen. In weiterer Folge können sie dadurch auch ihre angeborene Kreativität und Tatenkraft für sich entdecken und diese Stärken intensiver erkennen.

Akzeptanz fördert die persönliche Vielfalt

Kinder mit der Lebenszahl 3 sind sehr vielfältige, ungeduldige und unbeständige Wesen. Diese Eigenschaften können Sie als Elternteil oder Bezugsperson manchmal überfordern. Dennoch sollten Sie versuchen, Ihrem 3er-Kind mit Akzeptanz und Verständnis zu begegnen. Gehen Sie offen auf Ihr Kind zu und nehmen Sie die Schönheit seiner facettenreichen Persönlichkeit wahr. Lernen Sie die vielfältigen Qualitäten dieser Lebenszahl schätzen, denn so fällt es auch Ihrem heranwachsenden 3er leichter, einen klaren Zugang zu seiner Seele zu finden. **Üben Sie sich außerdem darin, auf schlechte Launen Ihres pubertierenden Kindes gelassen zu reagieren und diese nicht allzu persönlich zu nehmen.** Greifen Sie in diesen Situationen besser auf Ihren liebevollen Humor zurück, um die Stimmung gefühlvoll aufzuhellen. Zeigen Sie zudem Interesse am Alltag Ihres Kindes, denn so erhalten Sie im Gegenzug auch Zuwendung von Ihren Schützlingen. Wenn Sie in der Elternrolle allerdings rechthaberisch auf Erklärungen oder Antworten beharren, so wird sich Ihr sensibler 3er-Nachwuchs von Ihnen distanzieren wollen. In diesem Fall neigt diese Lebenszahl nämlich dazu, sich zu verschließen, wodurch es für Sie zu einer Herausforderung wird, Ihren Sprössling aus der Reserve zu locken.

Lebenszahl 4 – eine beobachtende und achtsame Persönlichkeit

Die Entscheidung, ein Kind zu haben,
ist von großer Tragweite.
Denn man beschließt für alle Zeit,
dass das eigene Herz außerhalb
des eigenen Körpers herumläuft.
Elisabeth Stone

Persönliche Beschreibung in der Kindheit bis zum zwölften Lebensjahr

Kinder mit der Lebenszahl 4 sind ruhige, friedliebende Menschen, die eine vertraute Umgebung brauchen, um sich wohl und geborgen zu fühlen. **Eine starke Ausdauer, Konsequenz, Disziplin und ein pragmatischer Geist gehören zu den wesentlichen Charakterzügen dieser Kinder.** Sie sind von klein auf sehr zielstrebig, verfügen über ein ausgeprägtes Durchhaltevermögen und verwirklichen konsequent, was sie sich in den Kopf gesetzt haben. Bereits in jungen Jahren zeichnen sich 4er-Persönlichkeiten durch ihre Liebenswürdigkeit und Hilfsbereitschaft sowie eine gewisse Bodenständigkeit aus. Für diese Kinder ist es außerdem typisch, folgsam zu sein und Regeln einzuhalten.

Beobachter mit hoher Sozialkompetenz

Bereits im frühen Kindesalter wirken diese Menschen sehr vernünftig, vorsichtig und enorm willensstark. Obwohl sie durch ihre ausgeprägte Sozialkompetenz hervorstechen, agieren sie in Beziehungen mit Gleichaltrigen oder älteren Mitmenschen in der Regel zurückhaltend und abwartend. Diese Verhaltensweise hängt mit ihrer Beobachtungsgabe zusammen. Meistens beginnen diese Persönlichkeiten erst dann langsam

Vertrauen zu ihrer Umwelt aufzubauen und sich ihrem Gegenüber zu öffnen, nachdem sie beide dieser Aspekte genau unter die Lupe genommen haben. Ihre ausgeprägte analytische Intelligenz lässt sie sofort erkennen, wenn etwas in ihrem Umfeld nicht stimmt. Die beschriebene anfängliche Schüchternheit hindert diese Lebenszahl allerdings nicht daran, schon im Kindesalter stabile und beständige Beziehungen mit Altersgenossen oder sogar älteren Kindern aufzubauen.
Wenn 4er-Persönlichkeiten das Gefühl haben, dass sie von Disharmonie und Unklarheit umgeben sind, neigen sie dazu, des Öfteren traurig oder sogar ängstlich zu werden. In diesem Fall ist es wichtig, dass sich die Eltern bewusst mit ihrem Nachwuchs auseinandersetzen und ihren Sprösslingen den Istzustand der jeweiligen Situation ehrlich und kindgerecht erklären. **Außerdem können diese jungen Menschen durch ihre ausgezeichnete Analysefähigkeit und Beobachtungsgabe schon als Kleinkinder sehr kritisch sein.** Diese Charakterseite kann etwa im Austausch mit den eigenen Eltern zum Vorschein kommen.

Herausfordernde Charakterzüge in der Kindheit bis zum zwölften Lebensjahr

Ihr Kind mit der Lebenszahl 4 benötigt von Ihnen als Elternteil Liebe, Zuwendung und achtsame Präsenz, um sich optimal zu entwickeln. Eingebettet in diese Umgebung gelingt es Ihrem Nachwuchs, seine herausfordernden Persönlichkeitsmerkmale durch eine sichere Eltern-Kind-Beziehung harmonisch zu integrieren und den Weg zur Pubertät gelassen, Hand in Hand mit Ihnen zu gehen. Nehmen Sie in der Elternschaft Rücksicht auf die folgenden Charakterzüge dieser Lebenszahl und unterstützen Sie Ihren heranwachsenden 4er dabei, seine Persönlichkeit harmonisch und in Einklang mit seinem Naturell zu entfalten:

Innerer Leistungsdruck

Ein Kind mit der Lebenszahl 4 ist sehr pflichtbewusst und setzt sich häufig bereits in frühen Jahren unter Druck, um den eigenen Erwartungen gerecht zu werden. **Diese angeborene Strenge sich selbst gegenüber schränkt die Spontaneität, Lebensfreude und Lebendigkeit dieser jungen Menschen ein.** Schon im Volksschulalter tendieren diese Kinder dazu, starre Vorstellungen und fixe Gewohnheiten zu entwickeln. Aufgrund dessen reagieren sie oft zögernd und ziehen sich zurück, wenn es darum geht, etwas Neues zu lernen, sich neue Horizonte zu ergründen oder Veränderungen im Umfeld zu akzeptieren. Immer wieder übt auch das Gefühl, von den Menschen in ihrem Umfeld nicht ehrlich behandelt oder nicht ernst genommen zu werden, eine belastende Wirkung auf diese Kinder aus.

Empathisches Verhalten Erwachsenen gegenüber

Diese Kinder besitzen die Fähigkeit zu erkennen, wie es Erwachsenen geht und können eindeutig spüren, welche Stimmung bei den Menschen in ihrer Umgebung herrscht. Insbesondere dann, wenn diese Kinder das Gefühl haben, dass ihr Umfeld oder geliebte Menschen Belastungen ausgesetzt sind, neigen sie dazu, bereits früh Verantwortung zu übernehmen. Sie fühlen sich in derartigen Situationen dazu verpflichtet, ihren Mitmenschen zu helfen, und entwickeln sich fortlaufend zu kleinen, weisen Erwachsenen.

Des Weiteren streben es die jungen 4er an, sich auf dieselbe Ebene wie ihre Eltern zu stellen und die Erwachsenen in ihrem Umfeld – soweit es ihnen möglich ist – mithilfe ihrer persönlichen Ressourcen bestmöglich zu unterstützen. Im Familiensystem übernehmen diese Kinder manchmal die Verantwortung für schwächere Personen, wie etwa für Geschwister oder denjenigen Elternteil, der zum Beispiel aufgrund einer Scheidung oder gesundheitlicher Probleme Hilfe benötigt.

„Ich will alles verstehen"

Für 4er-Kinder ist es charakteristisch, dass sie eine gewisse innere Anspannung und den Drang verspüren, alles tiefgehend und detailgenau erfahren zu wollen. **Aufgrund ihres Wissensdurstes und Perfektionis-**

mus sind diese Kinder ständig auf der Suche nach Erklärungen für die unterschiedlichsten Aspekte ihres Lebens.
Heranwachsende mit der Lebenszahl 4 wollen Gefühle und ihre Mitmenschen bis ins letzte Detail verstehen. Daher fällt es diesen jungen Persönlichkeiten meist schwer, einfach Kind zu sein und spontan auf ihr Umfeld einzugehen. Im Erwachsenenalter hindert sie dieses Verhaltensmuster daran, auf die Stimme ihres Herzens zu hören und die eigenen Gefühle wahrzunehmen. Aus diesem Grund sollten Sie Ihr Kind dabei unterstützen, seine spielerische und kreative Seite in vollem Ausmaß zu leben.

Förderungsmöglichkeiten in der Kindheit bis zum zwölften Lebensjahr

4er-Kinder brauchen eine starke, kohärente Führung. In der Eltern- oder Erzieherrolle können Sie Ihre Kinder mit dieser Lebenszahl besonders dann erreichen, wenn Sie es schaffen, dass Ihre Taten sowohl Ihren Worten als auch Ihren Erziehungsmaßnahmen entsprechen. Die folgenden Hilfestellungen wollen Sie dazu inspirieren, einen authentischen Zugang zu Ihrem Nachwuchs zu finden und die Eltern-Kind-Beziehung harmonisch zu gestalten:

Feste Rituale stärken die Selbstsicherheit

Die Lebenszahl 4 benötigt von klein auf eine vertraute Umgebung sowie stabile Beziehungen. Diese sensiblen Kinder sehnen sich nach Sicherheit und sind sehr stark in ihrer familiären Umgebung verwurzelt. Sie brauchen viel Zeit, um Veränderungen in ihr Leben zu integrieren und Neues anzunehmen. Sind Sie als Eltern präsent und verlässlich, so kann Ihr Kind innere Stabilität und Selbstsicherheit entwickeln. **Verbringen Sie deshalb ausreichend Zeit mit Ihrem Kind und schenken Sie ihm Ihre ungeteilte Aufmerksamkeit. Halten Sie, soweit es Ihnen möglich ist, alle Versprechen ein, die Sie Ihrem Kind machen.**
Um sich von klein auf geborgen und wohl zu fühlen, benötigen diese

Kinder feste Rituale und eine vertraute Umgebung. Berücksichtigen Sie diesen Aspekt deshalb bei der Erziehung Ihres Kindes, da Sie auf diese Art und Weise die natürliche innere Ordnung des Kindes fördern und Ihrem Nachwuchs dabei helfen, diese Ordnung auch in der Außenwelt zu finden. Dadurch schaffen Sie ein stabiles Fundament, auf dem Ihr Kind sein Selbstwertgefühl Schritt für Schritt aufbauen kann.

Liebevoller Austausch als Schlüssel zu mehr Selbstvertrauen

4er-Kinder treten in den meisten Fällen pflicht- und verantwortungsbewusst auf. Sie tendieren in der Kindheit dazu, viel von sich selbst zu verlangen und sich dadurch einem gewissen Leistungsdruck auszusetzen. Dazu kommt, dass diese Kinder versuchen, in vielerlei Hinsicht allein zurechtzukommen. Dieser Charakterzug ist einerseits Ausdruck einer gewissen seelischen Kraft, andererseits begünstigt er die Sturheit dieser jungen Menschen und lässt sie trotzig wirken. **Als Eltern können Sie Ihre Sprösslinge durch einen liebevollen Dialog, viel Geduld und Verständnis dazu bringen, sich zu entspannen und weniger streng mit sich selbst zu sein.** Konkret stärken diese Verhaltensweisen das Selbstwertgefühl und Selbstvertrauen des Kindes. Bringen Sie in der Elternschaft trotz Alltags- und Berufsstress die Bereitschaft auf, mit Ihrem Kind in einer entspannten Atmosphäre zu sprechen und tauschen Sie sich mit ihm über unterschiedliche Themen aus. Versuchen Sie vor allem, einen Zugang zur Gefühlswelt Ihres Kindes zu finden.

Das Selbstwertgefühl fördern

Kinder mit der Lebenszahl 4 sind sehr ehrgeizig und weisen oft einen gewissen Hang zum Perfektionismus auf. Aufgrund dessen ist es wichtig, diese Persönlichkeiten dazu anzuregen, ihre Erfolge bewusst wahrzunehmen und sich über ihre Errungenschaften zu freuen. **Geben Sie Ihrem Kind die Möglichkeit, Fehler zu machen, ohne ihm diese vorzuwerfen.** Ein konstruktiver und gesunder Umgang mit Fehlern, verbunden mit Humor und Leichtigkeit, hilft diesen Kindern, die Angst vor dem Versagen, die sie oft empfinden, zu bewältigen. Das Selbstwertgefühl Ihres Kindes kann ebenso durch anerkennende Worte und Gesten Ihrerseits nachhaltig gesteigert werden.

Beschreibung der Persönlichkeit in der Pubertät

Diese jungen Menschen sind aufgrund ihres reifen, weisen und kritischen Geistes immer für Überraschungen gut. **Die Zeit der Identitätsfindung gestaltet sich für diese Persönlichkeit sehr intensiv und erlebnisreich.** In der Pubertät verschärfen und zeigen sich die Charakterzüge dieser Lebenszahl, wie beispielsweise ihre Strukturiertheit und Hilfsbereitschaft oder ihr Pflichtbewusstsein und Gerechtigkeitssinn, in ausgeprägter Form. Zudem verfügt diese Lebenszahl in der Phase des Erwachsenwerdens über ein beachtliches Durchhaltevermögen, wobei sie grundsätzlich nach Stabilität und Sicherheit strebt. Wie auch bereits in der Kindheit, kennzeichnen sich 4er-Jugendliche durch ihre Wissbegierde, ihren Fleiß sowie ihre Ausdauer. **Sie sehnen sich zwar nach Geborgenheit in der Familie, wünschen sich aber vor allem, Ruhe und Stabilität in sich selbst zu finden.**

Rückzug als Entfaltungsmöglichkeit

In der Zeit der Pubertät leben 4er-Persönlichkeiten teilweise in sich gekehrt. **Als Pubertierende lieben sie es, sich ihr eigenes Königreich zu schaffen, in das sie sich zurückziehen können, um sich ihrem intensiven Innenleben zu widmen.** Außerdem entfalten sie in dieser Lebensphase ihren analytischen Verstand und ihre angeborene Beobachtungsgabe. Aus diesem Grund beginnen die 4er auch damit, ihre Eltern nicht mehr als Helden zu betrachten, denn sie erkennen nun die Schwächen und Inkongruenzen in deren Charakterzügen sowie Verhaltensweisen. Diese Erkenntnis ist die treibende Kraft der Konflikte, die diese Jugendlichen während der Pubertät mit ihren Eltern austragen. Im Prozess ihrer Selbstfindung verlangen 4er-Jugendliche von ihrem Umfeld Verlässlichkeit, Ehrlichkeit und Halt.

Selbstständig und verantwortungsbewusst in jungen Jahren
Wenn diese Jugendlichen ein gut ausgebildetes Selbstwertgefühl ihr Eigen nennen, sind sie schon in der Phase des Erwachsenwerdens oftmals Bezugspersonen für Gleichaltrige oder übernehmen in der Schule eine führende Rolle, wie etwa als Klassensprecher oder Vorzugsschüler. **In der Pubertät streben diese Heranwachsenden danach, sich bereits zeitig von ihrer Familie abzunabeln.**

Herausfordernde Charakterzüge in der Pubertät

Diese interessante Persönlichkeit kann sehr analytisch und reserviert wirken. Wenn Sie als Eltern die folgenden Charakterzüge berücksichtigen, gelingt es Ihnen, in dieser Lebensphase eine offene und ehrliche Beziehung mit Ihrem pubertierenden Kind zu führen:

Selbstkritisch und Mitmenschen gegenüber streng
Im Laufe der Pubertät verhalten sich Jugendliche mit der Lebenszahl 4 bezüglich mancher Aspekte sich selbst und ihrem Umfeld gegenüber sehr streng. Sie tendieren in dieser Zeit dazu, ihren Perfektionismus intensiv auszuleben, und legen die Latte für sich selbst und ihre Leistungen sehr hoch. **4er-Persönlichkeiten pflegen ein ideales Selbstbild, setzen sich stark unter Druck und strengen sich sehr an, ihrer persönlichen Idealvorstellung zu entsprechen. Auch die eigenen Erwartungen dem Umfeld gegenüber sind manchmal idealistisch geprägt.**

Darüber hinaus beginnen diese jungen Menschen in der Pubertät, ihrem Umfeld gegenüber eine gewisse Ablehnung zu entwickeln. Dieses Verhaltensmuster hat seinen Ursprung in den hohen Idealen, die sie in sich tragen, und dem Ehrenkodex, nach dem sie handeln. Kommt es nun zu der Situation, dass ihr Umfeld ihre Ideale und Erwartungen enttäuscht, so reagieren diese Jugendlichen darauf mit Rückzug. Aus diesem Grund kämpfen die pubertierenden 4er zeitweise mit Schwierigkeiten, wenn es darum geht, Freundschaften mit Gleichaltrigen zu schließen, die ihre Ernsthaftigkeit nicht teilen und ihre Erwartungen nicht erfüllen können.

In sich gekehrte Identitätsfindung

Bei den heranwachsenden 4er-Jugendlichen handelt es sich nicht unbedingt um Rebellen oder Grenzgänger. **Sie wirken in der Pubertät einerseits sehr ruhig und in sich gekehrt, andererseits zeigen sie sich ihrem Umfeld gegenüber kritisch, selbstsicher und bereit, alles in Frage zu stellen.** Diese stille Rebellion, die sie durch die Ausübung ihres kritischen Geistes den Eltern und anderen Bezugspersonen gegenüber leben, drückt ihre innere Suche nach der eigenen Identität aus.

Förderungsmöglichkeiten in der Pubertät

Jugendliche mit der Lebenszahl 4 möchten den Prozess ihrer Identitätsfindung selbstständig gestalten. Die nächsten Zeilen stellen konstruktive Empfehlungen dafür dar, wie das Bedürfnis nach Rückzug und Autonomie während der Selbstfindungsphase dieser Lebenszahl von elterlicher oder erzieherischer Seite aus respektiert werden kann:

Ganzheitliche Selbstannahme als Schlüssel zur persönlichen Entwicklung

Diese mutige und strebsame Persönlichkeit sollte in der Pubertät unbedingt **lernen, ihre Schwächen zu akzeptieren, und anerkennen, dass diese zum Leben dazugehören**. Insgesamt fühlen sich diese jungen Menschen in der Phase des Erwachsenwerdens hin- und hergerissen. Auf der einen Seite wollen sie den Erwartungen ihres Umfeldes entsprechen und mit ihren Mitmenschen verbunden sein, auf der anderen Seite verspüren sie ein starkes Bedürfnis nach Rückzug. Stehen Sie Ihrem Kind in dieser empfindlichen und wichtigen Phase seines Lebens bei. Akzeptieren Sie seine Entscheidungen und haben Sie stets ein offenes

Ohr, damit es sein inneres Gleichgewicht finden kann. Sprechen Sie mit ihm, ohne zu urteilen oder bestimmende Empfehlungen über seine Befindlichkeiten abzugeben. Erkennen Sie die Lebensführung Ihres pubertierenden Kindes an und loben Sie es für das, was es schafft.

Willensstärke mit Leichtigkeit fördern

Für Heranwachsende mit dieser Lebenszahl ist es wesentlich zu akzeptieren, dass jeder Mensch starke sowie schwache Seiten besitzt. **4er-Jugendliche sollten vor allem erkennen, dass man an seinen Schwächen arbeiten und sich persönlich weiterentwickeln kann.** Die dafür nötige Entschlossenheit und Willensstärke bringt diese Zahl bereits mit, jedoch sollte sie den angesprochenen Aspekten mit Leichtigkeit und einer realistischen Erwartungshaltung gegenübertreten. Diese selbstbewussten und kritischen jungen Persönlichkeiten benötigen in ihrem Umfeld Bezugspersonen und Menschen, die ihren Worten Taten folgen lassen. Wenn Sie Ihren Kindern in der elterlichen Rolle ehrlich, authentisch und verlässlich entgegentreten, ermöglichen Sie es Ihren 4er-Sprösslingen, sich zu öffnen und ihre inneren, stürmischen Emotionen zu offenbaren.

Bewegung als Möglichkeit der persönlichen Entfaltung

Diese Jugendlichen sollten, wenn sie es selbst ebenso wünschen, regelmäßig Sport betreiben. Bewegung unterstützt die Koordination und die Selbstwahrnehmung des eigenen Körpers, der in der Pubertät eine wesentliche Veränderung durchmacht. **In diesem Zusammenhang ist es wichtig, diese Jugendlichen zu motivieren, sich zu bewegen, jedoch ohne dabei unnötigen Druck auf sie auszuüben.** Es sollte diesen jungen Menschen freigestellt werden, welcher Art von Bewegung sie sich widmen wollen. Die heranwachsenden 4er-Jugendlichen sollten einfach jene Bewegungs- oder Sportart wählen, die ihnen Freude bereitet und ihre Lebendigkeit unterstützt.

Lebenszahl 5 – eine abenteuerlustige und neugierige Persönlichkeit

Alle Kinder haben die märchenhafte Kraft,
sich in alles zu verwandeln,
was immer sie sich wünschen.
Jean Cocteau

Persönliche Beschreibung in der Kindheit bis zum zwölften Lebensjahr

Kinder mit der Lebenszahl 5 sind lebhafte, aufgeweckte und neugierige Wesen, die viel Abwechslung benötigen. **Sie sind geistig und körperlich rege und flexibel und können sich auch sehr schnell auf neue Menschen, Situationen oder Orte einstellen.** Dabei ist ihnen ihre freundliche, aufgeschlossene und gesellige Art, die sie offen auf Gleichaltrige sowie Erwachsene zugehen lässt, eine bedeutende Stütze. **Zu den großen Stärken dieser Kinder zählen insbesondere ihr klarer Verstand und ihre ausgereifte Intuition.** 5er-Persönlichkeiten wollen alles wissen und erfahren und sind als Kind sehr reif in der Sprachentwicklung – sie sind wahrhaftige Plappermäulchen.

Unersättliche Neugierde

Kinder mit dieser Lebenszahl sind sehr beharrlich in ihrer Neugier und stellen unentwegt Fragen. Sie sind fantasievoll und besitzen einen findigen Geist. **Ebenso zeichnen sich diese jungen Menschen durch eine rasche Auffassungsgabe und eine bemerkenswerte Intelligenz aus.** Ihre geistige Vielfalt spiegelt sich zudem in ihrer ausgeprägten körperlichen Geschicklichkeit wider. Diese Kinder treiben viel witzigen Unfug und sind manchmal auch etwas schelmisch. Sie verinnerlichen die

Verhaltensmuster ihres Umfeldes sehr schnell und sind wahre Künstler im Nachahmen anderer Personen. **5er-Kinder lieben Geschichten, Gedichte und Kurzlektüren, die ihre Fantasie anregen, und sind fasziniert von der bunten Welt der Märchen.**

Humorvolles Wesen
Die Zahl 5 beweist in der Phase des Heranwachsens Gelassenheit und kann mit Humor auf die Widerstände der Familie reagieren. **In der Kindheit neigen diese Persönlichkeiten sehr stark dazu, die Erziehungsmodelle der Eltern und der Gesellschaft infrage zu stellen.** Sie sorgen sich um die Entwicklung unseres Planeten und richten ihren Blick auf die Zukunft. 5er-Kinder lesen gerne Bücher über Fernreisen, reisen auch selbst gerne und wünschen sich, viel von der Welt zu sehen. Als erfindungsreicher Geist und freiheitsliebende Wesen empfinden diese jungen Menschen schnell Langeweile.

Herausfordernde Charakterzüge in der Kindheit bis zum zwölften Lebensjahr

Kinder mit der Lebenszahl 5 überraschen ihre Eltern und Erziehungsberechtigten immer wieder aufs Neue. Sie sind stets einfallsreich und auf der Suche nach Abenteuern. Auf die folgenden Charakterzüge Rücksicht zu nehmen, hilft Ihnen dabei, dieser energiegeladenen Persönlichkeit mehr Verständnis entgegenzubringen und die Erziehung mit mehr Gelassenheit zu gestalten:

Eine Herausforderung für die Eltern und Erziehungsberechtigten
Für Eltern, die ein 5er-Kind haben, stellt seine Begleitung oft eine Herausforderung dar. **Tatsächlich kann es einem kleinen Abenteuer gleichkommen, diese lebendige Persönlichkeit zu erziehen.** Kinder mit dieser Lebenszahl stellen ihre Eltern ständig vor neue Aufgaben, wodurch auch die Eltern selbst immer wieder neue Erfahrungen machen

und oftmals mit ihrem eigenen Inneren Kind in Verbindung treten. **Als Elternteil oder Erziehungsberechtigte sollten Sie bei Ihrem 5er-Kind darauf achten, klare Regeln aufzustellen und nachvollziehbare Grenzen zu setzen.** Darüber hinaus wirkt es sich positiv auf die Entwicklung Ihres Kindes aus, wenn Sie Ihrem Kind gegenüber eine gewisse Disziplin und Konsequenz aufbringen.

Immer auf der Suche nach etwas Neuem
Ihr aufgeweckter Geist und ihre vielfältigen Interessen sind der Grund dafür, dass diese Kinder dazu neigen, zu wenig Durchhaltevermögen und Ausdauer zu besitzen. Für diese Heranwachsenden ist es ein Kampf oder beinahe ein Ding der Unmöglichkeit, bei einer Sache zu bleiben und sich ausschließlich auf eine Aufgabe zu konzentrieren. Es ist ihrem machtvollen Erlebnisdrang geschuldet, dass 5er-Persönlichkeiten stets etwas Neues entdecken wollen und unruhig sind. Meistens lassen sich diese Kinder leicht ablenken, beginnen vieles, bringen aber nicht immer alles zu Ende.

Förderungsmöglichkeiten in der Kindheit bis zum zwölften Lebensjahr

Diese einfallsreichen und unabhängigen Persönlichkeiten bedürfen einer achtsamen Präsenz und kreativen Gestaltung des Erziehungsprozesses. Im Folgenden werden Ihnen Wege aufgezeigt, wie Sie Ihren 5er-Nachwuchs in Einklang mit seinen Bedürfnissen einfühlsam und liebevoll durchs Leben begleiten können:

Die Fantasie anregen
Diese Kinder benötigen ein vielfältiges und abwechslungsreiches Umfeld. **Man kann sie gut motivieren, indem man es ihnen durch Fantasiereisen, das Vorlesen von Märchen oder verschiedene Spiele ermöglicht, ihre ausgeprägte Fantasie auszuleben.** Versuchen Sie, Ihre Kinder

zum Erzählen und im späteren Alter auch zum Schreiben zu animieren. Darüber hinaus erweisen sich farbenfrohe Spielzeuge als passend, um die Fantasie der 5er-Kinder anzuregen und ihre Aufmerksamkeit zu gewinnen. Das Nachbauen eines Modells gibt diesen Kindern wiederum die Gelegenheit, ihre handwerkliche Geschicklichkeit optimal mit ihrem kreativen Geist zu verbinden. **Wenn es den jungen 5ern möglich ist, ihre reiche Fantasie zur Entfaltung zu bringen, so stillt dies ihren Wissensdurst, beruhigt ihren regen Geist und stärkt ihre Konzentrationsfähigkeit.**

Konzentration und Ausdauer fördern

Für die Entwicklung und Entfaltung des Potenzials dieses Persönlichkeitstypus ist es wesentlich, dass das Kind lernt, sich zu konzentrieren und Dinge zu Ende zu führen. **Stehen Sie Ihrem Kind in diesem Entwicklungsprozess zur Seite und helfen Sie ihm, die nötige Konzentration und Motivation zu finden, seine angefangenen Tätigkeiten abzuschließen.** Besonders bei schwierigen Aufgaben sollten diese Kinder lernen, nicht aufzugeben oder sich ablenken zu lassen. Um dieses Ziel zu erreichen, sollten Sie sich kleine Teilschritte überlegen und Ihren Sprössling dazu anspornen, Schritt für Schritt zu einem Ergebnis zu kommen. Dadurch wird Ihr Kind die Zuversicht entwickeln, dass auch schwierige Aufgaben lösbar sind und es diese erfolgreich bewältigen kann. Darüber hinaus ist es wichtig, dass sich die Eltern genügend Zeit nehmen, um die Selbstmotivation des Kindes auf vielseitige Weise zu fördern.

Entfaltung der Entscheidungsfreiheit und des Bewegungsdrangs

Kinder mit der Lebenszahl 5 können im Leben sehr erfolgreich sein, wenn sie schon von klein auf lernen, sich selbst zu motivieren und konzentriert an einer Sache zu arbeiten. Dabei gilt es zu berücksichtigen, dass die meisten Kinder sehr engagiert agieren, wenn sie selbst wählen dürfen, was sie lernen oder spielen möchten. Dieses Engagement verstärkt sich noch zusätzlich, wenn die Kinder die Art und Weise der Spiel- oder Lernerfahrung selbst gestalten können. Sie können in der Eltern- oder Erzieherrolle die persönliche Entwicklung Ihres 5er-Kindes außerdem optimal unterstützen, wenn Sie es ihm ermöglichen, seinen Bewegungsdrang frei auszuleben.

Emotionales Selbstmanagement fördern

Kinder mit der Lebenszahl 5 sind äußert gesellige und soziale Wesen. Legen Sie in der Erziehung Ihres Kindes deshalb viel Wert darauf, dass Ihr Sprössling seine ausgeprägte soziale Ader ausleben kann. Schaffen Sie schon in der frühen Kindheit vielfältige Austausch- und Kontaktmöglichkeiten für Ihr Kind. **Emotionales Selbstmanagement ist ein weiterer Aspekt, den diese Kinder, die ein intensives Gefühlsleben auszeichnet, unbedingt entwickeln sollten.** 5er-Persönlichkeiten tragen gewissermaßen zwei Seelen in ihrer Brust: Manchmal sind sie fröhlich, lebendig und offen, kurz darauf können sie aber genauso traurig, zurückgezogen oder verletzt sein. **In diesem Zusammenhang sollte darauf geachtet werden, dass diese Kinder die breite Palette ihrer Gefühlszustände in vollem Umfang empfinden dürfen.** Sie sollen sowohl froh oder wütend als auch traurig sein können. **Bringen Sie dem Gefühlszustand Ihres Kindes als Eltern oder Erziehungsberechtigte Ihre Wertschätzung entgegen und zeigen Sie ausreichend Verständnis für die Empfindungen Ihres Sprösslings.** Auf diese Weise lernen Ihre Kinder, dass jede Emotion natürlich ist, und machen den ersten Schritt zur Akzeptanz ihrer belastenden Gefühle.

Wenn das 5er-Kind spürt, dass sein familiäres Umfeld seine Gefühle ernst nimmt und ihm erlaubt, über seine innerlichen Zustände zu sprechen, kann es in Konfliktsituationen wieder zurück zu seiner Mitte finden. In diesem vertrauensvollen Rahmen lernen die jungen 5er zugleich, ihre Bedürfnisse und Gefühle klar zu kommunizieren. Diese Fähigkeit stärkt in weiterer Folge ihre Selbstachtung und lässt ihr Selbstwertgefühl wachsen. Den Umgang mit den eigenen Emotionen in der Kindheit zu erlernen, ist für diesen Persönlichkeitstypus äußerst wichtig, um Bindungsängste zu vermeiden und später im Erwachsenenalter fähig zu sein, tragfähige zwischenmenschliche Beziehungen zu führen.

Beschreibung der Persönlichkeit in der Pubertät

Jugendliche mit der Lebenszahl 5 sind sehr lebhaft, wissbegierig, witzig, vielseitig und körperlich sowie geistig rege. Zudem sind die heranwachsenden 5er sehr ausdrucksstarke Menschen und mit der Suche nach der eigenen Identität beschäftigt. Diese Charakterzüge zeigen sich in der Pubertät vor allem dann, wenn es den Jugendlichen in ihrer Kindheit möglich war, diese Persönlichkeitsfacetten im familiären Umfeld voll auszuleben.

Vieles und Neues erleben wollen

Die Identitätsfindung der Jugendlichen mit dieser Lebenszahl gestaltet sich sehr abenteuerlich und vielfältig. Aufgrund ihrer Neugier wollen diese jungen Menschen alles Mögliche ausprobieren. **Diese rastlose Suche bringt die jungen 5er-Persönlichkeiten dazu, immer wieder Neues entdecken zu wollen und Vorbilder oder Inspiration in ihrer Außenwelt zu suchen.** Darüber hinaus zeigt und entwickelt die Lebenszahl 5 im Alter zwischen 14 und 16 Jahren ihr Sprachtalent und die Fähigkeit, mehrere Sprachen zu erlernen. Aus diesem Grund wirkt sich ein Sprachaufenthalt im Ausland positiv und äußert nachhaltig auf den Reifungsprozess dieser Jugendlichen aus. Die Zeit fernab der Heimat gibt diesen sprachbegabten Menschen die Gelegenheit, ihr Zuhause mehr schätzen zu lernen und sich zu selbstständigen jungen Erwachsenen zu entwickeln.

Nach außen hin orientiert

In der Pubertät entfaltet sich das natürliche Charisma dieser Menschen, die sehr schnell im Zentrum der Aufmerksamkeit stehen und dadurch alle Blicke auf sich ziehen können. Sie sind in der Lage, ihre Mitmenschen mit ihrer Leichtigkeit, Fröhlichkeit und Redegewandtheit zu unterhalten und zu faszinieren. **Es fällt ihnen allerdings schwer, sich zurückzuziehen und nach innen zu gehen, um ihre Stärken und Schwächen zu spüren.** Stattdessen orientieren sie sich lieber an ihrer

Außenwelt, pflegen ein intensives Sozialleben und viele Freundschaften. Es handelt sich jedoch meistens um oberflächliche Beziehungen, die auf keinen stabilen Grundlagen basieren. Aufgrund dessen sind diese Jugendlichen nicht selten mit ihrem seelischen Schmerz, ihren Zweifeln und ihrer Unsicherheit allein. Dadurch wirken sie sehr verletzlich und zerbrechlich, wobei sie stets daran arbeiten, diese schwache, traurige Seite gegenüber ihren Mitmenschen zu verstecken. Sie wollen selbstbewusst erscheinen, sind äußerst gewandt in ihrem Auftreten und können in ihrem Umfeld mühelos für ausgelassene Heiterkeit sorgen.

Sexualität und Romantik erkunden

Die Zahl 5 ist in der Pubertät bereits sehr früh an Sexualität interessiert und neugierig auf alles, was mit Sinnlichkeit und Sexualität in Verbindung steht. Für die Eltern ist es deshalb wichtig, mit ihrem 5er-Kind offen über Sexualität, eventuell auch über Homosexualität zu sprechen und dem Heranwachsenden den Zusammenhang von Romantik und Sexualität zu erklären. Als Elternteil oder Bezugsperson sollten Sie Ihren 5er-Nachwuchs ungezwungen an dieses Thema heranführen und auf etwaige Fragen mit entspannten und ehrlichen Antworten reagieren. Auf diese Weise können Ihre Kinder lernen, dass Körperlichkeit und Sexualität etwas Normales, Schönes und ganz Natürliches sind.

Herausfordernde Charakterzüge in der Pubertät

Jugendliche mit der Lebenszahl 5 sind Freigeister und heben sich von ihren Mitmenschen durch eine herausragende Wortgewandtheit sowie eine lebhafte Mimik und Gestik ab. Sie lieben das Heitere, sind meistens fröhlich und lachen gerne. In Gesellschaft wirken sie unterhaltsam.

Innerlich zerrissen

Auch in der Pubertät tragen diese Menschen zwei Seelen in ihrer Brust: **Einerseits sind die pubertierenden 5er positiv gestimmt, selbstbe-**

wusst und vom Leben begeistert, andererseits sind sie zartbesaitet, empfindsam und ruhebedürftig. Im Prozess des Erwachsenwerdens verstärkt sich diese **innere Zerrissenheit** und wird **zu ihrer größten persönlichen Herausforderung**. Der 5er-Jugendliche muss in der Pubertät also regelrecht damit kämpfen, den Balanceakt zwischen diesen zwei Seiten seiner Persönlichkeit zu meistern. Häufig bewältigt er diese Situation, indem er beide Verhaltensweisen auf extreme Weise auslebt. Außerdem ist es für Jugendliche mit dieser Lebenszahl belastend, ihre Schwächen sowie ihre Verletzlichkeit und Unsicherheit offen zu zeigen. Diese Verhaltensweise liegt in der Annahme oder sogar Angst dieser charismatischen Frohnaturen begraben, nicht mehr angenommen oder geliebt zu werden, wenn sie ihre traurige und ernste Seite zeigen.

Oberflächliche Kommunikation

Die vorhin beschriebenen Charakterzüge prägen auch die Kommunikation dieser jungen Menschen. Jugendliche mit dieser Lebenszahl lernen oft, sich über verschiedenste Themen zu unterhalten, vermeiden jedoch gezielt ehrliche Gespräche über Gefühle, Probleme oder belastende Themen.

Förderungsmöglichkeiten in der Pubertät

5er-Jugendliche sind in der Pubertät unruhige, ewig Suchende. Sie finden in dieser turbulenten Zeit weder ihren Platz im Leben, noch können sie ihre Mitte spüren. Die Eltern dieser jungen Menschen benötigen daher viel Geduld sowie eine klare und ehrliche Kommunikation, um diesen ruhelosen Persönlichkeiten einen tiefgreifenden und erfolgreichen Selbstfindungsprozess zu ermöglichen. Die Integration der folgenden Aspekte in die Erziehung der 5er-Jugendlichen ebnet den Weg dafür, die zuvor genannten Ziele zu erreichen:

Ebenbürtige Kommunikation als Mittel zur Identitätsfindung

Pubertierende mit der Lebenszahl 5 kann man in ihrer Identitätsfindung nachhaltig fördern, indem man immer wieder versucht, eine gute Gesprächsbasis mit ihnen zu finden. Auf diese Weise verspüren diese Jugendlichen das Gefühl, dass die Erwachsenen mit ihnen in einen ehrlichen Austausch auf Augenhöhe eintreten. In weiterer Folge können sich die 5er-Jugendlichen leichter öffnen und wagen es, ihre verletzliche Seite zu zeigen. Als Eltern und Erzieher sollten Sie diesen Jugendlichen das Gefühl vermitteln, dass sie von Ihnen so akzeptiert und wertgeschätzt werden, wie sie sind. Dies stärkt das Selbstwertgefühl dieser Pubertierenden und ermutigt sie dazu, ihre Schwächen anzunehmen und Unsicherheiten zuzugeben. Zudem brauchen diese sensiblen Menschen, die auf ihre Außenwelt selbstbewusst und charismatisch wirken, aufmerksame Zuhörer sowie die Aufmerksamkeit ihres Gegenübers, um ihre Gefühle, Bedürfnisse und Meinungen nachvollziehbar verbalisieren zu können.

Mut zum Selbstausdruck

Jugendliche mit der Lebenszahl 5 kann man unterstützen, indem man sie als Elternteil oder Bezugsperson dazu ermutigt, sich selbstständig eine eigene Meinung zu bilden. Wenn diese jungen Menschen lernen, die eigene Meinungsbildung ohne Einfluss von außen zu gestalten, können sie einen natürlichen Zugang zu ihrer Charakterstärke und zum authentischen Selbstausdruck finden. In diesem Sinne sollten diese Jugendlichen in der Pubertät daran arbeiten, sich nicht länger die Meinung von Eltern, Freunden oder fremden Menschen aufzwingen zu lassen.

Bewegung als Schlüssel zur persönlichen Entfaltung

Ausreichend Bewegung – sei es Ausdauersport, Tanzen, Laufen oder Kampfkunst – bietet den heranwachsenden 5er-Persönlichkeiten die Möglichkeit, ihr Körperbewusstsein zu stärken und die eigenen Grenzen besser wahrzunehmen. **Sich gut im Körper spüren zu können, bedeu-**

tet für Kinder und Jugendliche mit dieser Lebenszahl, die eigene Persönlichkeit und Einzigartigkeit in ihrer Gänze zu erfassen. Durch die Förderung der kinästhetischen Intelligenz werden diese Jugendlichen dabei unterstützt, sich selbst zu finden und sich von fremden Meinungen zu befreien. Es ist essenziell, dass 5er-Persönlichkeiten genau diese Eigenschaften in der Pubertät entwickeln, um ihr Potenzial später als Erwachsene voll entfalten zu können, ohne von ihrer Außenwelt oder anderen Menschen abhängig zu sein.

Akzeptanz als Sprache der Liebe

Es ist wichtig, dieses Kind so zu akzeptieren, wie es ist. Nehmen Sie den kreativen Geist und die Sensibilität Ihres Kindes an und machen Sie sich bewusst, dass es eine eigene Persönlichkeit mit individuellen Stärken und Schwächen besitzt. Um die Beziehung zu Ihrem Kind zu verbessern, sollten Sie sich überlegen, welche wirklichen Talente Ihr pubertierendes Kind besitzt und sich mit Ihrem Kind darüber austauschen.

Talente gezielt fördern

Die Eltern sollten versuchen, gemeinsam mit den Jugendlichen deren Interessen, Talente und Stärken herauszufinden, um diese Qualitäten optimal fördern zu können. Diese Unterstützung erlaubt es den Jugendlichen, Selbstvertrauen zu entwickeln und ihre vielfältige Persönlichkeit anzunehmen. Wenn diese Lebenszahl mit den einzelnen Facetten ihrer Persönlichkeit Frieden schließt, beginnt sie, sich selbst zu akzeptieren und ihren inneren Reichtum anzuerkennen. **Talente zu fördern bedeutet in diesem Kontext auch, das Selbstwertgefühl dieser jungen Menschen zu stärken, da ihre Fähigkeiten durch jeden Erfolg weiterwachsen und Bestätigung erfahren.**

Entscheidungsfreiheit gönnen und stärken

Die Eltern können eine gute Beziehung zum Jugendlichen mit der Lebenszahl 5 aufbauen, indem sie ihm, soweit es ihnen möglich ist, die

Verantwortung für sein Handeln übergeben. Damit erlauben sie es dem Heranwachsenden, die Folgen seines Handelns zu erkennen und über diese zu reflektieren. Zudem stärkt diese Freiheit die Selbstsicherheit und Selbsterkenntnis des Jugendlichen, da er durch Misserfolge lernen und aus Erfolgen Selbstsicherheit gewinnen kann. Die Eltern sollten ihren 5er-Nachwuchs dazu ermutigen, klare Entscheidungen zu fällen und in Einklang mit den getroffenen Entschlüssen zu handeln. Den jungen Menschen mit dieser Lebenszahl soll zudem aufgezeigt werden, was es bedeutet, die Konsequenzen des eigenen Handelns zu tragen. Spürt der Jugendliche, dass seine Eltern ihm vertrauensvoll zumuten, selbst Entscheidungen zu treffen, so entwickelt er das Gefühl, fähig und stark genug zu sein, sein Leben fortan selbstständig zu gestalten.

Lebenszahl 6 – eine einfühlsame, verantwortungsbewusste Persönlichkeit

Sind die Kinder klein, müssen wir ihnen helfen,
Wurzeln zu fassen. Sind sie aber groß geworden,
müssen wir ihnen Flügel schenken.
Aus Indien

Persönlichkeitsbeschreibung in der Kindheit bis zum zwölften Lebensjahr

Kinder mit der Lebenszahl 6 sind vernünftige und zuverlässige Wesen, die schon in früher Kindheit eine geistige sowie psychische Reife besitzen. Eine vertraute Umgebung, klare Strukturen und ein geregelter Tagesablauf bieten diesen Kindern die Möglichkeit, sich ihrem Naturell entsprechend zu entwickeln. **Sie sind sowohl realistisch eingestellt als**

auch bodenständig und verfolgen bereits früh ihre persönlichen Ziele. 6er-Kinder halten stets durch, bis sie das, was sie wollen, erreicht haben.

Die Willenskraft einer Kämpfernatur

Die natürliche Ausdauer und das Durchhaltevermögen der jungen 6er-Persönlichkeiten werden von einer enormen Willensstärke und inneren Sicherheit begleitet. Wenn sich diese Kinder etwas in den Kopf gesetzt haben, können sie sehr eigensinnig und stur sein. Von ihrer Meinung lassen sich diese ehrgeizigen jungen Menschen also nur schwer abbringen. Zudem neigen sie schon im Kleinkind- und Volksschulalter dazu, viel von sich abzuverlangen und sehr hohe Ansprüche an die eigene Person zu stellen. Aufgrund ihres Charakters wirken sie im Außen oft ernst und teilweise auch zurückhaltend. Wenn man diese Kinder länger beobachtet, wird man eventuell sogar erkennen können, dass sie im Vergleich zu ihren Altersgenossen weniger verspielt in ihrem Handeln sind.

Ich will ernst genommen werden

Diese Kinder besitzen klare Vorstellungen davon, was sie wollen und brauchen. Sie verlangen von ihrem Umfeld, ernst genommen und als der Mensch, der sie sind, wahrgenommen zu werden. **Sie haben ein ausgeprägtes Bedürfnis nach Anerkennung und suchen im Außen Unterstützung und Zuwendung.** Auf diese Weise erhoffen sie sich, ihre Ideen verwirklichen zu können und Bestätigung für die Richtigkeit ihrer Handlungen zu erhalten.

Ich weiß, was ich will

Junge Menschen mit der Lebenszahl 6 wirken schon in der frühen Kindheit sehr reif und erwachsen. Sie können selbstständig sein und viele Aufgaben allein bewältigen. Aufgrund ihrer Selbstständigkeit und Selbstsicherheit vertrauen sie sich auch leicht anderen Menschen an. **6er-Kinder wissen schon sehr früh, was sie wollen und lassen sich**

daher nicht von ihren Überzeugungen und Wünschen abbringen. Solange ihre Wünsche vom Umfeld berücksichtigt werden, verhalten sie sich ruhig und hören auf ihre Mitmenschen. Wenn diesen Kindern aber etwas nicht passt, dann können sie bockig und trotzig werden.

Hartnäckig und streng zu sich selbst
6er-Persönlichkeiten verfügen bereits im Kindesalter über ein ausgeprägtes logisches Denkvermögen, Geduld und Hartnäckigkeit. Diese Eigenschaften erlauben es ihnen, ihre Ziele gut zu erreichen. Die persönliche Charakterstärke dieser jungen Menschen zieht sich bei ihnen wie ein roter Faden durchs Leben. Für die persönliche Entwicklung dieser Kinder ist es daher sehr wichtig, dass die Eltern diesen Charakterzug als positiv betrachten und die Eigenwilligkeit ihres Nachwuchses nicht persönlich nehmen. **Würde die Willenskraft dieses Kindes gebrochen werden, so hätte dies zur Folge, dass es dem Kind, vor allem in der Pubertät und im Erwachsenenalter, schwerfällt, seinen individuellen Weg zu finden und seine Talente und Fähigkeiten zu erkennen und zu entfalten.** Durch Geduld und Überzeugungskraft ist es möglich, diesem jungen Menschen dabei zu helfen, sich mutig und kraftvoll zu entwickeln. Dennoch sollte das von sich selbst überzeugte 6er-Kind lernen, sich nicht zu sehr in bestimmte Aufgaben oder Ziele zu verbeißen. Schulische Herausforderungen und die Verwirklichung der gesteckten Ziele sollten mit einer gewissen Gelassenheit in Angriff genommen werden. In diesem Zusammenhang sollten Sie Ihr Kind dabei unterstützen, nachsichtig mit sich selbst zu sein, und ihm beibringen, die eigenen positiven Erfolge wertzuschätzen.

Herausfordernde Charakterzüge in der Kindheit bis zum zwölften Lebensjahr

Kinder mit der Lebenszahl 6 sind weise Persönlichkeiten, die dazu neigen, ihren Weg eigenständig zu gehen – ohne die Hilfe oder Empfehlungen von außen. **Diese sensiblen Kinder brauchen Akzeptanz, Zuwendung und viel Verständnis für ihre eigenwillige Persönlichkeit.** Rücksichts- und verständnisvoll auf die folgenden herausfordernden Aspekte dieses Persönlichkeitstypus einzugehen, erlaubt Ihnen als Elternteil, eine stabile Eltern-Kind-Beziehung zu entwickeln. Diese solide Vertrauensbasis schafft die Grundlage dafür, dass sich Ihr Kind Ihnen gegenüber mitteilen kann und seine Persönlichkeit öffnet.

Manchmal zu ernst, um Kind sein zu können

Kinder mit der Lebenszahl 6 werden bereits früh erwachsen und neigen aufgrund dessen häufig dazu, in Auseinandersetzungen mit Gleichaltrigen zu geraten. Ihre ausgeprägte Reife hat zur Folge, dass es ihnen teilweise schwerfällt, sich gemeinsam mit anderen Kindern auf die spielerischen Seiten des Lebens einzulassen. **Verantwortungsgefühl, Pflichtbewusstsein, Zielstrebigkeit und eine vernünftige Einstellung zum Leben zählen zu den positiven Eigenschaften dieser Persönlichkeit.** Die daraus resultierenden Verhaltensweisen erschweren jedoch ihre Beziehung zu anderen Kindern und schränken ihr Einfühlungsvermögen sowie ihre Beziehungsfähigkeit ein.

Oft eine bodenständige Persönlichkeit mit wenig Fantasie

Diese heranwachsenden Menschen wirken in vielen Fällen sehr weise und manchmal sogar etwas reifer als ihre Spielkameraden. Sie tendieren dazu, schon früh Lebensregeln, Strategien und sogar Lebensmuster zu entwickeln. **Diese strenge Seite ihres Charakters** und die vielen festen Regeln, die sie sich selbst auferlegen und die ihren Lebensweg bestimmen, **hemmen die Spontaneität, die Fantasie und das kreative Schaffen dieser Kinder**. Im Rahmen der Erziehung ist es von großer Bedeutung, diesen Charakterzug der Lebenszahl 6 wertzuschätzen. Allerdings sollte man dem Kind oder Jugendlichen mit dieser Zahl ebenso die Möglichkeit bieten, seine Spontaneität zu leben. Unterstützen die Eltern die spielerische Seite dieses Kindes, so wird es ihm auch im Erwachsenenalter leichter fallen, sich damit abzufinden, dass das Leben sehr oft Überraschungen bereit hält und vieles im Leben nicht nach Plan verläuft.

Dem Umfeld gegenüber ernst und prüfend
Ihr angeborenes Durchhaltevermögen, ihre Willensstärke und Kraft, die sie im Außen hart und streng wirken lassen, schränken die heranwachsenden 6er-Persönlichkeiten im Umgang mit Schulkollegen und Freunden ein. Des Weiteren bewirken diese Charakterzüge, dass sich **6er-Kinder** schon in frühen Jahren **ihrem Umfeld und auch sich selbst gegenüber sehr prüfend, kritisch und beurteilend verhalten**. Dies ist vor allem dann der Fall, wenn diese Kinder die Neigung entwickeln, ihre Mitmenschen als schwach zu sehen und viel von ihrem sozialen Umfeld abzuverlangen.

Förderungsmöglichkeiten in der Kindheit bis zum zwölften Lebensjahr

Diese sensiblen und zugleich selbstbewussten Persönlichkeiten fordern viel Geduld ein. Sie sehnen sich nach Geborgenheit und liebevoller Akzeptanz. Mit den folgenden Möglichkeiten können Sie Ihr Kind auf dem Weg zur persönlichen Entfaltung optimal fördern und Ihrem Sprössling vermitteln, dass Sie ihn so lieben und annehmen, wie er ist:

Das Bedürfnis nach Liebe und Unterstützung stillen
Diese Persönlichkeit ist ein sehr sensibles Kind, das in seiner Familie viel Harmonie und Ruhe benötigt. Das 6er-Kind liebt es, mit Umarmungen und Berührungen überhäuft zu werden. **Eine Bestätigung dafür zu bekommen, dass seine Handlungen gut und hilfreich für die Familie sind, ist für das 6er-Kind unverzichtbar.** Diese junge Persönlichkeit kann den Gefühlen anderer Personen sehr gut nachspüren und merkt, wie es ihnen geht. Oft begibt sie sich in Resonanz mit dem seelischen Zustand der Eltern und legt offen, was die Erwachsenen im Familien-

kreis zu verdrängen versuchen. Es ist deshalb von Bedeutung, auf die Mimik und Gestik des 6er-Kindes zu achten.

Ehrlichkeit als Fundament der Eltern-Kind-Kommunikation

Das Kind mit der Lebenszahl 6 gibt sich meist wie ein kleiner Erwachsener. Dennoch ist es wichtig, diesem jungen Menschen die Sicherheit zu geben, dass alles in Ordnung ist. **Falls das Familienleben von Problemen oder Unstimmigkeiten gestört wird, sollten diese dem Kind altersgerecht erklärt werden.** Probleme zu verstecken, würde die Lage lediglich verschlimmern. Konkret würde sich der heranwachsende 6er in diesem Fall aufgrund seiner hohen Empfindsamkeit schlecht fühlen und wegen der unausgesprochenen Konflikte eventuell von unklaren Ängsten und Sorgen geplagt werden. Schon in der Stammfamilie ist das Kind in die Probleme seiner Eltern involviert. Es kann seine Eltern schwer loslassen und erst dann glücklich sein, wenn es das Gefühl hat, dass seine Familie glücklich ist und alle miteinander harmonieren. Das 6er-Kind entwickelt das Muster, Verantwortung für andere Menschen zu übernehmen, und kann schwer „Nein" sagen. Eigene Interessen und Bedürfnisse werden meist vernachlässigt, um andere unterstützen zu können.

Das Spielerische fördern

Dieses Kind benötigt bei der Entfaltung seiner spielerischen Seite Unterstützung. Ballspiele und Fangen spielen sind Aktivitäten, die dem Kind dabei helfen, seine Abenteuerlust und Neugier zu entfalten sowie seine Sozialkompetenz zu stärken. **Indem man versucht, das Kind zum Spielen zu animieren, kann man auf den Charakter dieses Kindes eingehen und seine Selbstentfaltung unterstützen.** 6er-Kinder haben besondere Interessen und verfügen über unterschiedliche, spezielle Begabungen. **Es ist wichtig, dass die Eltern oder Erziehungsberechtigten die persönlichen Vorlieben des Kindes teilen.** Diese Kinder haben meist einen Lieblingsfreund und geben dieser Person ihr Innenleben preis. Sie brauchen Spiele, die ihre körperlich-kinästhetische Intelligenz auf eine kreative Art und Weise anregen. Das gelingt vor allem durch Spiele, die den Wissenserwerb mit Spaß und Vergnügen verknüpfen. Außerdem spielen diese kleinen Persönlichkeiten gerne mit Erwachsenen. Sie hören gerne Geschichten und interessieren sich auch sehr für Geschichten, die von den eigenen Wurzeln, der eigenen Familie und den Eltern handeln. Aus diesem Grund sollten Sie sich als Elternteil die Zeit nehmen, die Neugier der jungen 6er-Persönlichkeit nach familienbezogenen Anekdoten zu stillen.

Die mentale Kraft durch Spiele unterstützen

Diese Kinder sind sehr ehrgeizig und benötigen klare Strukturen sowie Anleitungen, um Wissen zu erwerben und Aufgaben zu erledigen. Sie haben stets Lust zu spielen und werden vor allem von jenen Spielmöglichkeiten in den Bann gezogen, bei denen sie ihre Konzentrationsfähigkeit nutzen und ihr klares Denkvermögen einbringen können. Dafür eignen sich unter anderem Baukästen, Brettspiele und Puzzles mit bunten und ansprechenden Bildern. **Indem man das natürliche Bedürfnis des Kindes nach Freiheit und Freiräumen respektiert, kann es aktiv gefördert werden.** Auf diese Weise gelingt es dem Kind, sich ernst genommen und angenommen zu fühlen und seine geistige sowie körperliche Beweglichkeit auszuleben.

Den Rhythmus des Kindes respektieren

Für die Eltern ist es eine Herausforderung, diese Kinder in ihrem persönlichen Rhythmus spielen zu lassen. Auch die Erledigung von Aufgaben und Aufträgen möchten die Eltern stets beeinflussen. **Oftmals brauchen diese Kinder für gewisse Aktivitäten jedoch genügend Zeit, weil sie sich dabei in ihren Gedanken verlieren. Sie sollten diesen Charakterzug respektieren, da die persönliche Entfaltung des Kindes dadurch gestärkt wird.** Wenn Sie diese Eigenschaft Ihres Kindes anerkennen, erlauben sie es ihm, seine Selbstreflexionskompetenz sowie sein ausgeprägtes analytisches Denkvermögen zu offenbaren.

Vorsicht mit Kritik

Die Eltern sollten das Kind mit der Lebenszahl 6 nicht streng behandeln und kritisieren, wenn es sich zurückzieht und in Gedanken versinkt. 6er-Persönlichkeiten benötigen in jedem Lebensalter ausreichend Zeit, um nachzudenken, zu reflektieren und sich in ihren inneren Dialog, der sehr vielfältig und intensiv sein kann, zu vertiefen. **Sie sollten immer wieder die positiven Seiten des Kindes betonen, es für seine Erfolgserlebnisse loben und ihm ausreichend Anerkennung schenken.** Auf diese Weise können Sie vermeiden, dass es zu hart und streng mit sich ins Gericht geht und sich selbst andauernd kritisiert. Als Eltern sollten Sie ausreichend Zeit für Gespräche sowie Kuscheleinheiten mit Ihren Kindern finden. Durch liebevolle Berührungen fühlen sich Ihre Kinder angenommen und in ihrem Sein bestätigt.

Künstlerische Betätigung als Weg zur Leichtigkeit

Würdigen die Eltern die Fortschritte und Erfolge des Kindes, so hilft dies dem jungen 6er, seine positiven Seiten zu erkennen und zu seiner eigenen Größe zu stehen. Dadurch gewinnt das Kind mit dieser Lebenszahl auch den Mut, seine genießerische Seite nach außen zu kehren und sich in Selbstliebe und Selbstvertrauen zu üben. **Die Beschäftigung mit künstlerischen Tätigkeiten** wie dem Musizieren, Malen, Basteln oder Tanzen kann in diesem Zusammenhang besonders unterstützend wirken, da das Kind auf diese Weise lernt, **nicht nur auf Leistung und Erfolg Wert zu legen**.

Persönlichkeitsbeschreibung in der Pubertät

Diese Jugendlichen sind einerseits lebendig und selbstbewusst, andererseits neigen sie dazu, sich zurückzuziehen und sich nach der Geborgenheit und Zuwendung zu sehnen, die sie in der Kindheit erfahren haben. Sie sind stets fokussiert und haben ein klares Ziel vor Augen. Bereits im frühen Kindesalter und auch in der Pubertät legen sie eine ausgeprägte Hilfsbereitschaft und ein großes Verantwortungsbewusstsein an den Tag.

Die Suche nach tiefen Beziehungen und dem Sinn des Lebens

Eigenschaften wie Fleiß, Geduld, Arbeits- und Erwerbsfreude zeigen sich bereits in der Pubertät dieser Persönlichkeit. **Des Öfteren stellen sich diese Jugendlichen in dieser Lebensphase tiefgründige Fragen über die Zukunft. Sie** möchten ihren Lebensweg planen und fragen sich, wohin sie ihr Weg führt. Diesbezüglich möchten sie Klarheit über ihre Zukunft gewinnen und Antworten auf ihre Fragen finden. Ihre zielstrebige und realistische Seite zeigt sich meist schon in der Pubertät, weshalb sie sich Gleichaltrigen gegenüber manchmal streng verhalten und ein flatterhaftes oder gehaltloses Getue ihrer Altersgenossen ablehnen.

Vom oberflächlichen Umgang der Altersgenossen verletzt

Diese Persönlichkeiten suchen sich ältere Freunde, lehnen oberflächliche Kontakte ab und sehnen sich nach echten, tiefgehenden Freundschaften mit Gleichgesinnten. Umso mehr sind sie enttäuscht, wenn ihre Treue, Verlässlichkeit und Hilfsbereitschaft nicht wertgeschätzt oder sogar abgewertet werden. **Sie fühlen sich vor allem dann verletzt, wenn sie das Gefühl haben, dass sie von ihren Freunden und Altersgenossen ausgenutzt werden.** Wenn andere Personen Hilfe von 6er-Jugendlichen benötigen, wird diesen Persönlichkeiten deren volle Aufmerksamkeit zuteil. Geht es jedoch um lustige Unternehmungen, werden 6er-Jugendliche sozusagen auf das Abstellgleis gestellt.

Emotionale Instabilität

Emotionale Stürme stellen die Bodenständigkeit dieser Persönlichkeit auf die Probe. In ihrem Identitätsfindungsprozess kämpft diese zielstrebige und realistische Persönlichkeit mit emotionalen Schwankungen, die ihre Selbstsicherheit und ihre fixen Vorstellungen über die Welt in Frage stellen. **In dieser Zeit erlebt der Jugendliche mit dieser Lebens-**

zahl das breite Spektrum seiner Emotionen als einen Instabilitätsfaktor, der ihn beunruhigt und ihn die Kontrolle über sich selbst verlieren lässt. Genau dieser Umstand führt dazu, dass der pubertierende 6er in seinem Identitätsfindungsprozess häufiger einen Kampf mit sich selbst als mit seiner Umgebung austrägt. Was diesen jungen Menschen, der dazu tendiert, alles unter Kontrolle zu haben, zum Wanken bringt, ist die Tatsache, dass er seine Emotionen nicht mit seiner rationalen Denkweise und dem eigenen Willen steuern kann.
Ihre emotionale Instabilität löst bei diesen jungen Menschen eine innere Unausgeglichenheit aus, da sie es von klein auf gewohnt sind, ihre Ziele mit Anstrengung und Engagement zu erreichen. In dieser Hinsicht braucht Ihr pubertierendes Kind mit der Lebenszahl 6 viel Verständnis und Unterstützung für einen konstruktiven Umgang mit seinen emotionalen Schwankungen.

Herausfordernde Charakterzüge in der Pubertät

Herausforderungen, die in Zusammenhang mit den Charaktereigenschaften dieser Jugendlichen stehen, gilt es mit Hingabe und Empathie zu meistern. 6er-Jugendliche sind in der Pubertät unruhige, ewig Suchende. Sie finden in dieser turbulenten Zeit weder ihren Platz im Leben, noch können sie ihre Mitte spüren. Die Eltern dieser jungen Menschen benötigen daher viel Geduld sowie eine klare und ehrliche Kommunikation, um diesen Persönlichkeiten einen tiefgreifenden und erfolgreichen Selbstfindungsprozess zu ermöglichen. Die Integration der folgenden Aspekte in die Erziehung der 6er-Jugendlichen ebnet den Weg, um die zuvor genannten Ziele zu erreichen:

Zu streng zu sich selbst

Jugendliche mit der Lebenszahl 6 weisen in der Pubertät häufig das Muster auf, zu sich selbst streng zu sein und mit dem Gefühlschaos in ihrem Inneren zu kämpfen. **Die Wogen gehen bei diesen Jugendli-**

chen im turbulenten Prozess des Erwachsenwerdens immer wieder hoch, weil sie aufgrund ihrer Persönlichkeitsstruktur alles unter Kontrolle haben wollen. Außerdem neigen diese jungen Menschen dazu, ein ideales Selbstbild von sich zu haben und sehr zukunftsorientiert zu sein. Diese zwei Aspekte erzeugen oft schlechte Stimmungen und machen diese liebenswerten Menschen, die in der Kindheit normalerweise pflegeleicht waren, zu launischen heranwachsenden Persönlichkeiten. Als Elternteil sollten Sie versuchen, die schlechten Stimmungen und wechselnden Launen Ihres Kindes jedoch nicht persönlich zu nehmen. **Lassen Sie Ihr Kind die Achterbahn der Gefühle durchlaufen und erlauben Sie Ihrem Nachwuchs, sich frei zu entwickeln.**

Ausübung einer gewissen Strenge dem Umfeld gegenüber

Diese jungen Menschen verhalten sich ihrem Umfeld gegenüber oft sehr streng und unflexibel. **Sie wirken verschlossen und gehemmt. Aus diesem Grund reagieren sie auf ihre selbstauferlegten Grenzen mit großem Schmerz.** Sie liefern sich einen erbitterten Kampf mit sich selbst und lehnen all jene ihrer Eigenschaften ab, die mit Verspieltheit, Spontaneität und Leichtigkeit verbunden sind. Finden Sie im Gespräch und durch Ihre Vorbildwirkung unterschiedliche Möglichkeiten, die Selbstakzeptanz und Selbstsicherheit Ihres Kindes zu fördern. Vermeiden Sie in diesem Zusammenhang Kritik und vor allem Vergleiche mit Nachbarskindern, verwandten Kindern oder Kindern von Freunden.

Den Balanceakt zwischen Strenge und Leichtigkeit meistern

Für diese jungen Menschen ist es von Bedeutung, ihre individuelle Leichtigkeit und Lebendigkeit als Teil ihres Selbst wahrzunehmen. 6er-Persönlichkeiten sollten auch diese Seiten ihres jugendlichen Daseins ausleben können. **Sie sollten ihr Leben dementsprechend nicht nur von dem Gefühl, sich hinter ihrer nach außen hin verantwortungsbewusst und vernünftig wirkenden Fassade verstecken zu müssen, bestimmen lassen.** Als Elternteil können Sie Ihrem 6er-Kind helfen, dieses Gleichgewicht zu erreichen, indem Sie seiner Individualität Wertschätzung entgegenbringen. Ihr Kind mit dieser Lebenszahl sehnt sich nach Geborgenheit, Sicherheit und Halt. Ist dieser Halt gegeben, dann gelingt es Ihrem Nachwuchs, selbst in der empfindlichen Phase der Pubertät Orientierung zu finden und seine Schwächen zu akzeptieren.

Förderungsmöglichkeiten in der Pubertät

6er-Jugendliche kommen mit ihrer Persönlichkeit in der Pubertät nicht immer zurecht und haben Problemen damit, diese voll zu akzeptieren. Sie neigen dazu, viel von sich abzuverlangen, und sind der Meinung, alles allein schaffen zu müssen. Als Elternteil sollten Sie diesem eigensinnigen und gefühlsbetonten jungen Menschen mit viel Verständnis und ausreichend Freiheit begegnen. Auf diese Weise kann sich der pubertierende 6er öffnen und traut sich, sich an eine starke Schulter anzulehnen. Berücksichtigen Sie die folgenden Empfehlungen, so kann es Ihnen gelingen, Ihr Kind mit der Lebenszahl 6 auf dem Weg des Erwachsenwerdens mit viel Liebe zu begleiten:

Offene Gespräche als Schlüssel zu mehr Selbstbewusstsein

Es ist wichtig, diese Kinder dabei zu unterstützten, ihre spielerische Seite auch in der Pubertät auszuleben. **Um ihre ernste Natur in Einklang mit ihrem spontanen und verspielten Persönlichkeitsanteil zu bringen, helfen Sport, Reisen und Zeit in der Natur.** Des Weiteren kann es positiv wirken, wenn man diesen Jugendlichen hilft, mehr Verständnis für die eigenen Schwächen aufzubringen und die eigenen Stärken wertzuschätzen. Die jugendlichen 6er benötigen eine intensive Begleitung und ausführliche Gespräche, ja sogar Coachingeinheiten, um mehr über ihre positiven sowie belastenden Eigenschaften zu erfahren.

Emotionale Erste Hilfe leisten

Haben Sie im Laufe der Pubertät und des Identitätsfindungsprozesses Ihres Kindes viel Verständnis. Ihr Sprössling braucht in dieser Phase klare Strukturen, nachvollziehbare, liebevolle Grenzen, Sicherheit und Halt. **In der Pubertät bedarf diese ehrgeizige und zu sich selbst harte Persönlichkeit des Gefühls, dass das Umfeld sie vollkommen akzeptiert und in ihren Bedürfnissen wahrnimmt und wertschätzt.** Versuchen Sie, Ihrem Kind all diese Gefühle zu vermitteln. Vor allem ist es wichtig, dass Sie Ihrem Nachwuchs das Gefühl geben, dass es völlig in Ordnung und normal ist, in der Pubertät intensive emotionale Phasen zu durchleben. Versichern Sie Ihrem Kind, dass emotionale Instabilität auf gar keinen Fall eine Charakterschwäche ist. Motivieren Sie ihren Sprössling dazu, seine emotionalen Zustände anzunehmen und zu beobachten. Helfen Sie dem heranwachsenden 6er dabei, mit Ihnen als Elternteil oder mit anderen Bezugspersonen und Freunden über die eigenen Gefühle, positive wie negative, zu sprechen.

Authentizität fördern

Wenn diese Jugendlichen von ihren Eltern und Bezugspersonen ausreichend gefördert werden, dann gelingt es ihnen, mehr Selbstvertrauen zu gewinnen und mutig zu ihrer persönlichen Größe zu stehen. Man kann diese Pubertierenden aktiv auf ihrem Weg der Identitätsfindung begleiten, indem man ihnen Werkzeuge und Möglichkeiten bietet, um das breite Spektrum ihrer vielfältigen Persönlichkeit zu erkennen. **Darüber hinaus hilft man diesen Jugendlichen den nächsten Schritt ins Erwachsenenleben zu setzen, wenn man zur Entwicklung und Vertiefung ihrer Beziehungsfähigkeit und ihrer sozialen Kontakte beiträgt.** Für diese Jugendlichen ist es insbesondere von großer Bedeutung zu lernen, authentisch zu sein und zu erkennen, dass Menschen in Beziehungen unterschiedliche Rollen einnehmen. Dadurch ist es ihnen im Erwachsenenalter möglich, ihr Dasein flexibel zu gestalten und zu vermeiden, dass sie in ihrer strengen, ernsten und verantwortungsbewussten Rolle gefangen bleiben.

Zeiten des Rückzuges annehmen

Gehen Sie liebevoll auf Ihr Kind ein und akzeptieren Sie jene Momente, in denen es sich zurückzieht. Versuchen Sie, Ihr Kind nicht zu streng zu kritisieren, indem Sie sich darüber bewusst werden, dass Ihr Kind zu sich selbst sehr streng ist. Finden Sie Zeit für Gespräche mit Ihrem Kind und führen Sie Ihrem Sprössling immer wieder seine positiven Seiten vor Augen. Loben Sie auch seine Leistungen. **Wenn sich Ihr Nachwuchs in der Pubertät stark isoliert, viel zu sehr mit Zukunftsplänen beschäftigt ist und ernst wirkt, motivieren Sie ihn dazu, nach draußen zu gehen.** Laden Sie ihn dazu ein, sich mit Freunden zu treffen und auch die spielerische und rebellische Seite der Pubertät bewusst zu leben und zu genießen. Diese Erfahrungen werden es Ihrem Nachwuchs enorm erleichtern, sein Leben im Laufe des Erwachsenwerdens erfolgreich zu meistern. Meistens entwickeln Menschen, die ihre Impulsrebellion im Jugendalter unterdrücken, die Neigung, diesen Aspekt im Erwachsenenalter in Form einer Midlife-Crisis sozusagen nachzuholen.

Vorbildwirkung als Zugang zur Seele der Jugendlichen

Eltern sollten eine Vorbildwirkung auf diese Jugendlichen haben und ihnen aufzeigen, wie sie ihre spontane und verspielte Seite auch im Erwachsenenalter und trotz der elterlichen Rolle und Autorität ausleben können. **Die Eltern dieser Kinder sollten in sich gehen und sich fragen, ob sie den Jugendlichen gegenüber in ihrem Verhalten und ihren Aussagen authentisch sind.** Kritische Anmerkungen, die diese Pubertierenden aufgrund ihrer scharfen Beobachtungsgabe machen, sollten von den Eltern nicht persönlich genommen werden. Vielmehr sollten die Eltern Ihrem Nachwuchs mit der Lebenszahl 6 signalisieren, dass sie bereit sind, sich dem Jugendlichen gegenüber zu öffnen und ihm ihre Innenwelt preiszugeben. Bei dieser Lebenszahl ist es unabkömmlich, in der Elternrolle konsequent und authentisch sein. Als Elternteil von 6er-Kindern sollte man sich an die Werte, die man dem eigenen Nachwuchs vermittelt, auch selbst halten und diese dementsprechend vorleben.

Lebenszahl 7 – eine weise und reflexive Persönlichkeit

Kinder müssen mit Erwachsenen
sehr viel Nachsicht haben.
Antoine de Saint-Exupéry

Persönliche Beschreibung in der Kindheit bis zum zwölften Lebensjahr

Kinder mit der Lebenszahl 7 sind sehr lebhafte und kontaktfreudige Wesen, die schon früh – etwa im Alter von vier Jahren – selbstständig sind und ihr **Freiheitsbedürfnis** ausleben wollen. In diesem Sinne streben diese jungen Menschen von klein auf danach, **eigenständige Erfahrungen zu machen und selbstbestimmt zu leben**. Dadurch können sie bereits sehr früh gut auf sich selbst aufpassen.

Aufmerksame und intelligente Beobachter
Für diese unabhängigen Persönlichkeiten ist es charakteristisch, dass sie gerne in die **Rolle des Beobachters** schlüpfen. Dies sorgt oftmals für eine gewisse Distanz zwischen ihnen und ihren Eltern, Mitmenschen oder anderen Bezugspersonen. **Nicht selten konfrontieren diese erfinderischen Gemüter ihre Eltern mit ihren eigenwilligen Initiativen und fordern ihre Erziehungsberechtigten mit ihren Vorhaben heraus.** Allerdings erkennen die Eltern bald, dass sie ihre 7er-Kinder mit einer gewissen Gelassenheit betrachten können, denn Kinder mit dieser Lebenszahl verfügen über eine **ausgeprägte Intelligenz und Reife**. Die Besonderheit dieser Zahl liegt außerdem darin, dass sie schon früh beginnt, **unverkennbare Wesenszüge** zu entwickeln.

Selbstentwicklungsdrang aufgrund einer natürlichen Neugier
Kinder mit der Lebenszahl 7 sind sehr wissbegierig und ständig bestrebt, ihr Wissen zu erweitern. Dabei werden sie von ihrer **ausgeprägten Beobachtungsgabe** und ihrem **schnellen Auffassungsvermögen unterstützt**. Diese Eigenschaften machen diese Kinder schon im Kleinkindalter zu schnellen Lernern und ermöglichen es ihnen, das, was sie beobachten, sofort zu erfassen und umzusetzen. Darüber hinaus fällt es diesen jungen Menschen leicht, **ein harmonisches Miteinander zu schaffen und positive zwischenmenschliche Beziehungen aufzubauen**. Ihr ausgeprägtes Einfühlungsvermögen und ihre ausgezeichneten sozialen Fähigkeiten erlauben ihnen, Altersgenossen sowie Erwachsenen äußerst tolerant und warmherzig zu begegnen.

Anpassungsfähige und verlässliche Freunde
7er-Persönlichkeiten sind bereits in früher Kindheit **sehr verlässliche Spielkameraden und Freunde**. Allerdings fällt auf, dass diese Kinder in Beziehungen allgemein– trotz ihres freundlichen und aufgeschlossenen Wesens – meist ein wenig angepasstes Verhalten an den Tag legen. Konkret versuchen sie durch dieses eigenwillige Verhalten, immer wieder Wege zu finden, um ihre **Eigenständigkeit zu bewahren**. Besonders in der Kindheit leben die heranwachsenden 7er ihre **Trotzphasen** intensiv aus.

Herausfordernde Charakterzüge in der Kindheit bis zum zwölften Lebensjahr

Kinder mit der Lebenszahl 7 sind sensible Wesen, die manchmal unnahbar wirken und in ihrer Fantasiewelt leben. **Diese Persönlichkeiten durch ihre Kindheit zu begleiten, ist ein spannendes Abenteuer**. Die Erziehung dieser Kinder kann den Eltern oder Bezugspersonen viel Freude bringen und auch Möglichkeiten des persönlichen Wachstums bieten. Rücksicht auf die folgenden herausfordernden Persönlichkeitsaspekte dieser Zahl zu nehmen, hilft den Eltern dabei, **sich frohen Mutes an die Aufgabe des Erziehens heranzuwagen** und den eigenen Kindern bewusst zur Seite zu stehen:

Unabhängigkeitsdrang als Herausforderung

Diese Kinder interessieren sich sehr für das Leben, hinterfragen vieles und sind schon als Kleinkinder auf der Suche nach Antworten. Sie besitzen ein philosophisches Wesen und zeigen in manchen Fällen bereits sehr früh **ein ausgeprägtes Interesse für Spiritualität, Philosophie sowie unterschiedliche Kulturen**. Ihr selbstständiges Auftreten und ihre Unabhängigkeit begünstigen jedoch **die Tendenz dieser Kinder, sich zurückzuziehen und alles allein schaffen zu wollen**. Genau dieser Aspekt ist eine Herausforderung für die Eltern, die häufig das Gefühl haben, ihrem Kind nicht wichtig zu sein. Ihr **Drang nach Unabhängigkeit** lässt 7er-Kinder in vielen Situationen sehr distanziert und abweisend wirken. Dieser Eindruck entsteht auch deswegen, weil diese Heranwachsenden **auf Empfehlungen und Bitten aus ihrem Umfeld mit einer gewissen Sturheit reagieren**. 7er-Persönlichkeiten stellen alles in Frage und sind nicht bereit, ihre Meinung zu ändern, selbst wenn ihr Gegenüber gute Argumente liefert und überzeugend wirkt.

Abenteuerlust hält die Eltern auf Trab

Dieses neugierige Kind bewegt sich zeitweise **wie ein Wirbelwind durchs Leben**: Es flitzt überall herum und ist stets auf der **Suche nach neuen Erfahrungen**, die oftmals auch mit Risiken verbunden sind. Immer wieder versucht dieser junge Mensch, seine Grenzen auszureizen und selbst schwierige Situationen – unterstützt von seiner inneren Reife – zu manövrieren. Der Umgang mit dieser **Abenteuerlust** verlangt von Ihnen als Eltern einiges ab. Als Elternteil oder Erzieher stehen Sie bei dieser Zahl vor der verantwortungsvollen Aufgabe, den Balanceakt zwischen dem Bedürfnis, Ihr Kind zu schützen, und der Absicht, Ihrem Kind seinen Freiraum zu lassen, zu meistern. Darüber hinaus besitzen **Kinder mit dieser Lebenszahl** bereits in den ersten Lebensjahren einen

natürlichen Gerechtigkeitssinn. Seien Sie also darauf vorbereitet, dass 7er-Kinder zumeist auf eine **rebellische und aggressive Art und Weise** reagieren, wenn sie verspüren, dass ihnen selbst, ihren Freunden oder anderen geliebten Menschen Unrecht getan wird.

Förderungsmöglichkeiten in der Kindheit bis zum zwölften Lebensjahr

Mithilfe der **folgenden Empfehlungen** können Sie als Eltern **liebevoll und bewusst auf Ihre einfühlsamen und fantasievollen 7er-Kinder eingehen** und die persönliche Entfaltung und Lebendigkeit Ihrer Kinder optimal unterstützen:

Den Forschergeist fördern

Heranwachsende mit dieser Lebenszahl brauchen Spiele, die ihren Forschergeist befriedigen und ihren Wissensdurst stillen. Spielsachen mit beweglichen Teilen, durch deren Verwendung die Kinder verschiedene Funktionen ergründen können, bieten sich dazu besonders an. Zum Beispiel eignen sich **Bausteine, Spielzeuge mit Knöpfen, Griffen oder Wählscheiben** sehr gut zur Unterstützung dieser Kinder. Diese neugierigen jungen Menschen fasziniert zudem häufig alles, was mit Luft- und Raumfahrt zu tun hat. Als Eltern oder Erzieher sollten Sie bei diesem Persönlichkeitstypus auf jeden Fall darauf achten, **immer wieder neue Anreize** zu finden, um Ihr Kind zu motivieren, sein Wissen zu erweitern und seinen vielfältigen Interessen nachzugehen.

Beziehungen und Freundschaften stärken

Diese Kinder haben eine sehr empathische Ader und können sich deshalb äußerst gut in ihr Gegenüber einfühlen. Sie scheuen sich nicht vor Beziehungen zu ihren Mitmenschen und sind **treue sowie verlässliche Freunde**. Aufgrund ihrer Ehrlichkeit und Eigenständigkeit fällt es ihnen jedoch **manchmal schwer, sich anzupassen und diplomatisch zu sein**.

Motivieren Sie Ihr Kind, **stabile Freundschaften zu pflegen**, und helfen Sie ihm, seinen Mitmenschen gegenüber aufgeschlossen zu sein. Lernt das 7er-Kind für die Vielfalt der menschlichen Charakterunterschiede offen zu sein, kann es vermeiden, sich aufgrund seiner geistigen Reife und Selbstständigkeit ausgeschlossen zu fühlen und sich zurückzuziehen. Des Weiteren können Sie die Entwicklung Ihres 7er-Nachwuchses fördern, indem Sie **bewusst auf seine Interessen eingehen**. Außerdem sollten Sie versuchen, Ihr Kind **beim Kennenlernen von Gleichgesinnten jeden Alters zu unterstützen.** Stehen Sie Ihrem Sprössling zur Seite, wenn er Kontakte mit Gleichaltrigen oder schon etwas älteren Kindern, Jugendlichen oder Erwachsenen knüpfen möchte, die seine Interessen teilen.

Der Weisheit Ihres Kindes vertrauen

Kinder mit der Lebenszahl 7 zeichnen sich durch ihr **logisches Denkvermögen und ihre schnelle Auffassungsgabe** aus und stellen gerne Fragen. Nehmen Sie diese Fragen ernst und versuchen Sie, **ausführliche sowie ruhige Gespräche mit Ihrem Kind zu führen, um seinen Wissensdurst zu stillen**. Dadurch fühlt sich dieser weise junge Mensch angenommen und in seiner Wesensart gewürdigt. Eltern sollten den Unabhängigkeitsdrang des 7er-Kindes als ein Zeichen seiner Intelligenz und inneren Reife betrachten. **Für Sie als Elternteil ist es daher ratsam, den Hang zur Selbstständigkeit Ihres Kindes zu fördern und Ihr Kind mit Klarheit und Empathie durch seine ersten Lebensjahre zu begleiten.** Vertrauen Sie darauf, dass Ihr Kind ein gutes Gespür dafür hat, was es braucht, was zu ihm passt und was ihm guttut. 7er-Kinder wissen intuitiv, was ihrem Naturell entspricht und welche Menschen richtige Freunde sind.

Die Interessen Ihres Kindes respektieren und ermutigen

Des Öfteren haben 7er-Kinder **besondere Interessen, die Sie als Eltern möglicherweise nicht mit ihnen teilen oder nicht nachvollziehen können**. In diesen Fällen ist es für Sie wesentlich, diese Interessen zu akzeptieren, ohne sie dem Kind sofort ausreden zu wollen. Um **eine gute Vertrauensbasis für die Zukunft,** vor allem für die schwierige Zeit der Pubertät, **zu schaffen,** sollte man einfühlsam auf das heranwachsende 7er-Kind eingehen. Zeigen Sie **Interesse für das, was Ihrem Nachwuchs gefällt und seine Neugier weckt**.

Sport und Natur als Wege zur Selbstentfaltung

7er-Persönlichkeiten sind sehr temperamentvolle Menschen, die viel Freiraum und kreative Gestaltungsmöglichkeiten benötigen. **Sportliche Betätigung sowie Zeit in der Natur helfen diesen Kindern, sich zu beruhigen und sich selbst gut zu spüren**. Dadurch kommen auch die Gedanken dieser lebendigen Wesen wieder zur Ruhe. Ermöglichen Sie es Ihrem Kind, **seine Kraft und Bedürfnisse auszuleben und dadurch seine Grenzen zu spüren und frei zu sein**. Darüber hinaus sollten Sie Ihrem Sprössling erlauben, unkonventionelle Wege zu gehen, und darauf vertrauen, dass ihn seine innere Weisheit auf den richtigen Pfad führen wird.

Berührungen und Zuneigung als Wege zur Förderung der Beziehungskompetenz

Diese Kinder neigen dazu, Gefühle und Situationen sogleich mithilfe ihres Verstandes zu ordnen und zu klären. **Sie versuchen, das vermeintliche Chaos in ihrer Gefühlswelt durch rationales Denken wieder in Ordnung zu bringen**. Dieser Charakterzug lässt diese Persönlichkeiten im Außen daher manchmal kühl erscheinen, auch weil sie ein eingeschränktes Bedürfnis nach körperlicher Nähe zeigen. **Trotzdem sollten Sie als Elternteil immer wieder auf Ihr 7er-Kind zugehen und ihm kontinuierliche Beziehungsangebote machen**. Dies eröffnet Ihrem Nachwuchs die **Möglichkeit, körperliche Berührungen, Liebe und Geborgenheit zu erfahren**. Sie können die Gefühlsentwicklung Ihrer heranwachsenden Kinder zusätzlich anregen, indem Sie Ihre Zuneigung ehrlich zum Ausdruck bringen und offen über Ihre Gefühle sprechen. Dadurch ist Ihr Kind motiviert, auch seine eigenen Gefühle preiszugeben.

Aktives Zuhören für eine gelingende Beziehung

Damit sich Kinder mit dieser Lebenszahl positiv entfalten können, benötigen sie Eltern an ihrer Seite, die ihnen **aktiv zuhören** und ihre Intelligenz sowie ihren unkonventionellen, einfallsreichen Geist wertschätzen. Nehmen Sie sich bewusst Zeit für Gespräche mit Ihrem Kind. Erfahren Sie mehr über seine Meinungen und Sichtweisen und **lassen Sie sich von der facettenreichen, scharfsinnigen Persönlichkeit Ihres Kindes überraschen**. Sie können bei Ihrem Kind auch nachfragen, wenn Sie selbst etwas nicht verstehen. Achten Sie außerdem darauf, **Ihr Kind in seiner unverkennbaren Besonderheit und Einzigartigkeit** anzuerkennen.

Beschreibung der Persönlichkeit in der Pubertät

Kinder mit der Lebenszahl 7 zeigen sich **im Prozess der Identitätsfindung eigenwillig und oftmals sogar exzentrisch**. In der wilden Zeit der Pubertät manifestiert sich ihr innovativer Geist und sie entdecken ihre hohen Ideale. **Als Eltern einer so vielfältigen Persönlichkeit sind Sie in dieser Lebensphase herausgefordert, jenseits Ihrer eigenen Vorstellungen zu blicken und unvoreingenommen auf Ihr Kind einzugehen.**

Mit hohen Idealen die Welt verbessern

Diese oft **gerechtigkeitsorientierten Jugendlichen** schlüpfen in der Pubertät gerne in die **Rolle des Weltverbesserers** und verfolgen häufig soziale Ziele, die dem Wohlergehen der Menschheit dienen. Sie engagieren sich im sozialen Bereich oder setzen sich für Umweltthemen, Freiheit und Gleichheit ein. Durch die Übernahme dieser Rolle verleihen sie **ihrem unabhängigen und freiheitsliebenden Geist Ausdruck**. Die Verwirklichung dieser Absicht bringt sie außerdem häufig mit Vereinen oder Gruppen in Verbindung, denen Umweltthemen oder gesellschaftliche Aspekte am Herzen liegen. Der Wunsch und das Bedürfnis dieser Jugendlichen, **Dinge zu verändern, Innovationen zu schaffen und ein**

Gegenpol zum Konventionellen zu sein, sollten unbedingt ernst genommen werden und sich im positiven Sinne entfalten können. Dadurch kann der 7er-Jugendliche vor allem im erwachsenen Alter, egal ob im privaten oder beruflichen Bereich, Anschluss an Gleichgesinnte finden.

7er-Jugendliche wollen ernst genommen werden

Diese Kinder brauchen trotz ihrer Eigenständigkeit **Eltern** auf ihrem Lebensweg, die nicht nur ihren Wissensdurst stillen. 7er-Persönlichkeiten benötigen Eltern, die **sie begleiten, ihnen in allen Lebensfragen zur Seite stehen und ihnen ein offenes Ohr schenken.** Haben diese jungen Menschen das Gefühl, dass ihre Interessen und Ideale **nicht verstanden oder ernst genommen** werden, so leben sie diese Aspekte in der Pubertät intensiv aus. Zudem schlüpfen sie in diesem Fall **ihrer Familie gegenüber in eine Rebellenrolle**.

Eltern sollten als vertrauenswürdige Vorbilder wirken

Oft sind **Jugendliche mit der Lebenszahl 7 enttäuscht und verletzt**, wenn sie erkennen, dass sich ihre **Eltern, Freunde oder andere Bezugspersonen** nicht authentisch geben oder **ihnen etwas vorspielen wollen**. Nicht selten kommt es dabei vor, dass sich diese Heranwachsenden zurückziehen, ohne über die erlebte Verletzung zu sprechen. Auf der Suche nach der eigenen Identität prüfen diese Jugendlichen ihr Umfeld sehr genau. **Sie suchen nach vertrauenswürdigen Vorbildern, die ihnen den Weg zu ihrer persönlichen Entfaltung weisen können**. In den meisten Fällen ist diese Suche aber vergeblich, da die Menschen in ihrer Umgebung, egal ob Gleichaltrige oder Erwachsene, ihren idealistischen Erwartungen und hohen Anforderungen nicht standhalten können.

Herausfordernde Charakterzüge in der Pubertät

7er-Jugendliche sehnen sich nach einer klaren Führung, die ihre Einzigartigkeit und ihr starkes Bedürfnis nach Rückzug und Ruhe erkennt. Wenn die Eltern die individuellen Bedürfnisse dieser Zahl berücksichtigen, gelingt es ihnen, **offene Gespräche zu führen und den Identitätsfindungsprozess dieser jungen Menschen optimal zu begleiten**. Die folgenden **Empfehlungen** helfen den Eltern dabei, diesen Ansprüchen gerecht zu werden:

Das eigene Naturell verschleiern

Pubertierende mit der Lebenszahl 7 gestalten die Suche nach ihrer Individualität auf eine sehr eigenständige Art und Weise. **Manchmal wirken sie aufgrund ihrer Selbstständigkeit und ihres Freiheitsbedürfnisses kühl, ja sogar ablehnend oder unnahbar.** Allerdings verstecken diese jungen Menschen ihre Sensibilität und das Bedürfnis nach Geborgenheit, Zugehörigkeit und Liebe lediglich deshalb, um ihre Freiheit und Unabhängigkeit zu bewahren. Sie neigen folglich dazu, der Regisseur ihrer Beziehungen sein zu wollen und diese zu lenken. Um sich zu öffnen, wollen 7er-Jugendliche das Gefühl verspüren, **selbst bestimmen zu können, wann sie Zuneigung bekommen** und wann sie wieder frei sein und sich entfernen können. Damit sie ihre Liebe zeigen und ihr Herz öffnen können, **brauchen diese Jugendlichen außerdem ein Gegenüber, das nicht beleidigt ist, wenn sie sich plötzlich ohne Begründung zurückziehen**. Dieser Aspekt stellt eine große Lernaufgabe für ihre Mitmenschen dar.

Distanziertheit als Schutz vor emotionalen Verletzungen

Eine weitere Herausforderung für die Eltern ist **die geringe Bereitschaft dieser Jugendlichen, sich an Verhaltens- und Lebensregeln anzupassen**. Dieser Aspekt ist allerdings nicht immer sofort ersichtlich. Er kommt jedoch zum Vorschein, wenn man auf diese Heranwachsenden Druck ausübt oder ihnen das Gefühl vermittelt, dass sie so, wie sie sind, nicht in Ordnung sind, oder ihnen nahelegt, sich anders zu verhalten. **Die Jugendlichen bewältigen diese Situation, indem sie sich von der Außenwelt isolieren und durch stillen Rückzug Widerstand leisten.** Zu problematischen Situationen kann es ebenso kommen, wenn die philosophische Natur dieser Lebenszahl von ihrem Umfeld nicht ernst genommen wird. **Diese Persönlichkeiten fühlen sich tief verletzt**, wenn ihr Bedürfnis danach, schon früh eine eigene Weltanschauung zu finden, ein eigenes Wertesystem zu entwickeln und sogar eine persönliche Form der Spiritualität zu entdecken, **vonseiten ihrer Mitmenschen keine Beachtung erfährt.** Auch in diesem Fall reagieren die 7er mit Rückzug und **geben ihre Gefühle sowie ihre Ideen nicht mehr preis**. Wenn diese Verletzung in der Pubertät auftritt, trägt die erwachsene Persönlichkeit diese auch im späteren Leben in sich. Durch ihre selbstständige Wesensart und ihren zukunftsorientierten Geist können diese Jugendlichen **für gewohnheitsliebende Menschen in ihrem Umfeld eine große Herausforderung darstellen**. Die scharfe Kritik und Ehrlichkeit der jungen 7er-Persönlichkeiten wirken für Erzieher und Freunde oftmals befremdend.

Förderungsmöglichkeiten in der Pubertät

In der Pubertät tendiert der 7er-Jugendliche dazu, **Freundschaften mit älteren Menschen zu schließen**. Er verbringt gerne Zeit mit Erwachsenen, zum Beispiel mit seinen Großeltern, denen er bereitwillig zuhört, wenn sie von ihrem Leben erzählen. **Diese Jugendlichen sind oft gute Beobachter**, die die Erwachsenen in ihrem Umfeld vielfach mit reifen und durchdachten Kommentaren überraschen. **Dieser Persönlichkeitstypus benötigt in seiner Kindheit, und besonders in der Pubertät,** wenn er die Frage nach der eigenen Identität zu klären versucht, **das Gefühl, ernst genommen zu werden**.

Den Freiheitsdrang unterstützen

Man kann diese Jugendlichen fördern, indem man ihnen **die Gelegenheit gibt, ihre Eigenständigkeit und ihr Freiheitsbedürfnis auszuleben.** Achten Sie beim Setzen von altersgerechten Grenzen darauf, dass diese jungen Persönlichkeiten **bereits sehr früh eine gewisse Reife an den Tag legen** und über eine besondere **innere Weisheit** verfügen, durch die sie gut auf sich selbst aufpassen können.

Den kritischen Geist annehmen

Um das Vertrauen und das Selbstwertgefühl der pubertierenden 7er-Kinder zu stärken, sollten Sie in Gesprächen wertschätzend auf Ihre Sprösslinge eingehen. Als Eltern oder Bezugsperson sollten Sie die gegensätzlichen Meinungen und besonderen Sichtweisen des 7er-Jugendlichen ernst nehmen und respektieren. In guten Gesprächen finden diese **logisch und rational denkenden Jugendlichen** eine Orientierung und beginnen, den Erwachsenen zu vertrauen. Auch **eine offene und ehrliche Haltung** fördert die Persönlichkeitsentwicklung dieser weisen jungen Menschen, die sich nach Vorbildern sehnen, die ihre Schwächen, Stärken und Wertehaltungen ungeschminkt zeigen.

Die soziale Ader fördern

Es ist wichtig, auf die sozialen sowie gesellschaftlichen Interessen dieser jungen Persönlichkeiten einzugehen. Als Eltern sollten Sie die **soziale Ader Ihres Kindes und seinen Wunsch, die Menschen verstehen und ihnen helfen zu wollen, respektieren, um seine Selbstsicherheit zu stärken.** Außerdem hilft dieses Verhalten der Eltern den Jugendlichen dabei, diesen Charakterzug auch selbst anzunehmen, wertzuschätzen und als Stärke zu betrachten. Dadurch kann Ihr Kind Vertrauen in sich selbst gewinnen und anerkennen, dass es so, wie es ist, vollkommen in Ordnung ist. Es ist essenziell, dem 7er-Jugendlichen diese Anerkennung seiner Charakterzüge in der Pubertät zu vermitteln, da **er ansonsten im Erwachsenenalter dazu neigt, sich zu verstellen und sich anzupassen**. Fördern Sie Ihr Kind in der Pubertät daher bewusst in seiner Meinungsbildung.

Mut als Schlüssel zur Selbstentfaltung

Unterstützen Sie Ihren Nachwuchs mit der Lebenszahl 7 dabei, zur eigenen Meinung zu stehen. Vermeiden Sie im Zuge dessen jedoch, Ihrem Sprössling Ihre persönliche Meinung aufzuzwingen. Achten Sie darauf, **dem jungen Erwachsenen eine offene Weltanschauung zu vermitteln**. Die pubertierenden 7er sollten unterschiedliche Erfahrungen sammeln dürfen, die ihren freien Geist und ihren Unabhängigkeitsdrang zur Entfaltung bringen. **Darüber hinaus sind Sie in der Eltern- oder Erzieherrolle dazu aufgefordert, an sich selbst zu arbeiten, sich selbst zu verändern und zu sich selbst ehrlich zu sein**. Nicht selten kommt es vor, dass die entwaffnende Offenheit Ihres 7er-Kindes Sie mit Ihren persönlichen Verhaltensmustern, Schwächen und Schattenseiten konfrontiert. **Bringen Sie den Mut auf, sich Ihren Kindern gegenüber offen zu zeigen und ihnen durch Ihre Vorbildwirkung Selbstachtung und Selbstakzeptanz vorzuleben.** Gerade Selbstachtung und Selbstakzeptanz sowie eine innere Sicherheit sind für diesen Persönlichkeitstypus essenziell, um Mut zu finden, sich für andere Menschen zu öffnen. Seien Sie sich dessen bewusst und behalten Sie stets im Hinterkopf, dass Sie für Ihr pubertierendes Kind eine wichtige Vorbildfunktion erfüllen.

Lebenszahl 8 – eine abenteuerliche und quirlige Persönlichkeit

In jedem Kind liegt eine wunderbare Tiefe.
Robert Schumann

Persönliche Beschreibung in der Kindheit bis zum zwölften Lebensjahr

Kinder mit der Lebenszahl 8 stecken voller Lebenskraft, Energie und Lebensfreude. **Ihre positive Einstellung und ihr stark ausgeprägtes Selbstvertrauen lassen sie ihre gesteckten Ziele beharrlich erreichen und ihr Umfeld erobern.** Ein selbstbewusstes Auftreten legen diese Kinder besonders dann an den Tag, wenn die Eltern in der Lage sind, ihre Persönlichkeit anzunehmen und ihre Entwicklung ausreichend zu fördern.

Sich in den Hintergrund zu stellen und sich in Bescheidenheit zu üben, zählt nicht zu den Stärken dieser Kinder. Diese jungen Persönlichkeiten ziehen es definitiv vor, im Mittelpunkt zu stehen, das Geschehen zu dominieren und Anführer einer Gruppe zu sein. Dadurch wirken 8er-Persönlichkeiten ihren Mitmenschen gegenüber sehr ichbezogen und dominant.

Ein herausforderndes Energiebündel

Das Kind mit der Lebenszahl 8 ist selten müde und sticht durch seine unerschöpfliche Kraft sowie seine natürliche Neugier hervor. **Dieser junge Mensch ist stets für neue Aktivitäten bereit und versucht schon im Kleinkindalter, alles richtig zu machen und Lob für seine Taten zu erhalten.** Wenn seine Erwartungen nicht erfüllt und seine Ziele nicht erreichen werden, wird dieses Kind sehr wütend und nimmt ungern die Hilfe anderer in Anspruch.

Die Erziehung dieser Energiebündel stellt für die Eltern und das Umfeld oft eine Herausforderung dar, da diese strahlenden und charismatischen Wesen in manchen Fällen einen starken Geltungsdrang besitzen.

Herausfordernde Charakterzüge in der Kindheit bis zum zwölften Lebensjahr

8er-Persönlichkeiten leben sehr selbstbestimmt und benötigen klare Grenzen sowie eine leicht verständliche und wertschätzende Art der Kommunikation. In der Erziehung wünschen sich diese Kinder eine starke Hand an ihrer Seite, die sie führt, ihnen aber trotzdem genügend Wahlfreiheiten lässt. Die Kenntnis der herausfordernden Persönlichkeitsmerkmale dieser Lebenszahl hilft Ihnen als Elternteil dabei, Ihren 8er-Nachwuchs liebevoll, wertschätzend und seinem Naturell entsprechend zu begleiten. Die folgende Beschreibung gibt Ihnen einen Einblick in die Charakterzüge dieser Kinder und zeigt Ihnen auf, wie Sie die Erziehung dieser lebendigen Kinder mit Gelassenheit meistern können.

Ichbezogenheit als Herausforderung

Kinder mit der Lebenszahl 8 teilen sich einige Charakterzüge mit der Sonne. Genau wie die Sonne möchten auch sie strahlen und dadurch Aufmerksamkeit, Bewunderung und Anerkennung erfahren. **Aufgrund ihrer natürlichen Autorität, ihrer angeborenen Ichbezogenheit und ihres ausgeprägten Selbstbewusstseins stellen sich diese Kinder gerne in den Vordergrund und stehen an der Spitze einer Gruppe.** Es sind besonders diese Qualitäten von 8er-Persönlichkeiten, die Sie als Eltern vor eine Herausforderung stellen. Denn es ist keine leichte Aufgabe, diesen dominanten und starken Persönlichkeiten in der Eltern- oder Erzieherrolle Grenzen aufzuzeigen.

Neigung zur Selbstdarstellung

8er-Kinder tendieren dazu, sich selbst in Szene zu setzen sowie ihre

unbändige Kraft und ihren Willen durchzusetzen. Allerdings ist **es wichtig**, dass die jungen 8er neben ihrem Drang, im Mittelpunkt zu stehen, auch **Toleranz, Respekt und Empathie für ihr Gegenüber entwickeln**. Dies kann durchaus gelingen, denn 8er-Kinder sind trotz ihres starken Charakters sehr liebevolle, großzügige und hilfsbereite Menschen.

Wahrnehmung durch Anpassung erlangen

Die zuvor beschriebenen Persönlichkeitsmerkmale entfaltet das Kind mit der Lebenszahl 8 jedoch nur, wenn es in der Kindheit von seinem Umfeld wertgeschätzt und akzeptiert wird. Andernfalls neigt diese Lebenszahl aufgrund ihres Mangels an Selbstwertgefühl dazu, unsicher zu sein, ihre Kraft und ihren starken Willen zu unterdrücken sowie in die Rolle des braven, angepassten Kindes zu schlüpfen. Innerhalb dieser Dynamik setzen die 8er-Kinder ihre Stärke, Intelligenz und schnelle Auffassungsgabe dafür ein, um ihrem Umfeld zu entsprechen und dazuzugehören. Auf diese Weise fühlen sie sich wahrgenommen, geliebt und bestätigt.

Förderungsmöglichkeiten in der Kindheit bis zum zwölften Lebensjahr

Eigenwillige, lebendige und selbstbestimmte Persönlichkeiten wie Kinder mit der Lebenszahl 8 benötigen in ihrer Kindheit eine klare und liebevolle Führung. Sie brauchen Eltern an ihrer Seite, die sich nicht scheuen, ihnen Grenzen zu setzen und „Nein“ zu sagen. **Für Sie als Eltern und Bezugspersonen ist es ein herausfordernder Balanceakt, den Willen und die Wünsche der 8er-Kinder zu respektieren und ihnen gleichzeitig nicht alles zu erlauben.** Die folgenden Empfehlungen wollen Sie dazu inspirieren, dieser nicht immer leichten Aufgabe zuversichtlich zu begegnen:

Das Bestätigungsbedürfnis stillen

Diese Kinder brauchen in ihrer Kindheit eine sichere Hand, die sie führt und sie dabei unterstützt, ihre soziale Verantwortung sowie ihre Intelligenz zu entwickeln. Man kann die persönliche Entfaltung dieser charismatischen und sensiblen Persönlichkeiten optimal fördern, indem man ihnen einerseits gewisse Grenzen als Orientierungshilfe setzt und andererseits ausreichend Raum für das Ausleben ihrer Freiheiten gibt. **Darüber hinaus haben diese Kinder stets das Verlangen, für das, was sie tun und schaffen, Bewunderung von außen zu bekommen. Nur so fühlen sie sich in ihrem Umfeld wohl und wahrgenommen.**

Klare Kommunikation als Unterstützung der Selbstentfaltung

Wenn 8er-Persönlichkeiten von Ihnen als Elternteil und vom sozialen Umfeld nicht anerkannt werden, fühlen sich diese Kinder in ihrem Stolz verletzt und sind beleidigt. Man kann diesen jungen Menschen aber durchaus beibringen, wie sie mit diesem Gefühl des Beleidigtseins konstruktiv umgehen können. **Sie als Eltern üben in diesen Situationen insbesondere dann eine Vorbildwirkung auf Ihr Kind aus, wenn Sie Ihrem 8er-Kind soziale Kompetenz, Toleranz und Respekt im Umgang mit anderen Menschen vermitteln.** Außerdem trägt eine liebevolle, ehrliche Kommunikation innerhalb der Familie enorm zur Entfaltung des Einfühlungsvermögens dieser jungen Persönlichkeiten bei.

Ein abwechslungsreiches Umfeld und Anerkennung unterstützen die Charakterstärke

Diese Kinder brauchen **ein abwechslungsreiches Umfeld, um ihre Einzigartigkeit und ihren einfallsreichen Geist entfalten zu können**. Sie benötigen Anerkennung und Zustimmung für ihre Wesensart und für das, was sie leisten. Wenn sie Geborgenheit erfahren, geben sich 8er-Persönlichkeiten offenherzig und sehr liebevoll. Ignoriert man diese Persönlichkeiten oder findet keine Zeit für sie, so reagieren sie tief verletzt und sehr wütend.

Selbstwahrnehmung: das Tor zu mehr Selbstbewusstsein

Kinder mit dieser Zahl sollten darin gefördert werden, ihr wahres Ich zu entfalten. Dies setzt voraus, dass sie ein stabiles Selbstwertgefühl besitzen und bereits in jungen Jahren gelernt haben, nicht von der Zuneigung und der Bestätigung von Dritten abhängig zu sein. Des Weiteren sollten diese Kinder dazu ermutigt werden, sich mit den eigenen Stärken und Schwächen auseinanderzusetzen. In der Rolle als Eltern oder Bezugspersonen sollten Sie Ihr heranwachsendes 8er-Kind darin **bestärken, sich selbst anzunehmen, die eigenen Stärken zu erkennen und persönliche Erfolge positiv zu würdigen**. Zudem sollten Sie Ihren Sprössling mit dieser Lebenszahl darin unterstützen, seine emotionale Intelligenz zu entwickeln.

Emotionales Selbstmanagement fördern

Diese Persönlichkeit macht in ihrer Entwicklung einen wichtigen Schritt nach vorne, wenn sie die Fähigkeit erlangt, die eigenen Gefühle ehrlich zu kommunizieren. Aus diesem Grund sollten die Erziehungsberechtigten ihr 8er-Kind stets dazu anregen, über sich zu sprechen und seine Emotionen zu zeigen.

Wie bereits vorhin kurz beschrieben, sind Kinder mit der Lebenszahl 8 temperamentvolle Wesen, die zu Wutausbrüchen und Tobsuchtsanfällen neigen, wenn es ihnen nicht gelingt, ihren Willen durchzusetzen. Bieten Sie diesen jungen Menschen einen sicheren Ort, an dem sie ihre intensiven Gefühle ausleben können und lernen, mit diesen Charakterzügen besser umzugehen. **Außerdem sollten Sie Ihren 8er-Kindern konkrete Möglichkeiten aufzeigen, wie sie ihre Wut auf eine konstruktive Weise ausdrücken und verarbeiten können.** Dies kann etwa durch Bewegung und körperliche Betätigung gelingen. Allerdings ist es gleichermaßen von Bedeutung, dass diese Kinder altersgerecht lernen, den Auslöser ihrer Wut zu erkennen, und dazu in der Lage sind, ihre Wut zu verbalisieren oder auf eine andere Art und Weise auszudrücken.

Spielen als Entfaltungsmöglichkeit

In der Kindheit sollten die Eltern von 8er-Kindern darauf achten, dass ihre Sprösslinge ihren Spieltrieb nicht vernachlässigen. **Im Leben dieser Kinder sollte es ausreichend Platz für Entspannung und Gelassenheit geben.** Auch sollten diese Kinder die Erfahrung machen, dass das menschliche Dasein genauso von Leichtigkeit erfüllt sein kann. Es ist essenziell, dass diese jungen Menschen erkennen, dass sich im Leben nicht immer alles um Disziplin und Anstrengung drehen muss.

Kinder mit dieser Lebenszahl lieben große Spielzeuge, Stofftiere und Bauklötzen, die miteinander kombiniert werden können. Letztere Art von Spielsachen erweist sich insbesondere für das Organisationstalent dieser Kinder als förderlich. Des Weiteren verkleiden sich diese Kinder gerne und haben häufig eine Vorliebe für Zauberutensilien, Mikrofone und alles, was zur Bühne dazugehört. Tanz-, Schauspiel- und Gesangsunterricht stellen wichtige Aktivitäten dar, um dem Naturell der 8er-Kinder einen positiven Ausdruck zu verleihen.

Diese überaktiven Kinder verfügen über eine herausragende Vitalität und Kraft. Wenn sie einmal krank werden, sind sie in der Regel schnell wieder auf den Beinen. Achten Sie in der Elternschaft aber darauf, dass diese Energiebündel genügend Ruhephasen bekommen und lernen, Pausen einzulegen.

Fantasie und Beharrlichkeit stärken

Diese Kinder können optimal gefördert werden, indem man ihnen **Märchen oder durch Fantasiereisen verschiedenste Impulse zur Anregung ihrer ausgeprägten Vorstellungskraft liefert.** Junge 8er-Kinder lieben es, Geschichten zu hören und zu erzählen, besonders dann, wenn sie dramatisch vorgetragen werden. Liefern Sie Ihrem Kind deshalb kreative Anregungen und zeigen Sie ihm auf, wie es sein Energiepotenzial konstruktiv kanalisieren kann. Dies gelingt Ihnen, indem Sie Ihr Kind dabei unterstützen, Beharrlichkeit und Durchhaltevermögen zu entwickeln. Durch den Einsatz von Spielen, die das Durchhaltevermögen ansprechen, können Sie Ihr Kind von klein auf bestmöglich fördern.

Beschreibung der Persönlichkeit in der Pubertät

Enorme Energie, Lebendigkeit, Selbstbestimmtheit und Charisma – all diese Eigenschaften zeichnen die 8er-Persönlichkeit in ihrer Jugend aus. Diese Lebenszahl zeigt bereits in jungen Jahren einen ausgeprägten, starken Willen.

Eine willensstarke Persönlichkeit

Persönlichkeiten mit der Lebenszahl 8 können sich durchsetzen und sind darauf bedacht, sich zu entfalten. **Um ihren eigenen Weg zu finden, wollen sie Unterschiedliches ausprobieren.** Schon früh beschäftigen sie sich mit der Suche nach dem richtigen beruflichen Weg und nach materiellem Erfolg. Sie möchten vor allem Prestige erlangen und eine Funktion für sich finden, in der sie selbstständig sein und einen sinnvollen Beitrag, vor allem zur Gesellschaft, leisten können.

Selbstbestimmt durchs Leben gehen

Diese spannenden Persönlichkeiten gehen mit Kraft und Selbstbestimmung an das Leben heran und stehen auch in der Pubertät gerne im Mittelpunkt. In der Phase des Erwachsenwerdens werden diese Jugendlichen mit ihrer starken Persönlichkeit und **ihrem ausgeprägten Bedürfnis konfrontiert, herauszufinden, wer sie sind und was ihren Lebensweg ausmacht.**

Machtvoller Unabhängigkeitsdrang

Die treibende Kraft hinter der Identitätsfindung dieser Persönlichkeiten ist ihr starker Drang nach Unabhängigkeit, Freiheit und Selbstständigkeit. In der Phase der Pubertät stellen sie sich der Autorität der Eltern und wollen eigenständig Entscheidungen treffen. Dabei kämpfen die heranwachsenden 8er-Persönlickeiten damit, Grenzen zu akzeptieren. Dies fällt den Jugendlichen besonders schwer, wenn ihnen Grenzen auf eine autoritäre Art und Weise aufgezeigt und ihnen keine vernünftigen Argumente für dieses Vorgehen genannt werden.

Herausfordernde Charakterzüge in der Pubertät

Jugendliche mit der Lebenszahl 8 erfahren und finden ihre eigene Identität, indem sie ihre persönlichen Grenzen austesten und die elterliche Autorität herausfordern. Diese starken Persönlichkeiten sind sehr davon überzeugt, sich selbst sehr gut zu kennen. In der Pubertät leben sie nicht selten im Glauben, zu wissen, was für sie richtig ist und wie sie ihre Vorhaben bewusst umsetzen können. Um die Suche nach der eigenen Identität dieser Jugendlichen liebevoll und klar zu begleiten, sollte man als Erzieher oder Elternteil auf die folgenden Persönlichkeitsaspekte Rücksicht nehmen, ohne dem 8er-Jugendlichen seinen rebellischen Geist zu nehmen:

Machtvoller Drang nach Eigenständigkeit

Die Lebenskraft dieser heranwachsenden Menschen lässt sie ihren Identitätsfindungsprozess auf eine sehr selbstständige und teilweise eigensinnige Art und Weise gestalten. **Die 8er neigen in diesem herausfordernden Lebensalter dazu, ständig recht haben zu wollen und natürliche Kritik in den falschen Hals zu bekommen.** Allerdings gelingt es ihnen nach einem Streit oder einer energischen Auseinandersetzung ebenso, nicht immer ihre Wut rasch loszulassen und sich wieder auf das Hier und Jetzt zu fokussieren. Nur selten geben sich diese lebendigen Charaktere nachtragend. Sie sind zudem sehr kommunikativ und tendieren schon als Pubertierende dazu, ihren Altersgenossen ihr natürliches Charisma offen zu zeigen.

Angeberisches Verlangen nach einer Position im Mittelpunkt

In einer Gruppe neigen diese Pubertierenden meistens dazu, in die Rolle des Anführers zu schlüpfen. In manchen Fällen gehen die 8er-Jugendlichen auch gerne dazu über, ihr natürliches Charisma in einer dominanten Rolle auszunutzen und zeitweise übermütig zu wirken. Auf diese Art und Weise entwickeln sie ihr Führungspotenzial und ihre Fähigkeit, Gruppen zu leiten.

Durch Meinungsverschiedenheiten und Auseinandersetzungen mit Gleichaltrigen lernen diese quirligen Charaktere, Rücksicht auf ihr Gegenüber zu nehmen. Darüber hinaus sollten die jungen 8er-Persönlichkeiten daran arbeiten, ihr Selbstwertgefühl auf einem realistischen Selbstbild aufzubauen und sich nicht von der Bewunderung und Bestätigung anderer abhängig zu machen. Dies ist insbesondere deswegen wichtig, da sie dazu tendieren, eine gewisse Faszination auf ihre Altersgenossen auszuüben. Häufig gelingt es diesen Jugendlichen, ihr Umfeld durch ihre natürliche Freude und Lebendigkeit sowie durch ihre zumeist gute und frohe Stimmungslage mitzureißen.

Förderungsmöglichkeiten in der Pubertät

Diese eigenwilligen und zugleich sensiblen heranwachsenden Persönlichkeiten kann man optimal und auf vielfältige Weise in ihrer persönlichen Entwicklung fördern. Die folgenden Möglichkeiten wollen Sie dabei unterstützen, einfühlsam und rücksichtsvoll auf Ihren Nachwuchs einzugehen:

Empathie und Beziehungskompetenz fördern

Aufgrund ihrer selbstzentrierten Persönlichkeitsstruktur neigen Jugendliche mit der Lebenszahl 8 dazu, sehr auf sich selbst, die eigenen Bedürfnisse und die persönliche Selbstverwirklichung fokussiert zu sein. Dieser Charakterzug ist die Ursache für eine gewisse Ichbezogenheit, die die Entwicklung des Einfühlungsvermögens dieser jungen Menschen einschränkt. **Durch die Vorbildwirkung der Eltern, vor allem wenn diese es schaffen, eine empathische Beziehung zu ihrem Nachwuchs aufzubauen, können diese Kinder auch selbst ihre Empathiefähigkeit ausreichend entwickeln und ihre Beziehungskompetenz verbessern.** Dieser letzte Aspekt ist ein entscheidender Faktor für ein erfülltes Leben im Erwachsenenalter. Entwickeln diese Jugendlichen im Erwachsenenalter eine übertriebene Ichbezogenheit, so tendieren sie dazu, berufliche sowie private Beziehungen zu führen, die von einem intensiven Konkurrenzdenken bestimmt sind. In vielen Fällen pflegen sie deshalb in ihrer Jugend und im Erwachsenenalter Beziehungen und Freundschaften, in denen sie sich ständig unter Druck setzen und um jeden Preis die besten und erfolgreichsten sein wollen.

Liebevolle Zuwendung und Wertschätzung von Mitmenschen bekommen

Erfährt der 8er-Jugendliche vonseiten der Eltern liebevolle Zuwendung und achtsame Präsenz, so gelingt es ihm im Gegenzug, diese Charaktereigenschaften, die eigentlich seinem Naturell entsprechen, auch bei sich selbst zu finden und zu entfalten. **Für Sie als Erziehungsberechtigte ist es daher wichtig, sich darüber Gedanken zu machen, inwieweit Sie Ihrem heranwachsenden Kind mit der Lebenszahl 8 Empathie und Verständnis entgegenbringen.** Entscheiden Sie nach eigenem Ermessen, inwiefern es zielführend ist, Ihren Nachwuchs unter Druck zu setzen, um ihn zu besseren Leistungen anzuspornen und dazu anzutreiben, dass er sich in seinem Umfeld profiliert. Reflektieren Sie im Zuge dessen auch ausreichend darüber, inwieweit Sie Ihren Kindern Einfühlungsvermögen vorleben und Empathie auch in Ihren eigenen beruflichen sowie privaten Beziehungen zulassen.

Entfaltung einer empathischen Kommunikation und ein richtiges Austragen von Konflikten

Aufgrund ihrer Überzeugung, selbst genau zu wissen, wie sie sind und was sie wollen, gestalten die jungen 8er-Persönlichkeiten die Beziehung zu ihren Eltern in der Pubertät auf eine rebellische und konfliktreiche Art und Weise. **Für die Entfaltung ihrer Persönlichkeit und ihres persönlichen Wachstums ist es daher von großer Bedeutung, dass sie die Möglichkeit bekommen zu lernen, Konflikte respektvoll und wertschätzend zu lösen.**

Dieser letzte Aspekt stellt für Sie als Eltern dieser Jugendlichen eine herausfordernde Aufgabe dar. Versuchen Sie, den heranwachsenden 8ern eine konstruktive Streitkultur vorzuleben, denn so üben Sie eine optimale Vorbildwirkung auf Ihren Nachwuchs mit dieser Lebenszahl aus. In diesem familiären Rahmen fällt es diesen Persönlichkeiten leicht, einen positiven sowie konstruktiven Zugang zu Konflikt- und Streitsituationen zu entwickeln.

Mit dem Aggressionspotenzial konstruktiv umgehen lernen

Einer der häufigsten Faktoren, der diese jungen Menschen zum Glühen bringt, ist die Tatsache und das Gefühl, nicht ernst genommen zu werden. **Dahingehend ist es für diese Lebenszahl wesentlich zu lernen, Rücksicht auf ihre Mitmenschen zu nehmen sowie Kontrolle über ihre natürliche Dominanz und ihr Aggressionspotenzial in Konfliktsituationen zu erlangen.** Achten Sie darauf, eine Kultur des Dialoges, der wertschätzenden Kommunikation und des ruhigen Austausches über Meinungen und Gefühle innerhalb der Familie zu pflegen. Dies stellt die beste Methode dar, um dem resoluten und pubertierenden 8er-Jugendlichen den Weg zu einer konstruktiven Kommunikation und Streitkultur aufzuzeigen.

Machtvoller Drang nach Selbstverwirklichung

8er-Kinder wollen und sollen sogar auf ihrem Lebensweg lernen, sich selbst durch Handlungskraft und Durchsetzungsvermögen zu verwirklichen, um ihre eigenen Visionen, Wünsche und Bedürfnisse in die Tat umzusetzen. **Die Selbstüberzeugung ist das wichtigste Persönlichkeitsmerkmal, das diese Jugendlichen in der Pubertät auszeichnet.** Zudem besitzen diese Charaktere eine enorme Lebenskraft und scheinen von früh bis spät, unermüdlich aktiv zu sein. Im Prozess ihrer Identitätsfindung werden sie von einem starken, tief greifenden Bedürfnis und dem Drang geleitet, sich selbst zu verwirklichen.

Den Selbstverwirklichungsdrang mit klaren Grenzen unterstützen

Die Eltern und Begleitpersonen von Jugendlichen mit der Lebenszahl 8 stehen vor einer großen Herausforderung: Auf der einen Seite sollten Sie Ihren Kindern genügend Freiraum zur persönlichen Entfaltung lassen und ohne Widerstand oder Auseinandersetzungen auf Ihren Nachwuchs eingehen. Im Zuge dessen sollten Sie auch lernen, mit dem rebellischen und starken Charakter dieses Persönlichkeitstypus umzugehen. Auf der anderen Seite ist es wesentlich, dass Sie als Elternteil den 8er-Jugendlichen in der Pubertät klar signalisieren, dass Sie stark und präsent sind und für die Jugendlichen eine Autoritätsperson darstellen. **Sie können die heranwachsenden Jugendlichen mit dieser Lebenszahl insbesondere dann gut anleiten, wenn diese nicht an Ihrer Autorität zweifeln und das Gefühl haben, dass es klare Grenzen gibt, die sie nicht verändern können.**

Lebenszahl 9 – eine empfindsame und schöpferische Persönlichkeit

Sind die Kinder klein, müssen wir ihnen helfen,
Wurzeln zu fassen.
Sind sie aber groß geworden,
müssen wir ihnen Flügel schenken.
Aus Indien

Persönliche Beschreibung in der Kindheit bis zum zwölften Lebensjahr

Kinder mit der Lebenszahl 9 sind in ihrem Innersten sensible, empathische und fantasievolle Wesen, die zeitweise verträumt wirken, weil sie sich oftmals in die Tiefe ihrer inneren Welt zurückziehen.

Ein sensibles Wahrnehmungsvermögen

Als Säugling und Kleinkind verspüren diese feinfühligen jungen Menschen jede Unstimmigkeit oder belastende Stimmung in ihrem Umfeld. Unangenehme oder unausgesprochene Gefühle nehmen sie sofort wahr. 9er-Kinder sind somit von klein auf das Sprachrohr für das, was unterschwellig in der Luft liegt oder unausgedrückt bleibt. Schon in frühen Kindheitstagen, wenn sie ihre Gefühle noch nicht ausreichend verbalisieren können, bringen sie ihr Unwohlsein und ihre Empfindungen durch Weinen zum Ausdruck.

Kinder mit der Lebenszahl 9 sind also sehr mitfühlende Wesen, die auf ihr Umfeld sanft und offenherzig wirken. Diese Eigenschaften machen sie bei ihren Mitmenschen sehr beliebt. Fast immer sind sie von zahlreichen Freunden unterschiedlichen Alters umgeben, die die soziale Beziehungskompetenz dieser jungen Menschen zu schätzen wissen.

Eine fantasievolle und schöpferische innere Welt

9er-Persönlichkeiten sind sehr fantasievolle Wesen, die sich manchmal in ihre eigene Fantasiewelt flüchten, um sich der Realität zu entziehen. Vor allem versuchen diese Charaktere, jenen Aspekten der Realität zu entkommen, die ihre Sensibilität belasten. Dieses Verhaltensmuster spiegelt sich auch in den Träumen dieser jungen Menschen wider: 9er-Kinder verarbeiten im Schlaf alles, was ihre Sensibilität tagsüber überfordert. Aus diesem Grund wachen sie nachts oft auf, träumen von den Ereignissen des Tages und haben das Gefühl, dass sich Zauberer oder gar Monster in ihrem Kinderzimmer verstecken.

Ihre reiche Fantasie können diese jungen Menschen besonders dann frei entwickeln, wenn ihnen Raum und Zeit gegeben wird, um ihre Geschichten zu erzählen und von ihren Wahrnehmungen, Erlebnissen und Abenteuern in ihrer Fantasiewelt zu berichten. 9er-Kinder benötigen zum persönlichen Wachstum eine Umgebung, in der sie ihre ausgeprägte Vorstellungskraft frei entfalten können. Ihr Hang zum Spielen und zur Inszenierung ihrer blühenden Fantasie sollte von den Eltern unterstützt werden. Auf dieser Basis gelingt es den Eltern zugleich, die

Sensibilität dieser Kinder nachzuvollziehen und eine gute Grundlage für einen tiefgehenden Dialog und eine stabile Beziehung zum Kind zu schaffen.

Einfühlungsvermögen und Unterstützermentalität
9er-Kinder fallen schon in früher Kindheit durch ihre angeborene soziale Ader und ihre stark ausgeprägte Unterstützermentalität auf. Aufgrund ihrer Sensibilität sind diese Heranwachsenden in der Lage, den Gefühlszustand sowie die unterschiedlichen Beweggründe für das Handeln ihres Gegenübers zu erfassen. Im Kindergarten sowie in der Schule unterstützen diese Kinder ihre Mitschüler bei Schwierigkeiten und tragen dazu bei, dass in Gruppenkonstellationen Harmonie herrscht. Auch im Jugend- und Erwachsenenalter fällt es ihnen leicht, andere Menschen zu verstehen und benachteiligte Kollegen zu unterstützen. Wird es diesen Kindern ermöglicht, ihre sozialen Fähigkeiten zu entwickeln, wird ihnen später im beruflichen Kontext große Wertschätzung zuteil.

Herausfordernde Charakterzüge in der Kindheit bis zum zwölften Lebensjahr

Kinder mit der Lebenszahl 9 sind sensible und harmoniebedürftige Persönlichkeiten. In der Erziehung und Begleitung dieser Kinder auf die folgenden Charaktereigenschaften Rücksicht zu nehmen, hilft diesen Heranwachsenden dabei, ihre Talente zu entwickeln und das breite Spektrum ihrer Persönlichkeit zu entfalten:

Blockierung des Selbstbewusstseins durch eine enorme Anpassungsfähigkeit
Von klein auf sind junge 9er-Persönlichkeiten in der Lage, sich örtlichen und sozialen Gegebenheiten anzupassen. Problematisch kann es jedoch werden, wenn 9er-Kinder ihre Anpassungsfähigkeit auf extreme

Weise ausleben. In diesem Fall neigen sie dazu, wenig Eigeninitiative zu entwickeln, und schaffen es nicht, selbstbewusst Entscheidung zu treffen und diese durchzusetzen. **Sie kämpfen damit, „Nein“ zu sagen, und tendieren dazu, in unbehaglichen Situationen zu verharren.** Dadurch verlieren sie den Mut und die Kraft, zu sich und zu ihren Bedürfnissen zu stehen und sich von Belastungen zu befreien.

Die Erwartungen anderer erfüllen wollen

Schon als Säuglinge und im Kleinkindalter fühlen diese Menschen jede Unruhe, Unstimmigkeit und belastende Atmosphäre in ihrem Umfeld. Vernehmen sie etwaige Spannungen, so drücken sie diese meist durch einen unruhigen und angespannten emotionalen Zustand aus. Zudem erlaubt ihnen ihre ausgeprägte Empathie zu spüren, was ihre Eltern und Bezugspersonen von ihnen erwarten. **Nachdem die jungen 9er sehr folgsam sind, bemühen sie sich in weiterer Folge auch, diesen Erwartungen gerecht zu werden.**

Ängstlichkeit und Vorsicht

9er-Kinder sind oft sehr ängstlich, sehnen sich nach tiefer Geborgenheit und benötigen eine liebevolle Annahme, um Selbstsicherheit und Selbstbewusstsein zu entwickeln. Häufig ziehen sie es bereits von klein auf vor, ihren Mitmenschen keine Unannehmlichkeiten zu bereiten. Sie nehmen in dieser Verhaltensdynamik eine Warteposition im Hintergrund ein und verharren so lange in dieser, bis man auf sie eingeht. Wenn diese sensiblen Persönlichkeiten von den Eltern hingegen bewusst angenommen werden und ihre Sensibilität als Charakterstärke akzeptiert wird, gelingt es den 9er-Kindern, eine ausgeprägte Selbstsicherheit zu entwickeln.

Diese fantasievollen und einfühlsamen Kinder können sich dank ihrer natürlichen Neugierde aber auch mutig und kraftvoll geben. 9er-Kinder weisen somit einen vielfältigen Charakter auf, wodurch es sich manchmal als herausfordernd erweist, diese Menschen auf dem Weg des Erwachsenwerdens zu begleiten. Zu den markantesten Wesensmerkmalen dieser Lebenszahl zählen jedenfalls ihre Sensibilität und ihre philosophische Natur. 9er-Persönlichkeiten besitzen sowohl die Gabe, die Gefühle ihrer Mitmenschen wahrzunehmen, als auch die einzigartige Fähigkeit, spirituelle Prinzipien zu erfassen.

Ein starkes Harmoniebedürfnis

Diese zartfühlenden und hochsensiblen Kinder sind wie ein emotionaler Parameter ihres Umfeldes. Sie verinnerlichen die belastenden Gefühle, unerledigten Konflikte und unausgesprochenen Emotionen oder emotionalen Schmerzen ihrer Umgebung. Aufgrund dieser Eigenschaft neigen sie häufig dazu, nicht unterscheiden zu können, was sie selbst fühlen und welche Gefühle sie von anderen übernehmen. Dieser Charakterzug der 9er-Kinder stellt für Sie als Eltern eine besondere Herausforderung dar. **Nicht selten lässt sich etwa beobachten, dass das wechselhafte Gemüt dieser Lebenszahl Eltern verunsichert oder Eltern das Gefühl gibt, ihrem Nachwuchs nicht helfen zu können.** Oftmals kommen sich die Eltern dieser Heranwachsenden auch etwas ratlos vor, wenn sie nach den Gründen für die innere Unruhe und Unausgeglichenheit ihrer 9er-Kinder suchen. Daher ist es für Sie in der Elternschaft bei diesen Kindern wichtig, auch selbst empfindsame Antennen zu entwickeln. Auf diese Weise können Sie besser verstehen, warum Ihr Kind plötzlich und unerwartet aus einer positiven Stimmung in einen belastenden und traurigen Gefühlszustand wechselt. Andernfalls kann Ihre eigene Ratlosigkeit die innere Anspannung Ihres Kindes noch zusätzlich verstärken. Versuchen Sie also, die hohe Sensibilität Ihres Nachwuchses mit der Lebenszahl 9 ernst zu nehmen und zu akzeptieren. Dadurch gelingt es Ihrem Kind, diese Charaktereigenschaft gelassen und ohne Furcht zuzulassen und als inneren Reichtum zu betrachten.

Förderungsmöglichkeiten in der Kindheit bis zum zwölften Lebensjahr

Die Berücksichtigung der folgenden Persönlichkeitsaspekte unterstützt Sie als Eltern von Kindern mit der Lebenszahl 9 dabei, das Abenteuer der Erziehung dieser besonderen und feinfühligen Charaktere mit mehr Gelassenheit zu bewältigen:

Die Vielfalt kreativer Talente unterstützen
Eltern und Erziehungsberechtigte sollten die Entwicklung dieser sensiblen Kinder fördern, indem sie es ihnen ermöglichen, ihre kreativen Talente auf vielfältige Art und Weise auszuleben. **Malen, Basteln, Töpfern oder Kunsthandwerk stellen beispielsweise Aktivitäten dar, die die schöpferische Seite dieser jungen Menschen anregen.** Auch das Schauspielen kann den 9er-Kindern dabei helfen, sich ihrer vielseitigen Persönlichkeit bewusst zu werden und diese in all ihren Facetten zu entfalten. Außerdem wirkt sich die Förderung kreativer Talente positiv auf das Selbstbewusstsein und die Selbstsicherheit dieser Kinder aus.

Auf die Fantasiewelt und Neugier des Kindes eingehen
In der Kindheit ist diese Lebenszahl ausgesprochen sensibel und liebevoll und benötigt viel Zuneigung und Unterstützung. Diesem Kind bereiten vor allem Märchen und Geschichten, die es gerne selbst erzählt oder in der Rolle des Zuhörers aufnimmt, große Freude. **Außerdem ist es für diese Lebenszahl charakteristisch, dass sie eine enge Verbindung zu älteren Familienmitgliedern braucht.** Obwohl dieser junge Mensch möglichst viel über seine Familie erfahren möchte, liebt er nicht nur Familiengeschichten, sondern will allgemein viel von der Welt wissen. Aus diesem Grund ist es für Eltern und Lehrer von 9er-Persönlichkeiten empfehlenswert, viel Zeit mit diesen Kindern zu verbringen und sie im Ausdruck ihrer Fantasie zu unterstützen. Darüber hinaus könnte es zu der Situation kommen, dass sich dieses Kind intensiv damit beschäftigt, Geschichten zu erfinden und sich währenddessen zurückzieht oder so-

gar ein wenig isoliert. **Dabei ist es wesentlich, die Fantasie des Kindes laufend zu fördern und es zeitgleich dazu zu motivieren, sich nach außen hin zu öffnen und seiner Umwelt mitzuteilen, was es fühlt und wahrnimmt.**

Eine ehrliche Kommunikation unterstützt das seelische Wohlbefinden
9er-Kinder tendieren dazu, sehr empathisch zu handeln und alles zu fühlen, was in der Familie passiert, vor allem, wenn es um unausgesprochene Konflikte und familieninterne Spannungen geht. **Sie zeigen Konflikte offen auf und demonstrieren durch das, was sie sagen und wie sie die Dinge zum Ausdruck bringen, die Notwendigkeit, über die im Raum stehenden Probleme zu sprechen.** Je intensiver man versucht, diese Spannungen zu verstecken, desto stärker thematisieren 9er-Kinder diese Belastungen. Wenn Sie als Erwachsener ein Kind mit dieser Lebenszahl begleiten, ist es daher ratsam, eine gefühlsmäßige Klärung durchzuführen und sich bewusst um die emotionale Gesundheit der Familie zu kümmern.

Beschreibung der Persönlichkeit in der Pubertät

In der Pubertät zeigt sich der Jugendliche mit der Lebenszahl 9 sensibel und einfühlsam und besitzt eine ausgeprägte Sozialkompetenz. Diese heranwachsende Menschen sind weise und besitzen eine gute Bebachtungsgabe.

Vielfalt in Beziehungen
9er-Persönlichkeiten neigen in der Pubertät sehr stark dazu, Altersgenossen zu unterstützen und ihnen helfen zu wollen. Sie sind sehr hilfsbereit und lassen ihre Mitmenschen nicht im Stich. In engen Beziehungen zu Freunden, die öfters auch älter als sie selbst sind, finden diese Menschen eine Art zweite Familie.
Grundsätzlich zeigen sich in dieser Phase des Heranwachsens zwei

unterschiedliche Tendenzen bei dieser Lebenszahl: Einerseits gehen diese Jugendlichen Freundschaften mit älteren Personen ein, mit denen sie sich über die tiefere Bedeutung des Lebens austauschen können. Bisweilen sind ältere Menschen fasziniert von der Weisheit dieser philosophisch interessierten Jugendlichen. Andererseits gehen diese Pubertierenden Bindungen zu Altersgenossen und jüngeren Menschen ein, denen gegenüber sie sich innerlich verpflichtet fühlen und ihnen deshalb Unterstützung zukommen lassen.
Eltern sollten den Jugendlichen mit der Lebenszahl 9 in dieser Lebensphase deutlich machen, dass sie auch an sich selbst denken müssen und Abgrenzung sehr wichtig ist. Die heranwachsenden 9er-Jugendlichen sollten daran erinnert werden, sich nicht ausnutzen zu lassen und nicht immer nur zu geben, sondern auch etwas von ihren Mitmenschen zurückzubekommen. Außerdem sollten die pubertierenden 9er lernen, ihre eigenen Bedürfnisse zu erkennen und ehrlich zu äußern.

Rätselhafte Persönlichkeit

9er-Jugendliche erscheinen ihren Altersgenossen oftmals rätselhaft. Sie lassen von dem, was sie in ihrem Inneren bewegt, kaum etwas nach außen dringen. Wenn sie enttäuscht werden, gehen sie leicht schüchtern und ein wenig misstrauisch in eine Schutzhaltung. Sie spüren nun die Gefahr, die sie umgibt, und sind auf der Hut vor erneuten emotionalen Verletzungen. Konkret befürchten sie, dass ihre Gutmütigkeit und ihr Vertrauen ein weiteres Mal enttäuscht werden könnten.
Aufgrund dieses Verhaltensmusters **sind diese Charaktere für Außenstehende in der Tiefe häufig schwer zu ergründen. Nach außen hin wirken 9er-Persönlichkeiten trotz ihrer Warmherzigkeit zumeist sehr verschlossen.** Tritt man den Pubertierenden mit dieser Lebenszahl einmal zu nahe, ziehen sie sich zurück, um sich zu schützen. Es lassen sich aber ebenso andere Reaktionsmuster beobachten: Wenn diese jungen Menschen etwa spüren, dass ihr Gegenüber keinen Druck auf sie ausüben will und sich ihnen aus ehrlichem Interesse annähert, so öffnen sie diesen Personen bereitwillig das Tor zu ihrer inneren Seelenwelt.

Beliebt oder zurückgezogen

Diese Lebenszahl wird von zwei unterschiedlichen Tendenzen geprägt, die mit der Entwicklung ihrer Persönlichkeit in der Kindheit zusammenhängen: **Einerseits können Menschen mit dieser Lebenszahl sehr beliebt sein, auf andere charismatisch wirken und tiefe Freundschaften sowie stabile Beziehungen** zu Eltern und Altersgenossen eingehen. **Andererseits können 9er-Persönlichkeiten auch sehr zurückgezogen und in ihrer eigenen Welt leben**. Sie können sehr unsicher wirken und aus der Angst heraus, abgelehnt zu werden, nur wenige Vertrauenspersonen um sich haben.

Herausfordernde Charakterzüge in der Pubertät

Rücksicht auf die folgenden Aspekte zu nehmen, hilft Ihnen als Elternteil oder Bezugsperson dabei, die Aufgabe der Erziehung dieser außergewöhnlichen und feinfühligen Lebenszahl bewusst und achtsam zu leben:

Verwirrt auf dem Weg zur eigenen Identität

Jugendliche mit der Lebenszahl 9 erleben eine tiefe Sehnsucht nach dem Erwachsenwerden. Sie wollen über sich selbst bestimmen und ihre eigenen Entscheidungen treffen. Zugleich verspüren diese jungen Menschen in der Pubertät aber ebenso das Bedürfnis und die Sehnsucht, ihre Kindheit und Fantasie weiter auszuleben. **Die heranwachsenden 9er-Kinder sehnen sich danach, die Geborgenheit ihrer inneren Fantasiewelt ins Erwachsenenalter mitzunehmen.** Diese zwei entgegengesetzten Pole ihrer Persönlichkeit verursachen bei Pubertierenden mit dieser Zahl oft eine tiefe Unzufriedenheit. Die jungen 9er verspüren in dieser turbulenten Lebensphase das Gefühl, die Kontrolle über sich selbst zu verlieren und sich selbst nicht richtig zu kennen.

Zudem erzeugt diese innere Zerrissenheit in diesen Jugendlichen ein Gefühl der Unsicherheit. Dieses Unsicherheitsgefühl nährt den bereits bestehenden inneren Konflikt noch zusätzlich. In den meisten Fällen ist es jedoch so, dass einer der zuvor beschriebenen Charakterzüge stärker gelebt wird, um diese innere Spannung zu bewältigen. **Somit entwickeln sich die jungen 9er entweder zu ernsten und weisen Erwachsenen oder zu verträumten und unsicheren Persönlichkeiten.** Insbesondere dann, wenn diese Jugendlichen in ihrem familiären Umfeld und in ihrem Freundeskreis das Gefühl haben, nicht akzeptiert zu werden, neigen sie dazu, sich in ihre Fantasiewelt zu flüchten. Sie kapseln sich von ihren Mitmenschen ab und weisen die Tendenz auf, fortan die Rolle des Zuschauers in ihrem Leben zu übernehmen.

Zurückhaltung dem Umfeld gegenüber

9er-Kinder entfalten in der Pubertät ihre gute Intuition. Die Entwicklung dieser Eigenschaft befähigt die heranwachsenden 9er dazu, hinter die Kulissen zu blicken und die Beweggründe für die in ihrem Umfeld stattfindenden Handlungen zu erkennen. Ihrer Pflichten und Verantwortung sind sich diese Jugendlichen stets bewusst. Allerdings führt ihr angeborenes Verantwortungs- und Pflichtbewusstsein oftmals auch dazu, dass sie es manchmal übertreiben, also zu viel Verantwortung auch sich nehmen. Diese jungen Persönlichkeiten nehmen aktiv Anteil am Leben ihrer Freunde, sorgen sich um sie und sind für sie oftmals wichtige Bezugspersonen. 9er-Jugendliche fühlen sich häufig für ihre Freunde verantwortlich und schlüpfen in die Rolle eines Mentors. **Darüber hinaus weisen diese Jugendlichen die Tendenz auf, sich in eine Beobachterrolle zu begeben und sich ihrem Umfeld anzupassen.** Insbesondere vergessen heranwachsende 9er-Persönlichkeiten in der Pubertät auf die eigene Individualität, da sie ihre Mitmenschen unterstützen und ihnen dabei helfen wollen, ihre Probleme zu lösen.

Forschergeist und grenzenlose Hilfsbereitschaft

Jugendliche mit der Lebenszahl 9 sind sehr wissbegierig und besitzen einen natürlichen Forschungsdrang. Sie wollen das menschliche Verhalten und die Beweggründe für das Handeln ihres Gegenübers verstehen, durchleuchten und erfassen. Um dies zu tun, ziehen sich diese jungen Forschernaturen häufig in eine Beobachterrolle zurück. Allerdings fühlen sie sich in der Pubertät nicht selten zwischen ihrem Drang danach, andere zu verstehen, und ihrem Bedürfnis, anderen helfen zu wollen, hin- und hergerissen. Das Meistern dieses Balanceaktes wird zusätzlich dadurch erschwert, dass sie aufgrund ihrer Gutmütigkeit dazu neigen, von ihrem Umfeld ausgenutzt zu werden. **Da sie diese Erfahrung des Ausgenutztwerdens nicht wiederholt erleben wollen, streben sie danach, sich selbst zu schützen und sich selbst gewisse Grenzen zu setzen. 9er-Jugendliche pendeln somit zwischen ihrem Bedürfnis nach Abgrenzung und innerer Ruhe, dem Stillen ihrer eigenen Bedürfnisse und dem Ausleben ihrer angeborenen Hilfsbereitschaft hin und her.** Für diese Persönlichkeiten ist es daher ein wichtiger Entwicklungsschritt zu lernen, ihren Forschergeist in gesunden Grenzen zu halten und ihre Gutmütigkeit nicht ausnutzen zu lassen.

Romantische Liebe und Schüchternheit

Diese gefühlsbetonten Menschen sehnen sich in ihrer Jugend nach romantischen Liebeserfahrungen, wobei sie potenziellen Partnern gegenüber teilweise unrealistische Erwartungen haben. Zu Beginn einer Beziehung verhalten sie sich eher unsicher und unentschlossen und wissen nicht wirklich, wie sie die ersten Schritte setzen sollten. Lockere Flirts und Annährungen sind für sie jedenfalls leichter einzugehen als tiefgehende Bindungen, weil letztere ihre Angst schüren, verletzt zu werden. Verliebt sich der 9er-Jugendliche tatsächlich, dann idealisiert er den Partner häufig und himmelt ihn an. Dahingehend sollten Jugendliche mit der Lebenszahl 9 lernen, auf sich selbst zu achten und die eigenen Bedürfnisse wahrzunehmen. Dadurch gelingt es ihnen, eine ebenbürtige Bindung einzugehen.

Förderungsmöglichkeiten in der Pubertät

Kinder mit der Lebenszahl 9 benötigen in der Phase des Erwachsenwerdens eine achtsame, verständnisvolle und liebevolle Begleitung, um ihre sensible Natur und ihre vielfältigen Talente entfalten zu können. Die Empfehlungen auf den nächsten Seiten helfen Ihnen in der Eltern- und Erzieherrolle dabei, Ihre 9er-Kinder bestmöglich dabei zu unterstützen, Sensibilität und Charakterstärke zu entwickeln:

Ein gesunder Egoismus als Schlüssel zur Persönlichkeitsentfaltung
Jugendliche mit der Lebenszahl 9 sind sehr sensibel und verhalten sich den Bedürfnissen ihrer Mitmenschen gegenüber besonders aufmerksam. Aufgrund dieses Charakterzuges übernehmen sie häufig Verantwortung für Familienmitglieder und Gleichaltrige und sind oft der Fels in der Brandung für ihr Umfeld. Als Erziehungsberechtigte und Eltern sollten Sie bei diesen heranwachsenden Kindern daher darauf achten, dass diese hilfsbereiten Persönlichkeiten schon in früher Kindheit lernen, nicht auf sich selbst zu vergessen. **Vermitteln Sie Ihrem Nachwuchs, dass es auch wichtig ist, auf sich selbst zu achten, die eigenen Bedürfnisse bewusst zu spüren und zu artikulieren.** Unterstützen Sie Ihr pubertierendes 9er-Kind dabei, seine Gefühle und Wünsche mit Mut und Klarheit, ohne schlechtes Gewissen und frei von Schuldgefühlen, zu kommunizieren. Des Weiteren ist es für diesen Persönlichkeitstypus hilfreich, sich seinem Gegenüber bewusst zu öffnen, ohne sich dabei in seine eigene Idealwelt zu projizieren oder sich in seine Innenwelt zurückzuziehen.

Den eigenen Körper annehmen
Pubertierende mit der Lebenszahl 9 sind sehr sensible Wesen. **In der Phase des Erwachsenwerdens sollten Sie als Eltern, Erziehungsberechtigte oder ältere Freunde diesem Jugendlichen aktiv zuhören, sein Wesen voller Verständnis und Liebe akzeptieren und sich mit ihm in Gesprächen austauschen.** Unterstützen Sie diese Lebenszahl dabei,

eine liebevolle Beziehung zum eigenen Körper aufzubauen und sich so anzunehmen, wie sie ist. Die Annahme des eigenen Körpers und der Veränderungen, die er in der Pubertät durchlebt, bildet bei diesen Jugendlichen die Grundlage für die Entwicklung einer stabilen Persönlichkeit in der Jugendphase und auch im Erwachsenenalter.

Körperliche Aktivität zur Unterstützung des Selbstbewusstseins

Jugendliche mit dieser Lebenszahl sollten sich unbedingt schon in der Pubertät regelmäßiger körperlicher Aktivität widmen. Ein besonderes Merkmal von 9er-Persönlichkeiten ist in diesem Zusammenhang das Bedürfnis, ihre körperliche Aktivität mit einem philosophischen System in Verbindung zu bringen. Diese an Philosophie interessierten Jugendlichen verlangen also nach einer körperlichen Bewegungsform, die nicht nur die mechanische Abwicklung von bestimmten Bewegungssequenzen beinhaltet. 9er-Jugendliche können sich insbesondere dann dazu motivieren, sich zu bewegen, wenn sie eine bestimmte Wirkung von Bewegungsabläufen auf die Psyche erfassen können. **Es spornt diese Jugendlichen an, regelmäßig sportlich aktiv zu sein, wenn sie merken, dass ein fitter und gesunder Körper nicht nur zu ihrem körperlichen, sondern auch zu ihrem psychischen Wohlbefinden beiträgt.** Mannschaftssport oder Bewegungsarten wie Tai-Chi, Qigong, Yoga oder Laufen tragen allesamt zur persönlichen Entwicklung und Entfaltung des Wohlbefindens dieser jungen Menschen bei.

Selbstvertrauen stärken

Jugendliche mit der Lebenszahl 9 neigen in der Phase ihrer Identitätsfindung dazu, sich mit anderen zu vergleichen und sich bei der Suche nach ihren natürlichen Wesenszügen stark an ihrer Außenwelt zu orientieren. Ermutigen Sie Ihren Nachwuchs mit dieser Lebenszahl deshalb dazu, zu sich selbst zu stehen, und nicht nur seine Mitmenschen, sondern auch sich selbst zu erforschen.

Selbstakzeptanz fördern

Als Eltern dieser Jugendlichen sollten Sie besonders darauf achten, auf welche Art und Weise Ihr heranwachsendes Kind die Beziehung zu seinem Körper in der Pubertät gestaltet. 9er-Persönlichkeiten neigen nämlich dazu, sich mit den Veränderungen, die ihr Körper in dieser Phase durchmacht, nicht wohlzufühlen. **In dieser Zeit, in der der Jugendliche seine Persönlichkeit formt, ist es somit essenziell, dass Sie für ihn da sind und ihm Stabilität sowie emotionale Unterstützung bieten.**

Ein wichtiger Schritt bei der Persönlichkeitsbildung und der Entfaltung des Selbstvertrauens besteht für Menschen mit der Lebenszahl 9 darin, sich in Selbstakzeptanz und Akzeptanz des eigenen Körpers zu üben. **Bieten Sie Ihrem Kind die Möglichkeit, offen über die physischen Veränderungen zu reden, die in der Pubertät stattfinden, und seine Empfindungen mit Ihnen zu teilen.**

Rebellion zulassen

In dieser Zeit der Identitätsfindung sollten Sie Ihrem 9er-Nachwuchs ausreichend Halt bieten und auf emotionaler Ebene eine verlässliche Stütze sein. **Sie sollten es Ihrem pubertierenden Kind einerseits ermöglichen, seine rebellische Seite auszuleben, und ihm andererseits erlauben, in der Rolle des Kindes zu verweilen und seine Zugehörigkeit bei den Eltern zu suchen. Dort, wo keine Bindung spürbar ist, wird es vonseiten des Jugendlichen auch keinen Bedarf nach Abgrenzung geben.**

Werfen Sie in der Pubertät Ihres Sprösslings außerdem ein wachsames Auge darauf, dass ihn seine natürliche Anpassungsfähigkeit nicht daran hindert, seine wahre Persönlichkeit zu entfalten. Darüber hinaus neigen 9er-Persönlichkeiten in ihrer Jugend manchmal dazu, sich stark zurückzuziehen, vor allem wenn sie sich nicht akzeptiert und von ihrer Außenwelt nicht wahr- und angenommen fühlen.

Die spielerische Ader ausleben

Die schulischen Leistungen der Jugendlichen mit der Lebenszahl 9 sind meistens ausgezeichnet. **Es ist aber wichtig, darauf zu achten, dass diese jungen Menschen etwas lernen, das ihnen Spaß macht und Freude bereitet, denn aufgrund ihres Pflichtbewusstseins vergessen sie häufig auf ihre eigenen Interessen.** In der Pubertät wollen diese Jugendlichen vor allem Neues erfahren und zeigen in vielen Fällen bereits in dieser Lebensphase ein Interesse für spirituelle und idealistische Lebensformen. Häufig werden 9er-Jugendliche in Vereinen aktiv, vor allem in Gruppen mit sozialer Ausrichtung. Dennoch sollten die heranwachsenden 9er-Kinder nicht darauf vergessen, ein Gleichgewicht zwischen ihrer natürlichen Weisheit und Reife und dem Bedürfnis, Kind zu sein, herzustellen. **Sie sollten Gelassenheit erlernen und sich nicht immer für alles verantwortlich fühlen. Auch sollten sie nicht darauf vergessen, an sich selbst und ihr eigenes Wohlbefinden zu denken.**

Selbstachtung fördert die psychische Stabilität

Jugendliche mit dieser Lebenszahl entwickeln eine innere Stabilität und Selbstsicherheit, wenn sie in der Zeit der Pubertät die Möglichkeit bekommen, ihre persönlichen Ressourcen für die eigene Entwicklung zu nutzen. Achten Sie als Bezugsperson daher darauf, dass Ihr 9er-Kind aufgrund seines ausgeprägten Verantwortungsbewusstseins keine Helferrolle innerhalb des Familiensystems – auch nicht für die Eltern – übernimmt. Ermutigen Sie den Jugendlichen stattdessen und regen Sie ihn dazu an, seine sozialen Kontakte außerhalb des Familiensystems zu stärken. Sprachaufenthalte im Ausland, gemeinsame Unternehmungen mit Gleichaltrigen oder kleinere Reisen können in diesem Zusammenhang hilfreiche Impulse liefern.

Lebenszahl 11/2 – eine gefühlsbetonte und beschützende Persönlichkeit

Als Kind ist jeder ein Künstler.
Die Schwierigkeit liegt darin,
als Erwachsener einer zu bleiben
(Picasso)

Persönliche Beschreibung in der Kindheit bis zum zwölften Lebensjahr

Kinder mit der Lebenszahl 11/2 sind **feinfühlig und intuitiv.** Sie sehnen sich danach, ein wohlig warmes Zuhause zu haben, und entfalten ihre Persönlichkeit optimal, wenn sie **sicher, fest verwurzelt und liebevoll in ihr Umfeld eingebettet sind**. Die folgenden Charaktereigenschaften machen diese tiefgründigen Persönlichkeiten aus:

Bedürfnis nach Geborgenheit und Schutz
11/2er-Kinder benötigen viel Ruhe und die Geborgenheit eines Zuhauses. Diese sensiblen Menschen **suchen immer wieder die Gelegenheit, sich in ihre innere Welt und in ihr Schneckenhaus zurückzuziehen**. Mit Vorsicht, aber mit voller Neugierde nähern sie sich Schritt für Schritt ihrem Umfeld. Achtsam und bewusst erkunden sie die Menschen, die sie umgeben, und alles, was ihre Neugierde weckt. Des Weiteren zeichnet diese Zahl ein **ausgeprägter Tastsinn** aus. Sie liebt es, etwas wachsen zu sehen, sich um Pflanzen zu kümmern oder mit ihnen Zeit zu verbringen. Darüber hinaus sind Persönlichkeiten mit dieser Lebenszahl sehr gesellig und freuen sich immer über die Anteilnahme und Aufmerksamkeit von jenen Menschen, die sie lieben.

Eine empfindliche und verletzliche Seele

Kinder mit der Lebenszahl 11/2 sind durch und durch **Gefühlsmenschen**. Ihre Sensibilität, ihre Freundlichkeit, ihre Sanftmut und ihre Wärme machen sie sympathisch und sehr wertvoll für ihr Umfeld. Sie haben eine **gute Intuition und Menschenkenntnis**. Aus der Beobachterrolle heraus wissen sie genau, wem sie vertrauen können und wem nicht. Unberechenbare und unaufgeschlossene Menschen sind für sie uninteressant oder gar zu vermeiden. Zudem **wissen** diese Kinder **bereits in ihren ersten Lebensjahren über die Verletzlichkeit der eigenen Seele Bescheid**. Aufgrund dessen entwickeln sie **manchmal schon von klein auf** eine harte Schale und wirken auf gewisse Weise streng. Fühlen sich diese Kinder in der Familie und in ihrem Freundeskreis nicht geborgen, dann **entwickeln sie einen emotionalen Panzer**. Dieser Schutzmechanismus soll verhindern, dass sie verletzt werden und ebenso, dass die Menschen, die sie umgeben, in die Tiefe ihrer Seele blicken können.

Beschützerinstinkt als Liebesbeweis

11/2**er-Kinder zeichnen sich durch einen sehr gefühlsbetonten, verletzbaren und empfindsamen Charakter aus**, der von ihren Mitmenschen nicht immer erkannt wird. Als Elternteil sollte man aber auf diese Persönlichkeitsaspekte achten und **mit Geduld, Liebe und Achtsamkeit auf den eigenen Nachwuchs mit dieser Lebenszahl eingehen**. Diese Kinder benötigen die Gewissheit, fest in ein familiäres und warmherziges Umfeld eingebunden zu sein. Schon **von frühen Kindheitstagen an** sind sie im Vergleich zu ihren Altersgenossen **einfühlsamer, anteilnehmender und offener für die Sorgen und Probleme ihrer Mitmenschen** sowie empfänglich für deren Gefühlswelt. 11/2er-Persönlichkeiten entwickeln bereits sehr früh eine Art Beschützerinstinkt und -rolle für ihre Eltern und Geschwister sowie später im Kindergarten oder Schulalter für ihre Freunde.

Vermittler von Harmonie im Umfeld

Ihre **angeborene Beobachtungsgabe und Empathie** lassen diese jungen Menschen spüren, wie sich die Stimmungen in ihrem Umfeld verändern. Sie können klar wahrnehmen, wenn ein Streit oder Unstimmigkeiten in der Luft liegen. Diese Fähigkeiten haben zur Folge, dass sich diese Kinder zumeist für die Harmonie in ihrem Umfeld verantwortlich fühlen. **11/2er-Kinder schlüpfen oftmals in die Rolle des Vermittlers** und versuchen, zwischen den verschiedenen Parteien bei Konflikten zu schlichten. Dadurch wachsen diese gefühlsbetonten Persönlichkeiten im Laufe ihrer Kindheit und Jugend zu **guten und einfühlsamen Gesprächspartnern heran, die immer ein offenes Ohr für die Anliegen ihrer Mitmenschen haben**. Parallel dazu entwickeln die jungen 11er einen ausgeprägten Familiensinn und Beschützereigenschaften, die sie dabei unterstützen, **familiäre Pflichten und Aufgaben mit Leichtigkeit und sogar mit Freude zu übernehmen**.

Liebesbedürftigkeit und Bedürfnis nach Zuwendung und Unterstützung

Kinder mit der Lebenszahl 11/2 sind **sehr anhänglich und liebesbedürftig**. Sie wollen getragen werden und **benötigen Körperkontakt**, um den Schutz und die Anwesenheit der Eltern tatsächlich spüren zu können. Sie fühlen sich im Bannkreis ihrer Familie geborgen und verwurzelt. Daher findet **der Abnabelungsprozess bei dieser Lebenszahl relativ spät** statt. Allerdings können diese jungen Menschen schon sehr früh lernen, sich zurückzuziehen und selbstständig zu sein, wenn im Umfeld Streitereien, Disharmonien oder Unehrlichkeit herrschen. So bauen sie aufgrund ihrer Sensibilität und Verletzlichkeit oftmals schon in jungen Jahren Schutzmechanismen auf. Diese wirken wie **ein unsichtbarer Panzer, der in ihnen tiefsitzende Schmerzen und Enttäuschungen verursacht**. Besonders belastet es diese jungen Menschen, wenn sie grobes und aggressives Verhalten in ihrem Umfeld wahrnehmen. Vielmehr wünschen sie sich von den Personen,. die sie umgeben, **Anteilnahme und Zuwendung zu erfahren**. Darüber hinaus **benötigen** Kinder mit dieser Lebenszahl **Ehrlichkeit und Klarheit, um sich wohlzufühlen** und ihre natürliche Sensibilität und ihr angeborenes Einfühlungsvermögen auf positive und konstruktive Art und Weise zu entfalten. Dies erlaubt diesen jungen Menschen, diese wertvollen Eigenschaften als Charakterstärke zu sehen.

Herausfordernde Charakterzüge in der Kindheit bis zum zwölften Lebensjahr

Die sensiblen 11/2er-Persönlichkeiten benötigen in der Kindheit eine achtsame Präsenz und Klarheit, um sich bewusst entwickeln zu können und das eigene Selbstbewusstsein zu entfalten. Als Elternteil eines 11/2er-Kindes sollten Sie besonders **auf die folgenden Aspekte dieser Lebenszahl Rücksicht nehmen** und im Zuge dessen versuchen, Ihrem Nachwuchs dabei zu helfen, seine natürliche Lebendigkeit und Kraft zu leben:

Sich anpassende Außenseiter

11/2er-Persönlichkeiten zeigen in der Kindheit eine ausgeprägte Empathie und sind **in ihre Fantasiewelt versunken**. Oft haben sie das Gefühl, in der Familie nur eine Außenseiterrolle einzunehmen, wodurch sie sich in dieser nicht immer wohlfühlen und **schon in jungen Jahren ein Gefühl des Andersseins entwickeln.** Um jedoch geliebt zu werden und ihr Bedürfnis nach Anerkennung zu stillen, **passen sie sich oftmals – manchmal auch zu stark – an ihre Umgebung an**.

Bedürfnis nach Aufmerksamkeit und Zuwendung

Kinder mit dieser Lebenszahl verlangen häufig nach sehr viel Aufmerksamkeit, Zuwendung und Harmonie. Sie schmiegen sich an ihre Mitmenschen an, wollen kuscheln und gestreichelt werden. Zudem **neigen diese sensiblen Naturen dazu, beleidigt zu sein und bei belanglosen Missgeschicken oder kleineren Wehwehchen zu weinen**. Als Eltern oder Erziehungsberechtigte sollten Sie in diesen Situationen aktiv werden und Ihrem **heranwachsenden 11er Trost und Schutz spenden.** **Unterstützung** und vor allem Zustimmung aus dem Umfeld benötigen diese Kinder auch in ihrer frühen Kindheit, **damit sie sich zutrauen, ihren eigenen Weg zu gehen** und ihre eigenen Entscheidungen zu treffen. Stehen diese jungen Menschen etwa vor der Aufgabe, über wichtige Dinge zu entscheiden oder eine herausfordernde Tätigkeit zu ergreifen, so bedürfen sie einer Begleitung, die sie auffängt. Oft sind 11/2er-Kinder unentschlossen und **ihnen fehlt der Mut, ihre Vorhaben selbstbestimmt umzusetzen.** Damit sie diese Seiten ihrer Persönlichkeit weiterentwickeln, sollten diese Kinder von den Eltern immer wieder dazu motiviert werden, selbstständig zu werden, Entscheidungen selbst zu treffen und zu ihrer Meinung zu stehen. Dies fördert die 11/2er darin, erwachsen, eigenständig und kraftvoll zu werden. **Achten Sie deshalb als Elternteil darauf, Ihr Kind mit dieser Lebenszahl darin zu bestärken, seinen eigenen Weg einzuschlagen. Seien Sie Ihrem Nachwuchs selbst dann ein geduldiger Begleiter, wenn er sich entscheidungsunfähig, vorsichtig oder angepasst verhält.**

Auf emotionaler Ebene zurückgezogen

Das 11/2er-Kind fühlt sich in seinem Ausdruck und in seinem Sein meist alleingelassen oder von der Familie nicht unterstützt. Es ist ein guter Beobachter, aber es fällt ihm schwer mitzuteilen, was es braucht und was es im Innersten fühlt. Seine Bedürfnisse manifestiert das 11/2er-Kind vor allem, indem es somatisiert. **Wenn dieser junge Mensch im Familiensystem keine Ruhe und Geborgenheit findet, wird er bisweilen krank.** Dabei kämpft er meist mit Atemwegsproblemen oder Magenbeschwerden – den zwei Schwachpunkten dieser Lebenszahl.
Um diesen Entwicklungen positiv entgegenzuwirken, sollte man diesem Kind als Elternteil regelmäßig Zuwendung in Form von Berührungen schenken **und Interesse an seinem Alltag zeigen.** Zudem ist es wichtig, dass man diesen Heranwachsenden immer wieder fragt, wie es ihm geht, was er braucht oder wie man ihm helfen kann.

Ausgeprägte Anpassungsfähigkeit bremst die Persönlichkeitsentfaltung

Wie bereits erwähnt, neigen diese Kinder dazu, sich dem Umfeld anzupassen und bewusst zu spüren, was sich dieses von ihnen wünscht. Aufgrund dieses Denk- und Verhaltensmusters geben sich die jungen 11/2er **sehr wortkarg im Mitteilen ihrer Meinungen, Gefühle und Bedürfnisse**. Sie tendieren dazu, die Sichtweisen anderer zu übernehmen und auf die eigene Selbstständigkeit zu verzichten, um geliebt zu werden oder dazuzugehören. Im Zuge dieses Verhaltens entwickeln diese jungen Menschen nicht nur eine ausgeprägte Anpassungsfähigkeit, sondern **vernachlässigen zugleich ihre eigene Individualität und ihre persönlichen Bedürfnisse**. Außerdem **hemmt** dieser Hang zur Anpassung in manchen Fällen **die Entfaltung der natürlichen Charakterzüge dieser Kinder**. Als Elternteil können Sie Ihr Kind insofern unterstützen, indem sie ihm helfen **zu erkennen, was es persönlich braucht und welche Leidenschaften und Interessen es hat.**

Förderungsmöglichkeiten in der Kindheit bis zum zwölften Lebensjahr

Die Erziehung dieser gefühlsbetonten Persönlichkeiten **erfordert von den Eltern ständige Präsenz, Achtsamkeit und viel Geduld, um die stark ausgeprägte Sensibilität sowie die Anpassungsfähigkeit des eigenen 11/2er-Kindes in die richtigen Bahnen zu lenken**. Es geht darum, das eigene Kind auf jenen Weg zu führen, auf dem es seine Persönlichkeit, Lebendigkeit und Kraft optimal entfalten kann. Die folgenden Aspekte wollen genau dazu inspirieren und Ihnen **Wege aufzeigen, wie Sie die natürlichen Stärken Ihres Kindes fördern können**:

Zuwendung fördert das Selbstwertgefühl

Wenn die 11/2er-Persönlichkeit in gleichmäßigen Abständen Bestätigung erfährt, – selbst, wenn dies etwa nur einmal im Monat geschieht

– fühlt sie sich in der Kindheit und Pubertät der Familie zugehörig. Dadurch erlangen diese Kinder **die notwendige Gewissheit, dass sie für die Familienmitglieder wertvoll sind und sich darauf verlassen können, dass jemand für sie da ist**. Wenn Sie als Eltern oder Erziehungsberechtigte auf dieses Bedürfnis Rücksicht nehmen, können Sie davon ausgehen, dass die Entwicklung Ihres 11/2er-Kindes sehr positiv und bewusst verläuft.

Ein harmonisches und ehrliches Umfeld

Kinder mit der Lebenszahl 11/2 ziehen sich gerne zurück und lenken die Aufmerksamkeit auf sich. Um sie in diesen Aspekten zu fördern, ihre Welt kennenzulernen und ein besseres Verständnis für sie zu gewinnen, sollte man am besten **regelmäßig etwas mit ihnen unternehmen.** Von großer Bedeutung ist ebenso die Zeit, die Eltern, Freunde und Großeltern aufbringen, um sich mit diesen Kindern zu beschäftigen. Dahingehend ist es empfehlenswert, dass Sie als Elternteil **ein regelmäßiges Zeitfenster für Ihr Kind schaffen, in dem Sie sich ganz auf Ihren Sprössling fokussieren. Ihr Nachwuchs sollte das Gefühl bekommen, dass nur er in dieser Zeit wichtig ist**. Hier geht es nicht darum, wie häufig Ihnen das gelingt, sondern die Qualität der gemeinsam verbrachten Zeit ist hier vorrangig.

Außerdem wollen diese Kinder **wie kleine Erwachsene behandelt werden**. Wenn die heranwachsenden 11er nicht wissen, woran sie sind, gestaltet sich der Umgang mit ihnen schwierig. **Sie legen außerdem viel Wert darauf zu wissen, wie es anderen geht**. Daher sollte man ihnen als Bezugsperson immer wieder versichern, dass es einem selbst gut geht.

Geborgenheit und ein liebevolles Umfeld als Schlüssel zu einer starken Persönlichkeit

Geborgenheit, Vertrauen, Liebe und eine klare Kommunikation stillen das Bedürfnis nach Sicherheit, das dieser sensiblen Lebenszahl innewohnt. Auf diese Weise können diese jungen Persönlichkeiten **ihre**

Herzlichkeit und Wärme zeigen und sich ihrem Umfeld gegenüber öffnen, ohne dabei einen Schutzpanzer aufzubauen. In der Erziehung sollten Sie bei dieser Zahl daher besonders darauf achten, Ihrem Kind genügend Zeit und Achtsamkeit zu widmen. Nehmen Sie sich Zeit für **bewusste Umarmungen und liebevolle Streicheleinheiten**, um Ihrem Nachwuchs das Gefühl zu geben, tatsächlich im Hier und Jetzt zu sein und es mit ihm von ganzem Herzen ernst zu meinen. Vermitteln Sie Ihrem Kind ebenso, dass es nie stört, wenn es nach Zuwendung, Streicheleinheiten oder Aufmerksamkeit verlangt. **Als Elternteil sollten Sie versuchen, innere Ruhe und Geduld zu finden sowie genügend Kraft zu sammeln**, um Ihrem 11/2er-Sprössling, insbesondere im Kindesalter, ausreichend Aufmerksamkeit widmen. Dies schafft eine gute Basis für eine liebevolle und klare Beziehung für die herausfordernde Zeit der Pubertät.

Spielen ordnet die innere Welt

Persönlichkeiten mit der Lebenszahl 11/2 **sind typische Jäger und Sammler**. In der Kindheit sammeln sie gerne Aufkleber oder Spielfiguren und brauchen rund um sich Ordnung und Struktur. Zudem lieben sie es, all ihre Sachen bei sich zu haben. Konkret vermittelt **die Praxis des Sammelns und Ordnens diesen Kindern ein Gefühl der Sicherheit und bietet ihnen die Möglichkeit, ihre innere Welt zu strukturieren**. Des Weiteren verleiht dieses Bedürfnis nach Ordnung und Sicherheit diesen jungen Menschen die Fähigkeit, sich stundenlang mit sich selbst beschäftigen zu können. 11/2er-Kinder haben daher selten Schwierigkeiten damit, **still und vergnügt, allein vor sich hin zu spielen**. Zu den Lieblingsbeschäftigungen dieser Kinder gehören das Experimentieren, beispielsweise mit einem Chemiebaukasten, das Beobachten der Natur oder das Kreieren von Dingen mit den eigenen Händen.

Beschreibung der Persönlichkeit in der Pubertät

Diese Jugendlichen weisen in der Pubertät eine gewisse Überempfindlichkeit und Unselbständigkeit auf. Ihre vorsichtige, beobachtende und in manchen Fällen schüchterne Natur steht ihnen oft im Weg, wenn es darum geht, eine stabile Persönlichkeit zu entwickeln und ein starkes Selbstwertgefühl auszubilden.

Erwachsen werden ohne Eile

In der Pubertät beginnen die jungen Menschen mit der Lebenszahl 11/2 ihre Feinfühligkeit, Lebendigkeit und Kraft zu entfalten. **Sie sind in diesem Alter sehr sensibel**. Einerseits erleben sie ihren **verträumten Wesenszustand**, in dem sie die kindliche Begeisterung für das Leben auch in der Pubertät bewahren. Andererseits sind sie **sehr fürsorglich** und schlüpfen für die Menschen in ihrer Umgebung oft in die Rolle einer fürsorglichen Mutter bzw. eines fürsorglichen Vaters.
Das **intensive Gefühlsleben** destabilisiert diese Persönlichkeit und beeinflusst ihren **Willen und ihr Handeln. Die pubertierenden 11er kompensieren diese innere Unausgeglichenheit mit der Tendenz,** es mit dem Erwachsenwerden nicht eilig zu haben. 11/2er-Jugendliche hegen außerdem eine große **Sehnsucht nach Geborgenheit, Unschuld und der fantasievollen Welt der Kindheit.**

Polarisierte Verhaltensweise

In der Pubertät gibt es bei dieser Lebenszahl zwei unterschiedliche Gruppen von Jugendlichen. Die einen weisen eine ausgeprägte Sozialkompetenz auf und haben viele Freunde. Sie stehen oft im Mittelpunkt, sind sehr beliebt, werden zu guten Ratgebern und sind aufgrund ihrer emotionalen Reife **Bezugspersonen für ihre Altersgenossen. Die anderen ziehen sich zurück und wollen nur Kontakt mit Menschen, bei denen sie sich gut aufgehoben und verstanden fühlen**. Es könnte sein, dass sie Gleichgesinnte suchen, diese aber im schulischen Bereich nicht finden. 11/2er-Jugendliche leiden oftmals unter der Empfindung,

anders als die anderen zu sein und nicht dazuzugehören. In diesem Kontext sollten die Jugendlichen die Möglichkeit haben, Sport- oder Musikvereinen beizutreten, um sich Menschen zuzuwenden, die ihre Leidenschaften teilen. Außerdem lohnt es sich, sich mit der Gefühlswelt dieser Jugendlichen auseinanderzusetzen und **ihre extreme Empathie auf diese Weise in eine Richtung zu lenken, die sich konstruktiv auf die persönliche und berufliche Zukunft der Jugendlichen auswirkt.**

Eine ausgeprägte Sensibilität begleitet den Identitätsfindungsprozess
Jugendliche mit der Lebenszahl 11/2 sind zeitweise ernste Naturen, die **in der Pubertät, um sich zu finden, viel Zeit und Raum für die eigenen Gedanken und ihre innere Ruhe benötigen.** Auch ist in ihrem Identitätsfindungsprozess eine gewisse Wandelbarkeit erkennbar. Neben ihrer Neigung, ernst zu sein, sind sie manchmal ziemlich überraschend voller Fröhlichkeit und sprudeln vor lauter Begeisterung.
Diese Jugendlichen sind in der Pubertät **sehr mit der Suche nach ihren Idealen beschäftigt, die sie mitunter sehr hart verteidigen.** Sie interessieren sich für philosophische, psychologische und spirituelle Themen, wobei ihnen diese besonderen Interessen helfen, **mehr Klarheit über ihre vielfältige und facettenreiche Persönlichkeit zu erlangen.** In ihrer Selbstfindungsphase leben 11/2er-Menschen zurückgezogen, suchen nach Ruhe und Geborgenheit sowie nach der **Zuwendung und Liebe weniger, aber echter Freunde.** Sie sind nicht unbedingt die großen Partytiger und ziehen es vor, in ihrem Umfeld die Beobachterrolle einzunehmen. Dadurch kommt es des Öfteren dazu, dass sie sich **in der Pubertät auch etwas von ihren Eltern distanzieren.**

Herausfordernde Charakterzüge in der Pubertät

11/2er-Menschen legen **in ihrer Jugend ein breites Spektrum an Verhaltensweisen** an den Tag, das auf ihre Eltern sehr oft verwirrend wirkt. Manchmal zeigen sie sich selbstbewusst und stark, während sie kurz darauf unsicher erscheinen und nach seelischer Unterstützung verlangen. Die folgenden Erläuterungen zu den herausfordernden Seiten dieser Lebenszahl wollen Ihnen helfen, diese Persönlichkeitsaspekte Ihres Nachwuchses nachzuvollziehen und liebevoll auf diese einzugehen:

Wo gehöre ich hin?
In der Jugendzeit fühlen sich diese Menschen dem Familiensystem nicht zugehörig und entwickeln eine Tendenz der Abgrenzung. Daraus resultiert, dass diese Jugendlichen im Außen nach dem Gefühl der Zugehörigkeit – nach einer Familie – suchen. Das können Freunde, Cliquen oder Vereine sein. Als Eltern sollten Sie diese Rufe Ihres Kindes hören und **darauf achten, mit welchen Menschen Ihr Nachwuchs Zeit verbringt**. Allerdings sollten Sie Ihren Nachwuchs nicht einschränken und ihm **ausreichend Raum geben, um sich frei zu entfalten**.
Darüber hinaus sollten Sie bedenken, dass **die Lebenszahl** 11/2 aufgrund ihrer emotionalen Instabilität und ihrem Bedürfnis nach Zugehörigkeit **anfällig für Manipulation ist**. So kann es sein, dass sich Ihr Kind mit dieser Lebenszahl zwar oftmals freundlich gibt, aber es eigentlich gar nicht sein will.

Herausforderung der Eltern: Hochsensibilität verstehen und fördern
Eltern derart sensibler Persönlichkeiten versuchen häufig, ihre Kinder dazu zu bringen, aggressiver und kämpferischer zu werden – besonders dann, wenn sie selbst diese Charakterzüge aufweisen. Diese Versuche bleiben aber meist erfolglos und haben zur Folge, dass sich diese Kinder von ihren Eltern distanzieren, weil sie sich nicht angenommen und verstanden fühlen. Daher ist es **essenziell, die sensible, liebevolle und einsame Seite des 11/2er-Kindes in der Elternrolle anzunehmen und vollste Akzeptanz für seine hochsensible Natur aufzubringen.**

Leicht verletzbare Charaktere
Ihre ausgeprägte Sensibilität macht Jugendliche mit dieser Lebenszahl leicht verletzbar. So fühlen sich 11/2er-Persönlichkeiten **von einem fal-**

schen Wort oder einer falschen Geste schnell gekränkt. Meist beobachten sie mit einer kritischen und prüfenden Haltung argwöhnisch alles, was rund um sie herum passiert. **Fühlen sie sich jedoch wohl, dann gelingt es ihnen, ihre Warmherzigkeit, Offenheit, Entspanntheit und Empathie zu zeigen.** In diesem Fall sind sie sogar in der Lage, ihren ausgeprägten Sinn für Humor zu zeigen und ihre Sensibilität in positiver Form zuzulassen.

Idealistische Vorstellungen bei den ersten Liebeserfahrungen

Menschen mit der Lebenszahl 11/2 sind in ihrer Jugend empfindsam, sensibel und romantisch veranlagt, wodurch sie auch leicht verletzbar sind. Zudem **neigen sie dazu, ihren Freunden gegenüber idealistische Vorstellungen zu entwickeln.** Diese Sichtweisen und hohen Ansprüche bringen nicht selten Enttäuschungen mit sich und machen diese Pubertierenden angreifbar.

11/2er-Persönlichkeiten **sehnen sich schon früh nach dem richtigen Partner.** Aufgrund dieser inneren Sehnsucht fehlt ihnen bei den ersten bedeutenden Liebeserfahrungen meist eine gewisse Leichtigkeit. In dieser Situation tendieren die jungen 11/2er zudem dazu, **den Partner aufgrund ihrer romantischen Vorstellung zu idealisieren.** Ihr Familiensinn und ihre Beschützereigenschaften sowie ihre Empathie lassen sie dazu neigen, sich anzupassen und dem Partner potenzielle Wünsche von den Augen und von der Seele abzulesen. Jedoch ist genau dieses Bestreben, es dem Partner stets recht zu machen und die eigenen idealistischen Vorstellungen zu erfüllen, **eine Quelle für Enttäuschungen in ihrem Liebesleben.**

Unsicherheit und Unentschlossenheit begleiten den Identitätsfindungsprozess

Jugendliche mit der Lebenszahl 11/2 kämpfen häufig damit, alltägliche Entscheidungen zu treffen oder Tätigkeiten durchzuführen, die anstehen. Ihnen **fehlt** es in diesen Fällen **an Mut und Entschlossenheit, eigenständig über ihr Leben zu bestimmen.** Eine andere Verhaltensweise kann sich

jedoch abzeichnen, wenn 11/2er schon als Kinder dazu animiert worden sind, selbstständig zu werden und aus eigener Kraft zu entscheiden. In diesem Fall fällt es ihnen auch in der Pubertät leichter, entschlossen und entschieden ihren Weg zu gehen. Wenn die jungen 11er diese Fähigkeit im Kindesalter aber nur teilweise entwickeln konnten, so neigen sie dazu, sich an ihrer Außenwelt zu orientieren. **Sie lassen sich folglich von äußerlichen Vorbildern, die sie oftmals bei Altersgenossen suchen, inspirieren, um die eigene Individualität zu definieren.**
Allerdings ist es essenziell, dass diese Persönlichkeiten lernen, eigene Unternehmungen zu wagen. **Sie sollten in der Pubertät ihre Angst davor ablegen, Fehler zu machen, und die Bereitschaft entwickeln, die eigenen Wünsche und Pläne Schritt für Schritt umzusetzen.** Die Jugendlichen mit der Lebenszahl 11/2 sollten also beginnen, ihr schutzsuchendes und bedürftiges Verhalten hinter sich zu lassen. Demgegenüber sollten sie **ihr Bedürfnis nach Unabhängigkeit und Selbstbestimmtheit entfalten, um ihre Identität zu finden.** Darüber hinaus ist Ausdauer eine wichtige Eigenschaft, die sie mithilfe der Eltern und Erziehungsberechtigten pflegen sollten, um ihre Charakterstärke und Konsequenz zu entwickeln.

Förderungsmöglichkeiten in der Pubertät

Jugendliche mit der Lebenszahl 11/2 werden von ihrem Umfeld als gefühlsbetont und teilweise verträumt wahrgenommen. **Sie leben manchmal mehr in ihrer inneren Welt als in der Realität.** Diese Tatsache verlangt vonseiten der Eltern und Erziehungsberechtigten speziell in der Pubertät großes Engagement und eine achtsame Präsenz. Dadurch kann der Jugendliche nicht nur seine Charakterstärke besser entfalten, sondern vor allem Selbstakzeptanz entwickeln. Auf diese Weise gelingt es ihm, **seine Schüchternheit, Verletzlichkeit und gelegentliche Introvertiertheit als positiv zu betrachten und als Stärke zu sehen.** Die folgenden Aspekte der 11/2er-Persönlichkeiten in der Pubertät zu berücksichtigen, hilft dabei, diese Heranwachsenden in dieser besonderen Zeit optimal zu begleiten:

Sanftmut und Schüchternheit als Stärke betrachten

Damit Jugendliche mit dieser Lebenszahl ihre Lebendigkeit ausleben können, benötigen sie Bezugspersonen an ihrer Seite, die sie fördern. **So sollten die Eltern diese Kinder etwa darin unterstützen, die eigene Schüchternheit und Sensibilität als positive Wesensart wahrzunehmen und zu akzeptieren.** Dabei ist es von Bedeutung, diesen jungen Menschen das Gefühl zu vermitteln, dass diese Seite ihres Charakters von ihrem Umfeld anerkannt wird. So fällt es dieser Lebenszahl leichter, **sich selbst anzunehmen und ihre positiven Seiten zu erkennen**. Schüchterne Menschen können durch ihre natürliche Vorsicht **eine starke Selbstreflexion** entwickeln. Diese Persönlichkeiten werden zu äußerst empathischen und einfühlsamen Wesen, die anderen mit Wertschätzung und Respekt begegnen. In diesem Fall besteht Ihre Aufgabe als Eltern darin, **bei Ihrem pubertierenden Kind mit der Lebenszahl 11/2 ein solides seelisches Fundament zu schaffen**. Damit ist gemeint, dass Sie Ihrem Nachwuchs in der Eltern- oder Erzieherrolle **helfen, die eigenen Erfolgserlebnisse wahrzunehmen**. Oftmals neigt Ihr Kind mit dieser Lebenszahl nämlich dazu, nur die eigenen Misserfolge zu sehen sowie ungeduldig und sehr selbstkritisch zu sein. Deswegen ist es wesentlich, dass Sie Ihren Sprössling **dazu ermutigen, zur eigenen Größe zu stehen**, indem Sie ihm in regelmäßigen Abständen **ein positives, realistisches und ehrliches Feedback geben**.

Motivation stärken

Wenn die 11/2er-Persönlichkeit in der Kindheit gelernt hat, selbstsicher und selbstständig zu sein, übernimmt sie in der Pubertät häufig Verantwortung für andere. Als Elternteil sollten Sie Rücksicht auf diesen Aspekt nehmen und Ihr Kind dabei unterstützen, **seine Ressourcen und Motivationen zu finden.** Dadurch fühlt sich Ihr Kind darin bestärkt, sich selbst weiterzuentwickeln und die eigenen Interessen zu pflegen.

Des Weiteren ist es bei Ihrem Nachwuchs mit der Lebenszahl 11/2 wichtig, **zur Entwicklung seiner intrinsischen Motivation beizutragen.** Intrinsische Motivation bedeutet, dass Ihr Kind lernt, Aufgaben ohne Druck von außen mit Konsequenz, Begeisterung und Struktur zu lösen. Es stellt einen wesentlichen Entwicklungsschritt für diese Persönlichkeit dar, **zu erkennen, welche die Beweggründe für ihre Handlungen sind, und wie wichtig es ist, nach innen zu blicken**.

Selbstwahrnehmung fördern

Des Weiteren ist es für Menschen mit dieser Lebenszahl von Bedeutung, sich damit auseinanderzusetzen, warum man bestimmte Meinungen vertritt und bestimmte Wünsche hegt. **So neigen 11/2er-Jugendliche meistens dazu, sich im Außen zu orientieren.** Ihre Wünsche und Entscheidungen sind also häufig von äußeren Faktoren und von Menschen abhängig, für die sie eine gewisse Bewunderung haben.

Den authentischen Selbstausdruck unterstützen

Motivieren Sie Ihr pubertierendes Kind dazu, **seine wahren Bedürfnisse und Wünsche mutig zu äußern und seine Meinungen authentisch zu vertreten**. In dieser Hinsicht ist es für das persönliche Wachstum dieser jungen Menschen essenziell, Kritik und Ablehnung zu ertragen. In diesem Fall kann **die Vorbildwirkung der Eltern sowie der Erziehungsberechtigten eine Hilfestellung für die Heranwachsenden** sein. Sind die Menschen im Umfeld dieser Lebenszahl authentisch, mutig und kraftvoll, dann haben diese Jugendlichen gute Chancen, auch diese Aspekte ihrer Persönlichkeit, die tief in ihnen schlummern, zu entfalten.

Spaß und Kontakt zu Altersgenossen fördern die persönliche Entwicklung

Für den 11/2er-Jugendlichen ist es wichtig, Spaß und Gelassenheit zu leben. **Er braucht Zeit für Freunde und entspannende Tätigkeiten.** Es kann jedoch sein, dass sich dieser Mensch in der Pubertät zurückzieht und versucht, zu erwachsen zu sein. Diese Verhaltensweise geht darauf zurück, dass er sich schon als Kind für andere verantwortlich fühlt. Als Elternteil sollten Sie auf diesen Aspekt Acht geben und wenn nötig, reagieren. Versuchen Sie, Ihrem Nachwuchs die schwere Last der Verantwortung abzunehmen, und **regen Sie ihn dazu an, seine jugendlichen Bedürfnisse zu spüren und zu leben.**

Lebenszahl 22/4 – eine energische, einfühlsame Persönlichkeit

Kinder können sich noch wundern über jedes Ding,
und sei es auch gering.
Wir nennen sie naiv und halten uns für klug,
dabei sehen wir nicht mehr genug.
Unbekannt

Persönliche Beschreibung in der Kindheit bis zum zwölften Lebensjahr
Kinder mit der Lebenszahl 22/4 sind geduldige, friedliebende und solide Persönlichkeiten, die sich nach Stabilität und einer vertrauten Umgebung sehnen. Sie sind **sehr bodenständig, lieben Berührungen und Kuscheleinheiten. Diese Kinder besitzen außerdem ein ruhiges Gemüt und sind sehr ordentlich.**

In der eigenen Mitte verwurzelt
Diese Kinder ruhen in ihrer Mitte und schätzen Langsamkeit und Komfort, sind beharrlich und tüchtig. Außerdem besitzen sie eine natürliche Ausdauer, die ihnen im Leben viel erleichtert. Entwickeln 22/4-Kinder mit der Unterstützung ihres Umfeldes und der Eltern diese Grundeigenschaften schon in frühen Jahren, so gelingt es ihnen, in der Pubertät und im Erwachsenenalter ihre Talente zu entfalten und sich optimal zu

entwickeln. Sie stehen mit beiden Beinen fest im Leben und schätzen es, wenn die Eltern Zeit mit ihnen verbringen und sich gelassen und geduldig mit ihnen beschäftigen. 22/4-Kinder verlangen von ihrem Umfeld vollkommene Aufmerksamkeit und einen klaren Fokus.

Charakterstärke und ein starker Wille

Kinder mit der Lebenszahl 22/4 sind eigensinnig, sehr von sich überzeugt und besitzen schon von klein auf einen ausgeprägten Gerechtigkeitssinn. Aufgrund dieser Charakterzüge ist es essenziell, diesen Persönlichkeiten das Gefühl zu geben, dass sie ernst genommen werden. Dies ist insbesondere dann anzustreben, wenn sich diese jungen Menschen schon in der frühen Kindheit sicher sind, welche Wünsche und Bedürfnisse sie haben. Die Anerkennung ihrer Meinungen und Ansichten stärkt das Selbstwertgefühl sowie das Selbstvertrauen dieser Kinder und ermöglicht es ihnen, ein stabiles seelisches Fundament zu schaffen.

Kraftvolle Lebendigkeit

22/4-Kinder verfügen über einen starken Willen und innere Klarheit und wissen schon in jungen Jahren genau, was sie wollen und können ihre Wünsche auch begründen. Diese behaglichen Kinder sind oft schon in der Kindheit zielstrebig, tatkräftig und konsequent. Sie verfügen über eine unglaubliche seelische und oft auch körperliche Kraft sowie eine enorme Ausdauer. Zudem neigen sie dazu, schon früh die Grenzen ihrer Mitmenschen auszutesten. 22/4-Kinder sind außerdem willensstark und weisen eine ausgeprägte Intelligenz auf. Alle diese Charaktereigenschaften tragen in ihrer Gesamtheit dazu bei, dass diese Menschen oft eine gewisse Eigensinnigkeit an den Tag legen.

Stark und trotzdem sensibel

In der Kindheit zeigt sich der 22/4-Mensch voller Kraft, ist resolut und entschlossen. Gleichzeitig erweist er sich aber auch als sensibles Kind, das Zuwendung und reichlich Berührungen braucht. Diese jungen Menschen wünschen sich von den Erwachsenen viel Zeit und Aufmerksamkeit. Sie sind ebenso sehr neugierig und können ihren Wissensdurst im Austausch mit älteren Personen in ihrem Umfeld stillen. **Sie besitzen eine brillante Intelligenz und sind gute Beobachter, die schon in einem sehr jungen Alter eine tiefe Menschenkenntnis aufweisen.** Aufgrund ihrer ausgeprägten Intelligenz und schnellen Auffassungsgabe ist es ratsam, diese Kinder in der Entwicklung ihrer intellektuellen und empathischen Fähigkeiten zu unterstützen, um zu vermeiden, dass sie zu kopflastig werden und sich von ihrem persönlichen emotionalen Empfinden isolieren. Als Elternteil und Erzieher sollte Sie die Fragen, die Ihnen von den Kindern gestellt werden, ernst nehmen und diese ehrlich beantworten. Auch Gespräche über das Leben an sich, sind mit diesen Kindern möglich, da sie sich intensiv für die Welt, von der sie umgeben sind, und das Dasein der Menschen auf der Welt interessieren. Für 22/4-Kinder erweist es sich für deren Entwicklung ebenfalls als hilfreich, ein Haustier zu haben, für das sie Verantwortung übernehmen und zu dem sie eine tiefe Bindung aufbauen und dadurch ihre Empathie stärken können.

Herausfordernde Charakterzüge in der Kindheit bis zum zwölften Lebensjahr

Diese sensiblen Persönlichkeiten verfügen über eine enorme Charakterstärke, die ihnen hilft, ihre Ziele im Lauf des Lebens mit der nötigen Disziplin und Ausdauer zu erreichen. Die Beschreibung folgender Wesensmerkmale kann für Sie als Elternteil oder Erzieher sehr hilfreich sein, um die herausfordernden Seiten der Persönlichkeit dieser Kinder liebevoll und bewusst wahrzunehmen und zu lernen, sie anzunehmen und auch wertzuschätzen.

„Ich schaffe alles alleine"

22/4-Kinder neigen dazu, bereits als Kleinkinder alles, was sie sich in den Kopf gesetzt haben, mit einer gewissen Selbstsicherheit, Mut und einem zart anmutenden Abenteuergeist zu erreichen. Diese sensiblen Wesen manifestieren ihren starken Willen durch ein ausgeprägtes Durchsetzungsvermögen sowie teilweise durch ein Trotzverhalten und Wutanfälle, die auf der einen Seite ein Ausdruck ihrer unbändigen Kraft sind und auf der anderen Seite ihre Frustration widerspiegeln. Das Gefühl der Frustration überkommt diese Kinder, sobald sie das Gefühl haben, ihre Wünsche nicht durchsetzen zu können. Dieser Charakterzug verlangt von Ihnen als Elternteil oder Erzieher deshalb viel Geduld und vor allem viel Gelassenheit. Versuchen Sie, bewusst mit diesem Persönlichkeitsaspekt des Kindes umzugehen. Gehen Sie offen auf das Kind ein, bleiben Sie ruhig und zeigen Sie vor allem Verständnis für das Frustrationsgefühl Ihres Sprösslings.

Ungeduld als Herausforderung

Der Aspekt der Ungeduld erweist sich als eine persönliche Schwäche und Herausforderung für die Eltern von 22/4-Kindern. Die ausgeprägte Fantasie und der Einfallsreichtum dieser Kinder machen sie zu wahrhaftig kreativen jungen Menschen, die jedoch die Geduld ihres Umfeldes sehr häufig auf die Probe stellen, weil sie alles, was sie erreichen wollen, auch unmittelbar umsetzen möchten. Sie verfolgen ihre Pläne kraftvoll und zielgerichtet, **weshalb sie ihre Ideen lieber gestern als morgen verwirklichen sollten. Allerdings treffen sie bei der Umsetzung ihrer Vorstellungen immer wieder auf Stolpersteine und neigen in diesem Fall dazu, ungeduldig, trotzig und auch wütend zu werden.** In einer solchen Situation benötigen die 22/4-Kinder ausreichend Liebe, elterliche Wärme, Zärtlichkeit und Verständnis, aber auch Ermutigung von den Menschen in ihrem Umfeld. Begegnet man ihnen mit Geduld und Rücksicht, so hilft ihnen dies dabei, diese Charakterzüge der eigenen Persönlichkeit zu integrieren.

Entschlossen und eigenwillig

Das 22/4-Kind stellt in seiner Erziehung eine gewisse Herausforderung für die Erwachsenen dar und äußert gerne seine Meinung. Diese kleinen Menschen zu etwas zu überreden, das sie nicht wollen, ist beinahe unmöglich. Empfehlenswert ist es, ihnen stets gewisse Wahlfreiheiten zu lassen und die Möglichkeit zu geben, eigenständig Entscheidungen zu treffen, denn dadurch fühlen sie sich frei und wertgeschätzt. **Auch Freiheit und Aufmerksamkeit sind zwei jener Aspekte, die es bei Kindern mit der Lebenszahl 22/4 zu berücksichtigen gilt.**

Förderungsmöglichkeiten in der Kindheit bis zum zwölften Lebensjahr

Mithilfe der folgenden Empfehlungen können Sie als Eltern oder Erziehungsberechtigte diese faszinierenden Charaktere in ihrer Entwicklung nachhaltig unterstützen. Vertrauen Sie beim Begleiten dieser starken Persönlichkeiten Ihrer Empathie und lassen Sie sich nicht aus der Ruhe bringen.

Feste Alltagsstrukturen und Rituale zur Stärkung der Kinder

Diese Kinder brauchen für die Entfaltung ihrer Persönlichkeit und ihres Naturells feste Rituale, verlässliche Bezugspersonen und **stabile Strukturen, die ihnen Sicherheit, Halt und Geborgenheit vermitteln.** Aufgrund dessen ist es einerseits empfehlenswert, dass die Eltern dem Kind **einen geregelten Tagesablauf ermöglichen**, der von festen Strukturen, Regeln und Ritualen geprägt ist. Rituale und einen klaren Tagesablauf zu haben, erzeugt im 22/4-Kind ein Gefühl der Zusammengehörigkeit. Außerdem stellen klare Strukturen und Abläufe auch für Sie als Elternteil eine Erleichterung dar, denn, wenn Ihr Nachwuchs in gewissen Situationen weiß, was ihn erwartet, kann auch er besser mit bevorstehenden Ereignissen umgehen.

Andererseits sollte jedoch ebenso Wert darauf gelegt werden, dass die Eltern diese markanten Persönlichkeiten bereits in der frühen Kindheit dabei unterstützen, Veränderungen im Leben anzunehmen. Denn nicht alles im Leben kann geplant werden, und dafür sollten diese Kinder eine gewisse Sensibilität entwickeln.

Aus Sinneseindrücken lernen

Kinder mit dieser Lebenszahl benötigen sowohl im Innen als auch im

Außen Zeit und Ruhe, um zu spielen, zu lernen und sich neues Wissen anzueignen. Ihre **ausgeprägte Sinneswahrnehmung** dient dem Erwerb neuen Wissens, weshalb diese Kinder stets den Drang verspüren, Dinge anzufassen, um sie in ihrer Ganzheit wahrzunehmen. Für das Spielen und Lernen benötigen sie daher die Möglichkeit, sich mithilfe von bunten Gegenständen oder dreidimensionalen Objekten Wissen anzueignen. **Rein theoretische Erklärungen ohne die Involvierung von Sinneseindrücken reichen Kindern mit der Lebenszahl 22/4 oft nicht, um Inhalte zu verinnerlichen.**

Geduld fördern

Für Sie als Elternteil ist es wichtig, bei Trotz- und Wutanfällen Ihres Kindes Ruhe zu bewahren und es liebevoll dazu zu motivieren, nicht aufzugeben, sondern geduldig zu sein und sich bei der Umsetzung seiner Vorstellungen sowie beim Spielen Zeit zu lassen. Auf diese Art und Weise gelingt es Ihnen, die natürliche Ausdauer und Disziplin, die das 22/4-Kind besitzt, zu unterstützen und die Entfaltung dieser Charaktereigenschaften zu fördern. Diese Kinder sollten lernen, im Hier und Jetzt verankert zu sein und ihre Neigung, vieles in Eile erledigen und umsetzen zu wollen und dadurch gehetzt zu sein, abzulegen. Wenn ihnen das gelingt, so können sie sich dadurch ihrem Gegenüber öffnen und sowohl ihre Beziehungsfähigkeit als auch ihre soziale Kompetenz Schritt für Schritt entfalten. Gerade die Entwicklung der Sozialkompetenz spielt bei diesen Kindern eine zentrale Rolle, da sie oftmals dazu neigen, spielerischen Aktivitäten und der Umsetzung ihrer Ziele allein, ohne Außenstehende nachzugehen.

Ein persönlicher Rückzugsort stärkt die Selbstsicherheit

Diese Kinder lieben es, ihr eigenes Reich zu haben, in das sie sich zurückziehen können, wenn sie das Verlangen danach haben. Sie können Ihre Kinder in der **Entfaltung ihrer Selbstsicherheit** unterstützen, indem Sie ihnen bereits in frühen Jahren **einen eigenen Bereich – sozusagen einen Rückzugsort – zur Verfügung stellen** oder es ihnen erlauben, ein eigenes Zimmer zu haben. **Klare Besitzverhältnisse fördern diese Kinder darin, ein Gefühl der inneren Sicherheit zu entwickeln** und tragen dazu bei, dass sich diese jungen Menschen mit ihrem „Besitz" eins fühlen. Sie reagieren tatsächlich verletzt, wenn jemand zum Beispiel ihre Spielsachen ungefragt verwendet.

Bewegung zur Förderung der persönlichen Entwicklung

Des Weiteren ist es für diese Kinder von enormer Bedeutung, **sich aktiv zu bewegen**. Da die Kinder mit der Lebenszahl 22/4 zu einer gewissen Bequemlichkeit oder Trägheit neigen, ist es äußerst wichtig, dass Sie gezielt Maßnahmen setzen, um **die psychische und körperliche Entwicklung Ihres Kindes** zu fördern. Ermuntern Sie Ihren Sprössling dazu, Sport zu betreiben, oder zum Beispiel gemeinsam mit Ihnen, Geschwistern oder Freunden Spaziergänge zu unternehmen.
Achten Sie außerdem darauf, dass Ihre Kinder vom Säuglingsalter an bis zur präpubertären Lebensphase viel Körperkontakt bekommen und Sie ihnen **ein Gefühl der Geborgenheit und Sicherheit vermitteln**. Diese Kinder gehen grundsätzlich **tiefe Verbindungen mit Bezugspersonen, Eltern und Orten, an denen sie aufwachsen**, ein. Daher ist es wesentlich, dass Eltern und Bezugspersonen diese Kinder einfühlsam behandeln und ihre Verbundenheit mit den jeweiligen Orten und Dingen, die sie besitzen, unterstützen und verstehen.

Symptomträger des Familiensystems

Meistens zeigen sich diese Kinder von klein auf traditionsgebunden. **Sie interessieren sich für die älteren Familienmitglieder in ihrem Umfeld und möchten einiges über das Familiensystem erfahren**. In dieser Hinsicht ist es für die Eltern von Bedeutung, auf diese Tendenz und dieses Verhalten zu achten. Des Öfteren neigen diese Kinder nämlich dazu, zu Symptomträgern des Familiensystems zu werden oder Glaubens- und Verhaltensmuster aus der Ahnenreihe zu übernehmen. Auf diese Aspekte sollten die Eltern deshalb ein wachsames Auge werfen, denn sollte sich diese Tendenz beim eigenen Kind etwa schon in frühen

Jahren zeigen, **empfiehlt es sich, Aufarbeitungsmechanismen wie systemische Arbeit oder Ahnenarbeit in Anspruch zu nehmen**. Die Auseinandersetzung mit diesem Glaubens- und Verhaltensmuster bestärkt das Kind darin, seine Persönlichkeit uneingeschränkt und befreit von systemischen Belastungen zu entfalten.

Für die Entfaltung der Persönlichkeit von 22/4-Kindern ist es von großer Bedeutung, **in jungen Jahren zu lernen, Veränderungen anzunehmen und Abwechslung im eigenen Leben willkommen zu heißen**. Dies gründet auf der Tatsache, dass diese Kinder Veränderungen anfänglich misstrauisch gegenüberstehen. Sie haben häufig Angst davor, dass sich alte, gewohnte Strukturen und Umgebungen verändern könnten. Daher sollte es diesen jungen Persönlichkeiten in der Kindheit zunächst ermöglicht werden, **in der eigenen Person sozusagen Wurzeln zu schlagen und in sich selbst eine innere Heimat zu finden**. Eine Verwurzelung in sich selbst bildet die Basis dafür, dass sie später zu Jugendlichen und in weiterer Folge zu Erwachsenen werden, die neben ihrer inneren Stabilität und Verlässlichkeit auch offen für Neues sind. In diesem Kontext erweist es sich als zielführend, die **Kinder mit dieser Lebenszahl laufend zu ermutigen, sich immer wieder von ihrer vertrauten Umgebung zu lösen** sowie ihren Mitmenschen aufgeschlossen und neugierig zu begegnen.

Beschreibung der Persönlichkeit in der Pubertät

In der Pubertät entwickelt diese Persönlichkeit jene Charakterzüge weiter, die sich bereits im Kleinkind- und Volksschulalter abgezeichnet haben. Jugendliche mit der Lebenszahl 22/4 sind sehr selbstständige Wesen, die neben ihrem Bedürfnis nach Zugehörigkeit und Selbstsicherheit, einen tiefen Freiheitsdrang verspüren. Sie sind geduldig, friedlich und warmherzig, wobei sie in ihren Verhaltensweisen auch manchmal starr oder sogar unflexibel wirken können.

Innere Zerrissenheit

In der Phase des Erwachsenwerdens ist die Psyche dieser Jugendlichen von einem besonderen Gefühl der inneren Zerrissenheit durchdrungen, das für innere Instabilität sorgt: Auf der einen Seite verspüren diese Pubertierenden **ein starkes Bedürfnis nach Zugehörigkeit und Verbundenheit mit ihrer Familie**, auf der anderen Seite haben sie **eine tiefe Sehnsucht danach, erwachsen zu werden** und sich Gleichaltrigen oder anderen Menschen zugehörig zu fühlen. Diesen Zustand kompensieren diese Jugendlichen mit einer ausgeprägten, „stillen" Rebellionsphase, die sich häufig auf eine sehr subtile Art und Weise zeigt. Damit ist gemeint, dass diese Jugendlichen nicht offen auf Konfrontationskurs mit ihren Eltern gehen, sondern sich zurückziehen und oft unnahbar für Eltern und Freunde werden.

Eine Identitätsfindung reich an Selbstzweifeln

Häufig haben Heranwachsende mit dieser Lebenszahl das Gefühl, zwischen der behütenden Phase der Kindheit und dem Prozess des Erwachsenwerdens, der in der Pubertät seine Anfänge nimmt, hin und her zu pendeln und keinen richtigen Halt zu finden. **Die Suche nach ihrer Identität und Individualität gestaltet sich komplex und manchmal problematisch.** Diese Menschen weisen schon in der Kindheit und vermehrt in der Pubertät die Tendenz auf, starre Vorstellungen zu entwickeln. Sie neigen sogar dazu, mit anderen Menschen hart ins Gericht zu gehen und sie zu kritisieren, wenn sie nicht ihren Erwartungen oder dem, was sie für richtig halten, entsprechen. Die pubertierenden 22/4er können sich in dieser Lebensphase mitunter wie angepasste Erwachsene verhalten, die ihre Identität und ihr Naturell noch nicht entdeckt und fremde Verhaltensmodelle verinnerlicht haben.

Drang nach Selbstständigkeit

Bereits in der Pubertät erweist sich der junge 22/4-Mensch als überaus selbstständig und löst sich relativ früh von der Familie. Er sucht Kontakte im Außen, oft zu Gleichaltrigen oder zu älteren Freunden. Für ihn ist es in dieser Lebensphase sehr wichtig, Sport zu treiben oder anderen Tätigkeiten nachzugehen, die es ihm ermöglichen, sich selbst zu spüren. Kampfkunst, Mannschafts- oder Leistungssport sind für diese Persönlichkeit bestens geeignet und unterstützen sie in der Jugendzeit dabei, sich selbst besser wahrzunehmen und Zugang zu ihrer Kraft zu finden.

Herausfordernde Charakterzüge in der Pubertät

Wie bereits in ihrer Kindheit, tragen diese Jugendlichen auch in der Pubertät zwei Seelen in ihrer Brust: Einerseits sind sie friedlich und warmherzig und sehnen sich nach Halt und tiefgehenden Beziehungen, andererseits neigen sie dazu, sich zurückzuziehen und wirken manchmal sogar unnahbar. Die Beschreibung der folgenden Persönlichkeitsmerkmale und Verhaltensweisen wollen Ihnen als Eltern dabei helfen, Ihren 22/4-Jugendlichen mit all seinen Ecken und Kanten, bewusster anzunehmen und ihm konkrete Hilfestellungen anzubieten, um diese Aspekte seiner Persönlichkeit, die ein enormes Entwicklungspotenzial mit sich bringen, auch zu entfalten.

Von sich überzeugt und willensstark

Diese jungen Menschen befinden sich selbst schon relativ früh für reif und verantwortungsbewusst und wollen deswegen keine Regeln von Eltern oder Erziehungsberechtigten befolgen. Wenn man versucht, sie zu erziehen, fühlen sie sich oft unfair behandelt. Gerechtigkeit ist grundsätzlich ein ausgesprochen wichtiger Wert für diese Menschen, weshalb sie diesen sehr hochhalten. **Diese Persönlichkeit verfügt über eine starke Willens- und Lebenskraft, von der sie Gebrauch macht, um sich gegen ihre Mitmenschen durchzusetzen.** Im Umgang mit dieser Persönlichkeit sind deshalb Diplomatie und Einfühlungsvermögen gefragt. Gehen Sie rücksichtsvoll auf diesen Jugendlichen ein, um seine Bedürfnisse zu verstehen: Dies bedeutet einerseits, dass Sie dem Jugendlichen in seinen Anliegen und Forderungen entgegenkommen und seine Wünsche unterstützen. Andererseits sollten Sie ihn aber auch dementsprechend zur Verantwortung ziehen, wenn gewisse Situationen dies erforderlich machen. Geben Sie Ihrem Nachwuchs zu verstehen, dass Freiheit klarer Grenzen bedarf und eine Verantwortungsübernahme für das eigene Handeln im Leben essenziell ist.

Rückzug als Weg zur Selbstfindung

Diese Jugendlichen benötigen einen familiären Rahmen, der ihnen Sicherheit, Stabilität und Dauerhaftigkeit vermittelt. Diese Voraussetzungen geben dieser eigensinnigen Persönlichkeit ein Gefühl der Geborgenheit und ermöglichen es ihr, einen klaren Zugang zu sich selbst zu finden. In der herausfordernden Zeit der Pubertät charakterisiert sich der Identitätsfindungsprozess dieser jungen Menschen durch die Tendenz und das starke Bedürfnis, sich vom Umfeld zurückzuziehen und von Zeit zu Zeit für sich alleine zu sein. **Dieser Rückzug ist für diesen jungen Menschen unverzichtbar, um Neues und Unvorhergesehenes einzuordnen und neue Erfahrungen zu integrieren.** Auf den Jugendlichen einstürmende Neuigkeiten sowie Außenreize destabilisieren ihn, weshalb er diese Erfahrungen und die damit einhergehende innere Unausgeglichenheit kompensiert, indem er aktiv nach Ruhe sucht und eine selbstständige Lösung seiner innerlichen Imbalance anstrebt.

Förderungsmöglichkeiten in der Pubertät

Der wichtigste Aspekt, der die Eltern dabei unterstützt, eine positive und harmonische Beziehung mit ihrem pubertierenden 22/4-Kind zu pflegen, ist zu akzeptieren, dass diese Kinder sehr willensstark sind. Die Erziehung in der Pubertät stellt eine große Herausforderung dar, weshalb folgende Empfehlungen Sie dabei unterstützen wollen, sich dieser Herausforderung ausreichend gewappnet und voll Akzeptanz zu stellen.

Akzeptanz als Weg zu Selbstfindung

Was diese Menschen in ihrem Selbstfindungsprozess unterstützt, ist **die Sicherheit, dass ihre Eltern beständig für sie da sind, und dass sie von diesen, so wie sie sind, angenommen werden.** Konkret brauchen diese Jugendlichen das Gefühl, dass die Eltern ihre Art des Rebellierens in Form eines Rückzugs akzeptieren. Zudem sollten die Eltern trotz des rebellischen Verhaltens dieser Pubertierenden immer wieder versuchen, auf eine liebevolle Art und Weise in Kontakt mit ihnen zu treten – ohne zu viele Fragen über die Gründe des Rückzuges zu stellen. Die Eltern sollten diesen jungen Menschen das Gefühl einer ebenbürtigen Beziehung vermitteln und mehr von sich selbst preisgeben. Der Austausch über Gefühle, alltägliche Erlebnisse, Ansichten über das Leben und die Gesellschaft schaffen einen offenen, ehrlichen Rahmen, der den Jugendlichen den Mut verleiht, von sich aus das Gespräch mit den Eltern zu suchen.

Provokationen nicht persönlich nehmen

Als Eltern sollten Sie anerkennen, dass Ihre Kinder mit dieser Lebenszahl von klein auf eigene Meinungen, Überzeugungen und klare Wünsche haben und sogar konkrete Pläne für ihr Leben schmieden. **Wenn möglich, sollten Sie heftige Konflikte mit dieser Lebenszahl vermeiden und nicht emotional auf die Provokationen des Jugendlichen reagieren.** Nehmen Sie die scharfen Kritiken Ihres Kindes nicht persönlich und finden Sie den Mut, sich Ihrem Nachwuchs gegenüber ehrlich zu zeigen. Diese Jugendlichen sind in der Lage, Ihre Schwächen problemlos aufzudecken und Ihnen diese mit harscher Kritik vorzuwerfen. Beweisen Sie in diesem Fall Stärke und ziehen Sie sich nicht verletzt zurück.

Ein kontinuierliches Beziehungsangebot vermeidet Rückzug

Für eine harmonische Persönlichkeitsentfaltung dieser jungen Menschen sollte vermieden werden, dass sie sich zu häufig isolieren und sich laufend zurückziehen wollen. Kommt es dennoch zu dieser Situation, sollten Sie liebevoll, frei von Vorwürfen und mit Fingerspitzengefühl im richtigen Augenblick auf Ihren Nachwuchs eingehen. Suchen Sie in diesem Fall immer wieder den Kontakt zum Jugendlichen, selbst wenn Sie der Auffassung sind, den Jugendlichen und seine Bedürfnisse mehr zu respektieren, wenn sie ihn in Ruhe lassen. Wenden Sie sich Ihrem Sprössling zu, denn gerade letzterer Aspekt birgt nämlich die Gefahr, dass der Jugendliche dieses „in Ruhe gelassen werden“ als Gleichgültigkeit Ihrerseits bzw. seitens beider Elternteile empfindet. Ist dies der Fall, so fühlt sich der Jugendliche weder wertgeschätzt noch verstanden.

Neue Erfahrungen und Begegnungen ermöglichen

Darüber hinaus sollten Eltern ihren 22/4-Jugendlichen immer wieder auf unterschiedliche Art und Weise die Gelegenheit bieten, mit neuen Menschen und Orten in Kontakt zu treten. In der Eltern- oder Erzieherrolle sollte also Rücksicht darauf genommen werden, die Entfaltung der Neugierde und Offenheit dieser Jugendlichen anzuregen, um ein stabiles Fundament für die Entwicklung ihrer Persönlichkeit zu schaffen.

Lebenszahl 33/6 – eine optimistische und lebensfrohe Persönlichkeit

Ein Kind ist kein Gefäß, das gefüllt,
sondern ein Feuer, das entzündet werden will.
Francois Rabelais

Persönliche Beschreibung in der Kindheit bis zum zwölften Lebensjahr

Kinder mit der Lebenszahl 33/6 sind lebensfrohe Menschen, die äußerst neugierig, lebendig, wissensbegierig und abenteuerlustig sind. Sie brauchen viel Bewegung und Freiraum, um ihr Wesen offen zeigen zu können.

Sozial kompetent und fantasievoll

Kinder mit dieser Lebenszahl benötigen ein vielfältiges Angebot an Möglichkeiten, um ihre Kreativität und ihren findigen Geist zu entfalten. Diese Kinder sind sehr auf ihre Freiheit und Unabhängigkeit bedacht und zeichnen sich durch ihre Neugierde sowie ihre Vorliebe für Abwechslung und Abenteuer aus. Dies ist auch der Grund, weshalb sie in ihrem Leben immer wieder neue Impulse brauchen. Einerseits besitzen diese Kinder eine ausgeprägte soziale Intelligenz und zeigen großes Interesse am Kontakt mit anderen Gleichaltrigen oder Erwachsenen. Andererseits verbringen sie gerne Zeit in ihrer regen Fantasiewelt und spielen in diesen Momenten bevorzugt allein.

Natürliche Neugierde

33/6-Kinder stellen von klein auf viele Fragen, interessieren sich für die Hintergründe des Lebens und bilden sich schon früh eigenständige Meinungen. Aus diesem Grund fühlen sich die Erwachsenen in ihrem Umfeld oft von ihnen beobachtet oder sogar analysiert. Diese Suche nach den tiefen Zusammenhängen, nach dem „Warum" und dem Sinn des Lebens begleitet 33/6-Persönlichkeiten bis ins Erwachsenenalter. Bereits in der Kindheit begegnen diese geselligen Naturen ihren Mitmenschen tolerant, großzügig, offen, freundlich und warmherzig. Zudem sind diese Kinder voller Tatendrang und sehnen sich stets nach neuen Herausforderungen. Sie benötigen ein vielfältiges Umfeld, das ihr natürliches Bedürfnis nach Geborgenheit, Entfaltung und Wissen stillt.

Hohe soziale Intelligenz

Kinder mit der Lebenszahl 33/6 begegnen Familienangehörigen und anderen Menschen auf eine liebevolle und soziale Art und Weise. **Für sie ist es wichtig, unterschiedliche Bezugspersonen und viele Kinder zum Spielen um sich zu haben.** Auf diesem Weg können diese sensiblen Persönlichkeiten ihr starkes Bedürfnis nach Berührung und Köperkontakt stillen, ihren Charakter entfalten und sich ihrem Umfeld gegenüber öffnen. Allerdings entwickeln diese Heranwachsenden dennoch oftmals die Tendenz, **sich bestimmte Menschen als Bezugspersonen auszusuchen und sich dann nur auf diese zu fixieren.** Daher sollten Eltern diese Kinder schon in frühen Jahren dazu anregen, einen guten Kontakt zu verschiedenen Menschen aufzubauen.

Herausfordernde Charakterzüge in der Kindheit bis zum zwölften Lebensjahr

Als Eltern dieser aufgeweckten Kinder brauchen Sie viel Energie und eine spielerische Ader, um die Entdeckungslust Ihres Sprösslings zu befriedigen. Wenn Sie dabei auf die folgenden Charaktereigenschaften Ihres Kindes Rücksicht nehmen und sich aktiv den erzieherischen Herausforderungen stellen, so wird es Ihnen keine Schwierigkeiten bereiten, auf Ihr Kind einzugehen:

Zappelphilipp auf Entdeckungsreise

Kinder mit der Lebenszahl 33/6 sind unglaublich neugierig und lebendig. Sie ähneln schon von frühen Kindheitstagen an **einem kleinen Zappelphilipp und haben Probleme damit, einfach ruhig zu sitzen**. Diese Kinder wollen alles lernen und verstehen. Sie verspüren den starken Drang, ihre Umgebung zu erkunden und sich frei zu bewegen. Dieses Bedürfnis der 33/6-Kinder sollte nicht eingeschränkt, sondern vielmehr gefördert werden. Als Elternteil oder Erzieher sollte man also darauf achten, die Vielseitigkeit, die diese Lebenszahl in sich trägt, nachhaltig zu unterstützen.

Von Zeit zu Zeit emotional instabil

Kinder mit der Lebenszahl 33/6 zeigen meistens sehr deutlich, wie sie sich in ihrem Inneren fühlen. **In der Gefühlswelt dieser Kinder herrscht oft Unruhe und ihre Gefühle und Emotionen schwanken ständig**. Daher können die heranwachsenden 33/6er auf ihr Umfeld launisch wirken und ihre Mitmenschen mit ihrem oftmals sehr rasch wechselnden

Gemütszustand herausfordern. Insbesondere im Jugendalter führen diese extremen Stimmungsschwankungen zu inneren Spannungen und intensiven Diskussionen. Aufgrund dieser Eigenschaften fällt es anderen Menschen nicht immer leicht, diese Kinder richtig einzuschätzen. Als Eltern sollten sie diesen Charakterzug akzeptieren und Ihrem Kind durch Ihre Vorbildwirkung Wege zur inneren Stabilität aufzeigen.

Angst vor Fehlern

In der Öffentlichkeit verhalten sich diese Kinder, wenn sie sich sicher und angenommen fühlen, sprunghaft und spontan. Sie sind in der Lage, sich an ihre Mitmenschen anzupassen und schwingen meistens mit ihrem sozialen Umfeld mit. Mitunter wirken sie auf andere ein wenig verträumt und in ihrer eigenen inneren Welt verwurzelt. Wenn sie nicht wissen, wie sie sich in bestimmten Situationen verhalten sollen, verfallen sie in eine Art Schockstarre. **Fordert man sie dazu auf, zu handeln, machen sie lieber nichts, um Fehler zu vermeiden.**

Bringen Sie Ihrem Kind deshalb liebevoll bei, etwas aktiver zu werden, indem Sie es immer wieder dazu auffordern, seine Meinung offen zu sagen. Zeigen Sie ihm, dass es wichtig ist, sich persönlich zu engagieren, auch wenn dabei vielleicht Fehler passieren und es Kritik geben könnte.

Förderungsmöglichkeiten in der Kindheit bis zum zwölften Lebensjahr

Als Eltern sollten Sie darauf achten, dass Ihr Kind mit der Lebenszahl 33/6 **die Möglichkeit hat, lange Spaziergänge zu machen und sich immer wieder an neuen Plätzen in der frischen Luft zu bewegen**. Eine besonders entwicklungsfördernde Wirkung hat das Reiten auf diese Kinder. Das Erlernen des Umgangs mit Pferden hilft diesen Heranwachsenden dabei, zu erkennen, dass Freiheit unter anderem damit verbunden ist, große Verantwortung zu tragen. **Im engen und regelmäßigen Kontakt mit Pferden oder anderen Tieren lernen diese Kinder, Verant-**

wortung zu übernehmen sowie langfristige Beziehungen aufzubauen und zu pflegen.

Lesen und Sport für die Persönlichkeitsentfaltung

Der Wissensdurst dieser Kinder lässt sich wiederum sehr gut mit Sachbüchern zu unterschiedlichsten Themen stillen. Auch **Bücher und Videos über fremde Kulturen, unterschiedliche Landschaften und Völker der Erde sind für diese Kinder interessant**. Diese Medien sprechen den aufstrebenden und reisenden Geist an, den diese Kinder in sich tragen. **Sportmannschaften oder Disziplinen wie Kampfkunst fördern die Charakterstärke dieser Kinder**. Sie helfen 33/6-Persönlichkeiten, ihre enorme Lebendigkeit sowie ihren starken Drang nach Selbstverwirklichung und Eigenständigkeit in die richtigen Bahnen zu lenken. Außerdem lernen sie bei diesen sportlichen Aktivitäten, auf andere Rücksicht zu nehmen.

Geborgenheitsgefühl als Schlüssel zur Entfaltung der Kreativität und Persönlichkeit

Um ihren natürlichen Entdeckungsdrang auszuleben, muss sich diese Lebenszahl sicher und geborgen fühlen. Dies ist die Bedingung, die berücksichtigt werden sollte, um diese äußerst neugierigen und aufgeweckten Kinder in ihrer Entfaltung zu fördern. Daher sollte man zunächst **ein positives, konstruktives, freundliches und interessantes Umfeld für 33/6-Kinder schaffen**. Zudem sollten diese jungen Persönlichkeiten dazu anregt werden, aus sich herauszugehen. Dies kann gelingen, indem man **etwa durch das Erzählen einer Geschichte oder im Zuge einer Fantasiereise auf die Interessen der Kinder eingeht**. Dem natürlichen Entdeckungsdrang dieser Lebenszahl kann ebenso durch Bewegung oder das Erzählen von Märchen nachgekommen werden. Auch **das Malen oder Basteln mit unterschiedlichen Materialien regt die Entfaltung des kreativen Geistes dieser Persönlichkeiten optimal an**. Die Eltern sollten bei diesen jungen Menschen generell darauf achten, ausreichend Freiraum für die kreativen Prozesse dieser Kinder zu schaffen. Außerdem sollten Erziehungsberechtigte ihren Kindern mit der Lebenszahl 33/6 zumuten, dass diese ihrem Alter entsprechend in der Lage sind, selbstständig passende Wege für die Entfaltung ihrer Kreativität zu finden.

Über Gefühle sprechen lernen

Damit diese Lebenszahl ihre sensible Persönlichkeit bestmöglich entwickeln kann, sollte man sie darin fördern, ihre Gefühle klar und präzise zum Ausdruck zu bringen. In diesem Zusammenhang ist es als Elternteil wichtig, stereotype Denkweisen, wie zum Beispiel „Jungen weinen nicht", „große Mädchen haben keine Angst" oder „ein Indianer kennt keinen Schmerz" zu vermeiden. Diese vorgefertigten Meinungen können Kinder verunsichern und eine Unterdrückung ihrer Gefühle verursachen. **Es ist von großer Bedeutung, dass Sie empathisch auf Ihr 33/6-Kind eingehen und seinen Schmerz würdigen**. Fördern Sie das Empathievermögen Ihres Kindes, indem Sie es dazu anregen, die Perspektive seiner Mitmenschen einzunehmen – egal ob von Gleichaltrigen oder anderen Personen. In diesem Kontext ist es unabkömmlich, **das breite Spektrum der Gefühlssprache zwischen Eltern und Kind offenkundig wahrzunehmen**. Zum Beispiel braucht diese Lebenszahl bei einem Wutanfall körperliche Nähe, denn **durch Berührungen fühlt sie sich geborgen, angenommen und in ihrem emotionalen Zustand gewürdigt**. Abhängig vom Alter des Kindes ist es ebenso essenziell, diese sensible Persönlichkeit als Elternteil dabei zu unterstützen, die eigenen Gefühle zu verbalisieren und einen kreativen Ausdruck für diese zu finden.

Unterstützung der Abenteuerlust

Die Eltern sollten unbedingt darauf achten, dass ihre Sprösslinge mit der Lebenszahl 33/6 ihre natürliche Neugierde und Abenteuerlust stets beibehalten. Daher ist es außerordentlich wichtig, es diesen Kindern zu ermöglichen, ihren Wissens- und Erfahrungsschatz auf spielerische Art und Weise zu erweitern. Diese persönliche Eigenschaft zu stärken, hilft diesen jungen Menschen, sich im Erwachsenenalter laufend weiterzubilden und eröffnet ihnen den Weg zu einer kreativen Lebensgestaltung. Fantasiereisen und kreative Tätigkeiten, wie etwa Zeichnen oder Malen, sind geeignete Hilfsmittel, um die außergewöhnliche Schöpferkraft dieser einzigartigen Persönlichkeiten zu stärken.

Bewegung als Schlüssel zur inneren Stabilität

Des Weiteren sollten Sie als Elternteil auf den natürlichen Bewegungsdrang dieser Lebenszahl eingehen. In dieser Hinsicht ist es entscheidend, dass Sie Ihrem 33/6-Kind ausreichend Gelegenheiten geben, um seine motorischen Fähigkeiten selbstständig auszuprobieren. Bieten Sie Ihrem Nachwuchs beispielsweise sportliche Aktivitäten kombiniert mit spielerischen Elementen an, um seine natürliche Bewegungsfreude zu stimulieren. Besonders hilfreich sind außerdem Bewegungsabläufe oder Übungen, die beide Gehirnhälften beanspruchen. Ihr Kind mit der Lebenszahl 33/6 benötigt also ein abwechslungsreiches Bewegungsangebot, das auch Übungen zur Schulung der Wahrnehmung beinhaltet, um die eigene Konzentrationsfähigkeit und innere Stabilität zu verbessern.

Ein intaktes Umfeld stärkt das Selbstbewusstsein

Diese Persönlichkeit benötigt eine intakte Familie, um sich ihrem Naturell entsprechend entwickeln zu können. Die Eltern sollten liebevoll und mit einem empathischen Erziehungsstil auf diese Lebenszahl eingehen. 33/6-Kinder sind sehr feinfühlige Charaktere und besitzen die Fähigkeit, den innersten Kern ihrer Eltern zu erfassen. **Wenn die Eltern diesen Kindern mit Offenheit begegnen und ihnen Vertrauen schenken, werden sie im Gegenzug auch Vertrauen und Ehrlichkeit von ihrem Nachwuchs zurückbekommen.** Auf diese Art und Weise kann sich eine stabile und konstruktive Eltern-Kind-Beziehung bilden. Eine weitere wichtige Hilfestellung für die Eltern dieser Zahl besteht darin, mit ihrem 33/6-Nachwuchs offen und ehrlich über dessen Gefühle zu sprechen – seien es positive oder negative Emotionen. Alles, was unter den

Teppich gekehrt wird, belastet Kinder mit dieser Lebenszahl und macht sie zu unruhigen und orientierungslosen Wesen. Es könnte sogar passieren, dass sich die Kinder in diesem Fall für das Unwohlsein, das sie bei den Eltern wahrnehmen, verantwortlich fühlen. Darüber hinaus ist es ratsam, schon in den ersten Kindheitsjahren zu versuchen, mit diesen Kindern kürzere oder auch längere Reisen in neue Umgebungen zu unternehmen. Ausflügen dieser Art wohnt nämlich das Potenzial inne, die natürliche Neugierde und Abenteuerlust dieser Persönlichkeiten zu stimulieren.

Beschreibung der Persönlichkeit in der Pubertät

Kinder mit der Lebenszahl 33/6 sind von Natur aus fröhlich, positiv gestimmt und sehr neugierig. In der Pubertät zeigen sie eine **freiheitsliebende Ader und präsentieren sich als unabhängige junge Menschen**, die ihren Identitätsfindungsprozess als Abenteuer betrachten und abwechslungsreich gestalten.

Sozial und beziehungsfähig

Im Alter zwischen neun und 13 Jahren sind Jugendliche mit der Lebenszahl 33/6, wenn sie sich in der Kindheit geborgen gefühlt haben, **sehr sozial und beliebt**. Bereits in diesem jungen Lebensalter sind diese Persönlichkeiten häufig **eine Bezugsperson für andere**, in ihren Ansichten sehr humanistisch geprägt sowie **ihren Mitschülern und Freunden gegenüber hilfsbereit**. Auch im Familienverband zeigen sie sich bereits früh verantwortungsbewusst. Darüber hinaus tendiert diese Lebenszahl oftmals dazu, in eine partnerschaftliche Rolle zu schlüpfen. Vonseiten der Eltern gilt es deshalb darauf zu achten, dass die 33/6-Persönlichkeiten nicht zu schnell erwachsen werden oder überhaupt **die Rolle von Erwachsenen übernehmen, wenn die Familiensituation instabil ist.**

Mutig auf dem Weg zum Erwachsenwerden

Jugendliche mit der Lebenszahl 33/6 wagen sich mutig und selbstsicher an neue Erfahrungen heran. In der Pubertät sind diese Kinder meistens sehr neugierig und **ihrem Umfeld und ihren Altersgenossen gegenüber sehr aufgeschlossen.** Diese Pubertierenden möchten unterschiedliche Menschen kennenlernen und in Beziehungen, im Freundeskreis sowie **in diversen Liebesbeziehungen unterschiedliche Erfahrungen sammeln.** Aufgrund dessen wirken diese jungen Menschen in der Pubertät nach außen hin manchmal unverlässlich und neigen dazu, ihre Freunde immer wieder zu wechseln. Den Menschen in ihrem Umfeld fällt es dadurch **schwer, mit den heranwachsenden 33/6-Kindern tiefgehende freundschaftliche Beziehungen aufzubauen**, da sie für ihre Mitmenschen in dieser Lebensphase emotional nicht greifbar sind. Mit viel Mut, Selbstbestimmtheit und voller Energie beschreiten diese Jugendlichen den Weg des Erwachsenenwerdens. Sie fühlen sich dazu **bereit, sich von der Familie abzunabeln und die Geborgenheit des kindlichen Daseins hinter sich zu lassen.**

Dem Umfeld gegenüber neugierig und offen

Menschen mit der Lebenszahl 33/6 stecken voller Tatendrang, Leistungs- und Bewegungsfreude und haben hohe Ansprüche an sich selbst. **Besonders in jenen Bereichen, für die sie eine Leidenschaft verspüren, engagieren sie sich intensiv, erbringen außergewöhnliche Leistungen und versuchen, ihre gesteckten Ziele zu erreichen.** Sie wollen aber nicht nur ihnen Unbekanntes entdecken, sondern auch **ihr eigenes Potenzial erkunden**. 33/6-Jugendliche lieben und genießen es, das Beste aus sich herauszuholen. In Gruppen von Gleichaltrigen fühlen sich diese Pubertierenden meist sehr wohl, nicht zuletzt deshalb, da sie in ihrem Umfeld allgemein sehr beliebt sind. **Diese Beliebtheit wurzelt sowohl in der Leichtigkeit und Fröhlichkeit, die sie ausstrahlen, als auch in der offenen, empathischen und aufgeschlossenen Art, mit der sie auf ihre Mitmenschen zugehen.** Es ist für diese neugieren Persönlichkeiten allerdings wichtig, dass ihnen der **Balanceakt zwischen ihrem**

Drang, neue Menschen kennenzulernen, und der Möglichkeit, bestehende Beziehungen und Freundschaften aufrechtzuerhalten, gelingt. Dieses Persönlichkeitsmerkmal ist auch für die Eltern eine Herausforderung. Essenziell ist jedenfalls, dass die Eltern den Abnabelungsprozess, der bei dieser Zahl oft recht schnell und abrupt stattfindet, nicht persönlich nehmen und ihn akzeptieren.

Herausfordernde Charakterzüge in der Pubertät

Diese lebendigen und begeisterungsfähigen Persönlichkeiten verfügen über ein angeborenes, stabiles Bewusstsein und sind immer wieder voller Enthusiasmus auf der Suche nach neuen Erfahrungen. **Diese Persönlichkeiten zu erziehen, strapaziert die Nerven der Eltern sehr häufig.** Im Folgenden erhalten Sie einen Einblick in die wichtigsten Persönlichkeitsmerkmale dieser Kinder in der Pubertät. Eine Fokussierung auf diese Eigenschaften ist als Elternteil deshalb wichtig, um **die sprühende Quelle der Kraft und Neugier dieser Lebenszahl gelassen, geduldig und liebevoll zur Entfaltung zu bringen**:

Für das Sammeln neuer Erfahrungen immer auf Achse

Das heranwachsende 33/6-Kind ist sehr darauf bedacht, seine Identität im Austausch mit unterschiedlichen Mitmenschen und an unterschiedlichen Orten zu formen. Diese Persönlichkeit liebt Abenteuer, Reisen und Ausflüge. Sie ist **fast immer mit ihren zahlreichen Bekanntschaften unterwegs und genießt die vielen Impulse, die sie im Austausch mit diesen und bei Treffen mit neuen Personen erhält.** Aufgrund dieser Offenheit und angeborenen Kontaktsuche sind diese unglaublich wissbegierigen Persönlichkeiten **für die Eltern eine echte Herausforderung.** Die sprühende Lebendigkeit des 33/6-Jugendlichen stellt die Nerven der Eltern nicht selten auf die Probe. Die Eltern sollten **die Neugierde ihres heranwachsenden Kindes und seine anregende Lebenskraft als positive Qualität und Stärke betrachten.** Sie sollten zulassen, dass das eigene Kind aufgrund dieses Persönlichkeitsmerkmals schon in der frühen Pubertät bereit ist, den Abnabelungsprozess relativ schnell durchzuziehen. **33/6-Jugendliche haben für Eltern mit kleinkariertem Denkschema sehr wenig übrig.** Wenn man als Elternteil in der Phase des Erwachsenwerdens auf das eigene Kind eingehen und einen offenen, konstruktiven Dialog mit ihm führen will, sollte man **mit dem machtvollen Unabhängigkeits- und Freiheitsdrang des eigenen Nachwuchses Freundschaft schließen.**

Besserwisserisch und rechthaberisch

Aufgrund ihrer ausgeprägten Intuition sowie ihrer schnellen Auffassungsgabe verhalten sich 33/6-Jugendliche **ihrem Umfeld und vor allem ihren Eltern gegenüber sehr kritisch, ja manchmal sogar besserwisserisch.** Ihre Neigung zu strenger Kritik und ihr Drang, andere zurechtweisen zu müssen, sind auch die Ursache dafür, dass sich die Eltern-Kind-Beziehung manchmal sehr belastend und schwierig gestaltet. Wenn Kinder mit dieser Lebenszahl in der Pubertät das Gefühl haben, dass sie von ihrem Umfeld nicht verstanden werden oder ihre Freiheit nicht respektiert wird, tendieren sie dazu, zu rebellieren. **Dank ihres scharfen Verstandes und ihrer guten Beobachtungsgabe sind sie in der Lage, die kleinsten Fehler ihres Gegenübers aufzudecken.** Durch ihr natürliches Einfühlungsvermögen sind sie dazu fähig, die Beweggründe sowie die Gefühlszustände ihrer Mitmenschen ziemlich genau nachzuempfinden. Diese Pubertierenden fühlen sich in der Beziehung zu ihren Eltern dann nicht geborgen, wenn sie das Gefühl haben, dass die Eltern ihre Schwächen nicht offen zeigen und versuchen, ein perfektes Bild von sich zu vermitteln, das nicht der Realität entspricht.

Freiheitsliebend in den ersten Liebeserfahrungen

Diese freiheitsliebenden und impulsiven Persönlichkeiten neigen dazu, sich für die Liebe zu öffnen und auch eine freundschaftliche sowie gleichzeitig leidenschaftliche Beziehung mit einem Partner leben zu können. Allerdings zeichnet sich schon in ihren ersten Beziehungen **die**

Tendenz ab, sich in einer Partnerschaft durchsetzen und um jeden Preis die eigene Freiheit verteidigen zu wollen. Fühlt sich der 33/6-Jugendliche überwacht, kontrolliert oder gar eingeengt, findet er oftmals auf eine subtile Art und Weise **einen Weg, aus der Beziehung auszubrechen, indem er sich dem Partner gegenüber arrogant und rechthaberisch, ja sogar taktlos verhält**. Unbewusst erhofft sich der Jugendliche durch dieses unpassende Verhalten, sich von der Beziehung befreien zu können. In diesem Zusammenhang ist es wichtig, den Jugendlichen mit der Lebenszahl 33/6 dazu zu motivieren, auf der Gefühlsebene zu lernen, sich selbst gegenüber ehrlich zu sein und die eigenen Gefühle und Meinungen ehrlich zu äußern. Die heranwachsenden 33/6-Jugendlichen sollten erkennen, dass es nicht fair ist, wenn sie aufgrund ihrer intellektuellen Überlegenheit subtile Spielchen treiben, um ihre Mitmenschen zu Dingen zu überreden, die sie sich von ihnen wünschen.

Förderungsmöglichkeiten in der Pubertät

Eine liebevolle und geduldige Erziehung und Begleitung fördern die Persönlichkeitsentwicklung dieser Jugendlichen optimal. Fühlen sich diese Jugendlichen – vor allem in den Herausforderungen und Facetten ihrer bunten Persönlichkeit – angenommen und akzeptiert, gelingt es ihnen, sich zu öffnen und über ihre Gefühle zu sprechen. Folgende Empfehlungen unterstützen Sie dabei, das Potenzial der Jugendliche mit Lebenszahl 33/6 optimal zu entwickeln.

Liebe und Geduld für die Entwicklung der Charakterstärke

Dadurch bekommen diese Pubertierenden die Möglichkeit, Selbstakzeptanz zu erlernen und auf Basis der Selbstannahme mehr Selbstvertrauen und Selbstbewusstsein aufzubauen. Die Eltern sollten davon Abstand nehmen, diese Jugendlichen mit Disziplin oder Leistungsdruck auf dem Weg zum Erwachsenwerden zu begleiten. **Die Entwicklung eines entspannten, lebendigen Dialoges bietet die beste Möglichkeit,**

um einen Zugang zur Seele der heranwachsenden 33/6-Jugendlichen zu finden. Als Elternteil sollte man somit versuchen, das Naturell, die Abenteuerlust und die Freiheitsliebe dieser Lebenszahl zu akzeptieren und den Umgang mit diesen Eigenschaften als konstruktive Herausforderung zu betrachten. Man sollte 33/6-Kinder dazu ermutigen, ihre Offenheit auszuleben und sie nicht bei der Suche nach ihrem wahren Ich behindern. In diesem Kontext ist es auch von Bedeutung, **in der Eltern- oder Erzieherrolle eventuelle Ängste vor dem Verlust des eigenen Kindes aufgrund seines starken Unabhängigkeitsdranges abzulegen.** Vermitteln Sie Ihrem Kind Annahme, Respekt und Wertschätzung, um die Herzensverbundenheit mit Ihrem 33/6-Sprössling in der Pubertät zu bewahren. Das Kind sollte spüren, dass seine Kreativität, Neugierde, Aufgeschlossenheit und Reiselust von Ihnen ernst genommen werden. Geben Sie Ihrem Kind das Gefühl, dass Sie seine Ideen und Projekte voll und ganz unterstützen und helfen Sie ihm bei der Entfaltung seiner inneren Vielfalt, um gleichzeitig auch die richtigen Prioritäten im Leben setzen zu können.

Entwicklung von Einfühlungsvermögen als Schlüssel zu guten Beziehungen

33/6-Jugendliche sind offen, begeisterungsfähig und freundlich, wobei ihr Auftreten im Allgemeinen von Aufrichtigkeit und Ehrlichkeit geprägt ist. **Diese jungen Menschen verfügen über einen angeborenen Gerechtigkeitssinn und eine gewisse Reife, die sie zu guten Menschenkennern macht.** Aufgrund dieser Persönlichkeitsmerkmale, gepaart mit einer scharfen Beobachtungsgabe, wirken diese Jugendlichen ihrer Außenwelt, vor allem Erwachsenen, gegenüber manchmal kritisch, besserwisserisch oder sogar frech. Um diesen Wesenszug als wertvolle Charaktereigenschaft zu entwickeln, ist es wesentlich, dass Sie Ihr Kind mit der Lebenszahl 33/6 schon von klein auf **durch Ihre Vorbildwirkung dabei unterstützen, Einfühlungsvermögen, Respekt, Wertschätzung und Toleranz seinen Mitmenschen gegenüber zu erlernen.** Es fällt Ihnen leichter, diese Aufgabe zu erfüllen, wenn Sie dem Kind immer wieder erklären, dass es lernen sollte, andere Menschen nicht nur zu respektieren, sondern auch ihre Andersartigkeit und Einzigartigkeit zu akzeptieren. Es geht darum, dass **der Jugendliche lernt, anzuerkennen, dass nicht alle Menschen die gleichen Fähigkeiten besitzen und manche Menschen mehr Zeit für bestimmte Aufgaben benötigen.** Der 33/6-Jugendliche sollte im Zuge dieses Lernprozesses erkennen, dass konstruktive Beziehungen nur dann entstehen können, wenn man Unterschiede respektiert, nicht aber, wenn man über sie urteilt. Wenn es Ihnen in der Elternrolle gelingt, Ihrem Kind diese Einstellung zu vermitteln und vorzuleben, so schaffen Sie dadurch insbesondere in der Pubertät eine Basis, auf der Ihr Kind stabile, positive Beziehungen mit Gleichaltrigen aufbauen kann. Der Jugendliche ist in diesem Fall **dazu in der Lage, Freundschaften einzugehen, die von Zusammenhalt, Toleranz, Respekt sowie einem konstruktiven Umgang mit individuellen Unterschieden geprägt sind.** Dies hat eine sehr bereichernde Wirkung auf den Jugendlichen und sein Umfeld.

Die innere Mitte stärken

Bei diesen abenteuerlustigen, aufstrebenden Weltenbummlern ist immer etwas los. Sie sind von früh bis spät unterwegs und wollen stets Neues ausprobieren – **ihre Neugierde ist ihr Jungbrunnen**. Diese Lebendigkeit, Intelligenz und erstaunliche Lebenskraft können diese Kinder tatsächlich leben und im Erwachsenenalter als positiven Charakterzug beibehalten, wenn sie lernen, auf konstruktive Art und Weise damit umzugehen. Diese Umgangsweise können sie sich aneignen, wenn sie die Gelegenheit bekommen, sich immer wieder zu zentrieren und zur Ruhe zu kommen. Als Elternteil ist es deshalb von Bedeutung, **dem eigenen Nachwuchs mit der Lebenszahl 33/6 eine Stütze dabei zu sein, Momente der Ruhe und Gelassenheit zu finden.** Dies gelingt Ihnen etwa, indem Sie Ihrem Kind oder Jugendlichen vorleben, wie regenerierend Momente der Stille und Ruhe sein können. Ihre Lebendigkeit und persönliche Kraft können diese Persönlichkeiten vor allem dann entfalten, wenn sie schon in jungen Jahren lernen, selbstständig zu denken und zu handeln, und in der Stille oder in der Natur Zeit mit sich selbst zu verbringen. Bedenken Sie dabei, dass **Pubertierende mit dieser Lebenszahl vor allem in dynamischen Umgebungen und in der Bewegung Wege zur inneren Stille und Achtsamkeit finden**. Spaziergänge in der Natur, Kampfkunst oder Schwimmen sind somit Aktivitäten, die diesen Jugendlichen dabei helfen, zu sich zu finden. Einfach nur still herumzusitzen, wäre für die Entwicklung dieser jungen Menschen hinderlich.

Kapitel 2
Der Bildungszyklus

UNTERSTÜTZUNG AUF DEM LEBENSWEG

Wie eine Kinderseele aus jedem Blick verspricht,
so reich ist doch an Hoffnung ein ganzer Frühling nicht.
August Heinrich Hoffmann von Fallersleben

Der Bildungszyklus gibt Aufschluss über die Zeit der ersten persönlichen Entwicklungsphase im Leben einer Person. Er spiegelt die Schwingung der Zahl des Geburtsmonats wider, die sich aus der Addition der Ziffern des jeweiligen Monats ergibt.

Beschreibung des Bildungszyklus

Konkret beschreibt der Zyklus die Entwicklung einer Person vom Zeitpunkt ihrer Geburt an, über die Pubertät hinweg bis hin zu den ersten Jahren ihres Erwachsenenlebens. Aus diesem Grund ist die Auseinandersetzung mit dem Bildungszyklus auch in der Elternrolle interessant, denn aus der Offenlegung des Entwicklungsweges des eigenen Kindes lassen sich interessante Empfehlungen für dessen Erziehung und Begleitung gewinnen. Darüber hinaus veranschaulicht der Bildungszyklus unter anderem, wie sich das Umfeld einer Person auf deren Stammfamilie auswirkt.

In diesem Sinne können wir durch die Betrachtung unseres Bildungszyklus unsere Wurzeln erkennen und auch mehr über unsere Entfaltung und Entwicklung sowie die Prägungen, die wir aus unserer Kindheit mitnehmen, erfahren. Diese Phase des Lebens wird durch eine aufsteigende, aktive Energie symbolisiert, die – wie der Frühling – ein enormes Entwicklungspotenzial in sich birgt.

Berechnungsweise

Die Zahl des Bildungszyklus ergibt sich durch die Addition der Ziffern des Geburtsmonats.
Beispiel:
Geburtsdatum: 3.5.2012 Monat = 5 Bildungszyklus = 5

Bildungszyklus 1

Ein Kind im Bildungszyklus 1 zeigt schon im Alter zwischen acht und zwölf Jahren eine außergewöhnliche Entwicklung der eigenen Fähigkeiten. Dies hängt damit zusammen, dass die Schwingung dieses Zyklus überaus stark ist und für eine schnelle Persönlichkeitsentwicklung des Kindes sorgt. Allerdings kennzeichnet sich dieses Kind nicht nur durch eine stark ausgeprägte Sensibilität und Persönlichkeit, sondern verfügt auch über eine enorme Lebenskraft. Das Kind braucht klare Grenzen und muss die Fähigkeit entwickeln, andere Menschen zu respektieren und wahrzunehmen. Bereits in einem frühen Alter hebt sich dieses Kind durch seinen eisernen Lebenswillen von anderen Personen ab. Aufgrund dieser Qualitäten bewährt es sich sowohl innerhalb als auch außerhalb des Familiensystems, etwa in der Schulklasse oder in anderen Gruppen, in denen es präsent ist.

Empfehlungen für die Eltern

Obwohl es notwendig ist, dem Kind im Bildungszyklus 1 klare Grenzen zu setzen, sollte man in der Elternrolle dennoch versuchen, die Autonomie und den Willen des Kindes zu respektieren. In der Pubertät sollte die Selbstständigkeit dieses jungen Menschen unterstützt werden, indem man es ihm beispielsweise ermöglicht, ein wenig Zeit bei Verwandten zu verbringen oder einen Auslandsaufenthalt bzw. ein Schulsemester im Ausland zu absolvieren. In zwischenmenschlichen Beziehungen ist es wichtig, dass dieses Kind anderen Menschen mit Respekt begegnet, seine Kommunikationsfähigkeit offen preisgeben kann und eine gewisse Wahrnehmungsgabe für die Bedürfnisse seines Gegenübers entwickelt. Aus diesem Grund ist es empfehlenswert, das Kind regelmäßig an Kindergruppen teilnehmen zu lassen. In diesem Rahmen sollte ihm auch beigebracht werden, dass es nicht alles allein schaffen muss und durchaus Hilfe von anderen annehmen darf. Das Kind sollte ein Gespür dafür zu entwickeln, dass jeder Mensch individuelle Talente und positive Eigenschaften besitzt. Im Austausch mit anderen Kindern sollte es lernen, seine Mitmenschen zu respektieren, selbst wenn diese in ihrem Handeln langsamer sind als das Kind selbst. Für die Eltern, vor allem für die Vaterfigur, ist es wichtig, dem Kind zu vermitteln, dass es von seinem Vater und dessen männlicher Energie geführt wird, ohne dabei dominiert zu werden. Grundsätzlich haben Kinder im Bildungszyklus

1 häufig eine tiefe Verbindung zum Vater oder zu väterlichen Figuren. Diese väterliche Figur erfüllt für das Kind die Funktion eines Begleiters. Sie führt das Kind sorgsam und unterstützt es dabei, seine Fähigkeiten wahrzunehmen und zu entfalten. Darüber hinaus braucht dieser junge Mensch eine gewisse Freiheit in der Wahl seiner Freizeitaktivitäten und oft auch bei der Auswahl einer geeigneten Schule. Besitzt das Kind eine gute Intuition, sollte es auf diese hören und nicht in eine von den Eltern vorgegebene Richtung gehen. In vielen Fällen haben diese Kinder besondere Vorlieben und bevorzugen Aspekte, die kein anderes Familienmitglied favorisieren würde. Somit ist es auch wichtig, dass dem Kind, wenn man etwas von ihm verlangen möchte, Alternativen angeboten werden und ihm eine gewisse Entscheidungsfreiheit überlassen wird.

Bildungszyklus 2

Unter der Schwingung des Bildungszyklus 2 zeigt sich das Kind sehr sensibel, bisweilen von außen leicht beeinflussbar und extrem harmoniebedürftig. Es verspürt ein starkes Bedürfnis nach Ruhe und Entspannung und die Mutter stellt mitunter die einzige Bezugsperson für das Kind dar. Manchmal ist die Mutter mit schwierigen Situationen wie Scheidung, Trennung oder dem Verlust des Partners konfrontiert. Diese Umstände können dazu führen, dass das Kind nicht nur eine innerliche Wut aufbaut, sondern auch dazu neigt, ein Partnerersatz für die Mutter zu sein und sie besonders zu unterstützen. Dadurch kann das Kind in Bezug auf seine Mutter in manchen Fällen eine beträchtliche Abhängigkeit entwickeln. Aus diesem Grund sollte die Mutter zwar ausreichend Zeit für das Kind aufbringen, aber auch auf sich selbst achten, um vollständig in ihrer persönlichen Kraft verwurzelt zu bleiben. Ist die Mutter ausgeglichen, so kann das Kind in seiner Kinderrolle bleiben und eine glückliche und entspannte Entwicklung durchlaufen. Des Weiteren ist es in diesem Zyklus von Bedeutung, darauf zu achten, dass dieser junge Mensch bereits in früher Kindheit sowie in der Pubertät verschiedene Bezugspersonen hat, also nicht nur seine Mutter oder Eltern. Das Kind sollte immer wieder Kontakt mit anderen Menschen haben und lernen, die eigenen Bedürfnisse und Gefühle auszudrücken.

Empfehlungen für die Eltern

Die Eltern sollten darauf achten, dass sich das Kind selbst versorgen kann und nicht wegen jeder Kleinigkeit von anderen abhängig ist. In diesem Bildungszyklus zeigen die Kinder manchmal die Tendenz, eine sehr subtile Opferrolle zu spielen. Wenn sie etwas erreichen wollen, neigen sie ebenfalls dazu, immer kränklich zu sein oder über psychosomatische Schmerzen zu klagen. In diesem Fall ist es notwendig, einfühlsam auf das Kind einzugehen, zu eruieren und zu spüren, weshalb es sich vernachlässigt fühlt und was seine Bedürfnisse sind. Diesen Kindern hilft es, Sport zu betreiben – etwa einen Mannschaftssport wie Volleyball – und dabei ein gutes Körpergefühl zu entwickeln. Letzteres kann beispielsweise dann gelingen, wenn diese jungen Menschen immer wieder Zeit für das Tanzen oder Ausüben von Kampfkunst finden. Sportliche Aktivitäten und Bewegung regen die Entfaltung der Persönlichkeit der Kinder im Bildungszyklus 2 an.
Des Weiteren ist es bei diesen Heranwachsenden empfehlenswert, ein tägliches Abendritual vor dem Schlafengehen zu pflegen, um die Regeneration des Kindes im Schlaf zu fördern. Die Persönlichkeit des Kindes in diesem Bildungszyklus zeigt in seinen Träumen eine intensive Aufarbeitungsstrategie des Alltagsgeschehens. Die Eltern tun gut daran, dieses Kind genau zu beobachten, weil es seine Gefühle oft nur schwer ausdrücken kann. Häufig ist es für dieses Kind eine große Herausforderung, Dinge, die es stören, konkret beim Namen zu nennen. In ihrem Verhalten neigen diese Kinder einerseits dazu, sich zurückzuziehen, traurig zu sein und sich ihrem Umfeld anzupassen, andererseits

spielen sie die Rolle des braven Kindes, um die Erwachsenen zu entlasten und mehr Liebe und Akzeptanz zu erfahren. Die Eltern oder Erziehungsberechtigten sollten insbesondere Rücksicht auf das Bedürfnis nach Harmonie und Berührung dieser Kinder nehmen. Zudem sollten sie ihren Nachwuchs im Bildungszyklus 2 dabei unterstützen, die wertvolle Fähigkeit zu entwickeln, Konflikten offen zu begegnen und diese ehrlich auszutragen.

Bildungszyklus 3

In diesem Bildungszyklus zeigt das Kind eine ausgeprägte Lebensfreude und ist künstlerisch ausgesprochen begabt. Seine vielfältigen künstlerischen und musischen Talente zu entwickeln und zu fördern, sollte in der Erziehung und Begleitung dieses Kindes ein wichtiges Anliegen der Eltern darstellen. Kinder unter dieser Schwingung schätzen es, wenn sie immer wieder Abwechslung in ihrem Leben haben und ihre Lernfähigkeiten auf spielerische Art und Weise entfalten können. Die Erwachsenen im Umfeld des Kindes – Begleitpersonen oder Erziehungsberechtigte – sollten viel Zeit mit ihm verbringen und ihm alles, was es lernen will, spielerisch vermitteln. Das Kind im Bildungszyklus 3 besitzt die einmalige Fähigkeit, Menschen zu spüren, und verfügt über eine ausgeprägte Empathie. Darüber hinaus ist es redegewandt und sticht durch seine schnelle Auffassungsgabe hervor. Diese junge Persönlichkeit wird von ihrem Umfeld als „wahrer Sonnenschein" wahrgenommen und steht deshalb des Öfteren recht rasch im Mittelpunkt. Dadurch sieht sich dieses Kind als selbstständig und empfindet sich ebenso als selbstbewusst. Manchmal entsteht auf diese Weise zudem der Eindruck, dass dieser junge Mensch das gesamte Leben als Bühne betrachtet und Personen um sich braucht, die ihm stets zuschauen und ihn bewundern.

Empfehlungen für die Eltern

In diesem Bildungszyklus ist es wesentlich, das Kind in seiner schnellen Entwicklung zu unterstützen. Die Eltern oder Erziehungsberechtigten sollten darauf achten, dem Kind eine gewisse Konsequenz und Zielstrebigkeit zu vermitteln, da es dazu neigt, sich zu verzetteln. Großen Gefallen finden diese jungen Menschen an Kunst und haben das Bedürfnis, ein Musikinstrument zu erlernen oder auch Sport zu treiben. In der Elternrolle ist es sinnvoll, die Vielfalt der Vorlieben dieser Kinder bis zum Alter von 14 bis 15 Jahren als positiv zu betrachten und diese ausreichend zu fördern. Danach sollte das Kind sich für jenen Weg entscheiden, von dem es am meisten begeistert ist, und diesen zielstrebig verfolgen. Indem sich das Kind langfristige Ziele setzt und versucht, diese zu verwirklichen, sollte es in seiner Kindheit und Jugend sowie für sein weiteres Leben lernen, entschlossen zu sein, und dadurch Durchhaltevermögen entwickeln. In diesem Kontext gilt es zu berücksichtigen, dass solche Kinder schnell ermüden, wenn sie nicht das erreichen, was sie sich vorstellen und wünschen. Außerdem sollten die Eltern dem Kind im Bildungszyklus 3 die Bereitschaft entgegenbringen, ihm zuzuhören, wenn es etwas zu erzählen hat. Die Kommunikationsfähigkeit dieser Kinder und Jugendlichen sollte unbedingt gefördert werden, denn sie verfügen über ein feines Sprachgefühl und ihnen fällt es sehr leicht, Fremdsprachen zu lernen. Daher wäre es zugleich empfehlenswert, sofern sich ein derartiges sprachliches Interesse zeigt, das Kind kreative Schreibkurse besuchen zu lassen oder es zum Erfinden und Erzählen von Geschichten anzuregen. Es sollte schildern dürfen, was es empfindet, damit die Welt durch seine Augen neu wahrgenommen werden kann. Des Weiteren benötigen diese Kinder eine bewusste Begleitung und Unterstützung in ihrem Sozialleben. Zum Beispiel sollten sie immer wieder die Gelegenheit bekommen, neue Kontakte zu knüpfen und an Kindergruppen teilzunehmen. Diese Kinder blühen richtig auf, wenn sie die Vielfalt an Persönlichkeiten, die sie umgibt, erfahren dürfen und sich unterschiedlichen Gruppen zugehörig fühlen. Zugleich ist es wichtig, dass die Eltern oder Erziehungsberechtigten einen Ausgleich zwischen den Aspekten der Vielfalt und Konsequenz schaffen. Ihnen sollte es gelingen, dem Kind zu vermitteln, den Weg, für den es sich entschieden hat, auch tatsächlich zu gehen. Darüber hinaus könnte das Kind in diesem Bildungszyklus auf eine Familie oder Realität treffen, in der es das Gefühl hat, zu kurz zu kommen. In diesem Fall ist es notwendig, entsprechende Betreuer für solche Kinder zu finden, die die Talente der Kinder erkennen und entsprechend fördern.

Bildungszyklus 4

In diesem Bildungszyklus durchlebt das Kind eine sehr rasche Entwicklung und ist bereit, große Verantwortung zu übernehmen. Es ist ausgesprochen intelligent und aufmerksam, zeigt aber manchmal eine gewisse Tendenz, sich in seine eigene Welt zurückzuziehen. Das blockiert nicht nur seine Entwicklung und bewusste Entfaltung, sondern unterbindet auch eine entsprechende Hilfe von außen. Seine Zurückgezogenheit und die Angst davor, sich zu öffnen, hindern das Kind daran, seine ablehnende Haltung seinem Umfeld gegenüber abzulegen. Deshalb sollten die Eltern oder Erziehungsberechtigten auf besondere Art und Weise auf dieses Kind eingehen. Konkret sollten sie es in ihrer Rolle als Bezugsperson dabei unterstützen, sich in seiner Kommunikation zu öffnen. Eine wertvolle Basis dafür kann auf körperlicher Ebene durch Berührungen, Gestik und Mimik geschaffen werden. Wenn sich das Kind unterstützt, bestätigt und geliebt fühlt, wird es sich öffnen und positive Entwicklungsschritte sowohl in der Entfaltung seiner Persönlichkeit als auch in seinen schulischen Leistungen setzen.

Empfehlungen für die Eltern

Sie sollten dieses Kind in der Eltern- oder Erzieherrolle auf eine Weise begleiten, die das Kind spüren lässt, dass es von ihnen wahrgenommen wird. Es sollte das Gefühl haben, dass alles, was es denkt und will, von Bedeutung ist. Im Zuge dessen lernt das Kind zunächst, über das alltägliche Geschehen in der Schule zu erzählen, und sich in weiterer Folge in einer Gruppe von Gleichaltrigen zu behaupten. Dies ist wichtig, denn bei Kindern im Bildungszyklus 4 besteht die Gefahr, dass sie sich bei Schwierigkeiten zurückziehen und ihre unglückliche Lage erst viel zu spät erkannt wird. Kommt es zu dieser Situation, könnte es schwierig werden, die entstandenen Probleme zu lösen. Des Weiteren sollten diese Kinder auf jeden Fall in der Entwicklung ihrer Körpersprache und ihres Selbstvertrauens unterstützt werden. Oftmals neigen Kinder im Bildungszyklus 4 nämlich dazu, die Einstellung zu entwickeln, dass sie nicht gut genug sind. In diesem Zusammenhang ist es daher notwendig, das Kind für seine Fortschritte und für das zu loben, was es erreicht hat. Denn insbesondere dann, wenn das Kind die Erfahrung macht, dass seine Erfolge wahrgenommen und geschätzt werden, steigert dies seine Motivation enorm und das Kind zeigt eine natürliche Tendenz zu Disziplin und Mut.

Themen der Eltern und Familie sollten diese Kinder nicht allzu sehr belasten. Dies hängt damit zusammen, da diese jungen Menschen dazu neigen, die Eltern in diesen Fällen sowohl entlasten als auch gleichzeitig unterstützen zu wollen. Diese Tendenz manifestiert sich konkret in der Pubertät. Somit ist es wesentlich, diesen jungen Menschen das Gefühl zu geben, dass sie nicht für das Wohlbefinden der Familie verantwortlich sind. Sie sollten spüren, dass es ihnen gut gehen darf, und sollten lernen, auf sich selbst zu achten. Ein gleichermaßen bedeutsamer Lernprozess für dieses Kind ist es, selbstständig und organisiert zu sein sowie sich frei zu entfalten.

Bildungszyklus 5

In diesem Zyklus zeigt das Kind eine schnelle Auffassungsgabe und die Neigung, stets im Mittelpunkt stehen zu wollen. Es ist schwierig, diesen Kindern klare Grenzen zu setzen und sie in einer gewissen Ordnung zu halten. Kinder im Bildungszyklus 5 leben ihr Potenzial bewusst aus und stellen für die Erwachsenen eine ständige Herausforderung dar. Da sie ausgesprochen intelligent sind und eine hervorragende Beobachtungsgabe besitzen, sind sie auch stets dazu bereit, zu hinterfragen, was ihnen von außen gesagt wird. Um solch ein Kind davon zu überzeugen, dass es tun soll, was die Erwachsenen von ihm verlangen, müssen gute Argumente gefunden werden. Es müssen Argumente sein, die dem Kind nachvollziehbar aufzeigen, warum es gewisse Empfehlungen und Befehle befolgen soll. Aufgrund dieser Eigenschaften zeigen Kinder unter dieser Schwingung insgesamt ein starkes Bedürfnis nach Freiheit und Freiraum. Für sie wäre es daher ideal, ein eigenes Zimmer mit wenig Möbeln und einem großen Teppich am Boden zur Verfügung zu haben – also einen Raum, in dem sie herumturnen und ihre Kreativität frei zum Ausdruck bringen können. Außerdem sollte diesen Kindern die Gelegenheit geboten werden, viel im Freien zu spielen, damit sie auch dort ihre Bewegungsfreude ausleben können. Tanzen, Laufen, Leichtathletik und Kampfsport sind Sportarten, die diese jungen Menschen in ihrer Persönlichkeit und Entwicklung unterstützen können. Darüber hinaus benötigen diese Kinder ausreichend Austausch mit ihren Mitmenschen. In der Eltern- oder Erzieherrolle ist es von großer Bedeutung, diese Kinder zu begleiten und sie in ihrer Lernaufgabe der Selbstreflexion zu unterstützen. So lernen diese jungen Erwachsenen, sich nicht vor sich selbst zu verstecken und sich nicht nur mit dem Außen beschäftigen zu müssen.

Empfehlungen für die Eltern

Dieses Kind darf keinesfalls blockiert werden, sondern ihm sollte eine Umgebung geboten werden, in der es sich ausdrücken und seine Freiheit leben kann. Auch Bewegung ist außerordentlich wichtig für Kinder unter dieser Schwingung. Zudem sollte man darauf achten, dass sie lernen, eine Aufgabe nach der anderen zu vollenden und nicht alles gleichzeitig zu erledigen. Ansonsten könnte es später einmal schwierig für sie werden, etwas allein zu Ende zu bringen. Kinder in diesem Zyklus brauchen also eine bewusste Unterstützung, damit sie lernen, sich zu organisieren. Ihnen sollte ein Gefühl dafür vermittelt werden, wie man einen ausgeglichenen Rhythmus zwischen Arbeits- und Entspannungsphasen finden kann. Oft sind solche Kinder in der Schule sehr erfolgreich, weisen aber eine gewisse Unregelmäßigkeit in ihren schulischen Leistungen auf. Aus diesem Grund besteht die Aufgabe für die Eltern oder Erziehungsberechtigten darin, darauf zu achten, dass das Kind seine Pflichten regelmäßig erfüllt und man fortwährend in Kontakt mit den Lehrern des Kindes ist. Ein lockeres elterliches Führungsverhalten verhilft dem Kind dazu, positive schulische Leistungen zu erbringen, die seinem Selbstwertgefühl guttun. Außerdem lieben Kinder in diesem Bildungszyklus das Reisen, sodass Eltern unbedingt deren Neugier für die Welt fördern und auch immer wieder kleine Reisen oder Ausflüge planen sollten. Des Weiteren braucht das Kind im Bildungszyklus 5 eine Stütze an seiner Seite, die ihm die Möglichkeit gibt, seine Gelassenheit auszuleben. Zudem ist es empfehlenswert, es dem Kind zu ermöglichen, nicht nur mit seinen Geschwistern oder anderen Verwandten seines Alters Kontakt zu haben. Die Eltern sollten dieser jungen Persönlichkeit die Gelegenheit bieten, mit anderen Kindern – etwa mit Schulfreunden – Zeit zu verbringen oder an verschiedenen kindgerechten Aktivitäten teilzunehmen.

Bildungszyklus 6

In diesem Zyklus ist das Kind oft wie ein kleiner Erwachsener und sehr in das Geschehen der Familie involviert. Manchmal vollziehen sich im Rahmen der Familie Veränderungen und es passieren Schicksalsschläge, die das Kind dazu bringen, überaus früh Verantwortung für seine Geschwister oder Eltern zu übernehmen. Die Eltern bzw. Erziehungsberechtigten sollten daher darauf achten, dass das Kind Zeit für Spiele sowie die eigene Entwicklung und eine gewisse Leichtigkeit hat. Wenn sich diese jungen Menschen von der Verantwortung, die ihnen auferlegt wird, überfordert fühlen, könnte es sein, dass sie bereits mit 20 oder 21 Jahren eine eigene Familie gründen oder früh heiraten. Die frühe Familiengründung oder Eheschließung lässt sich in gewisser Weise als eine Flucht aus der Stammfamilie deuten. Es empfiehlt sich daher, gegen Ende dieses Bildungszyklus im Alter zwischen 23 und 27 Jahren eine Therapie zu machen. Die therapeutische Behandlung ermöglicht es, die Belastungen der Kindheit zu heilen, die eigenen Wurzeln zu klären und das Gefühl des Zuhause-Seins bei sich zu finden und zu entwickeln.

Empfehlungen für die Eltern

Dem Kind sollte unter dieser Schwingung stets eine gewisse Freiheit gelassen werden. Dies bedeutet, dass die Eltern es loslassen müssen, damit es frei entscheiden und sich weiterentwickeln kann. Ein Auslandsaufenthalt fern von der Familie kann dem Kind ausgesprochen guttun und auch Freundschaften außerhalb der Familie sind eine Bereicherung für seine Entwicklung. Für diese Kinder ist es zudem hilfreich, dass sie mit jedem Problem zu den Eltern kommen können und nicht ständig Rücksicht auf deren Probleme nehmen müssen. Die Kinder in diesem Bildungszyklus sind extrem sensibel und anpassungsfähig. Sie spüren sofort, wenn die Eltern belastet sind, weil diese entweder mit sich selbst beschäftigt sind oder sich mit Beziehungsproblemen auseinandersetzen müssen. Den zahlreichen künstlerischen Talenten dieser Kinder im Bereich der Musik, des Malens oder Tanzens sollte genügend Zeit gewidmet werden, damit sie sich dementsprechend entwickeln und gefördert werden können. Ebenso wie im Bildungszyklus 2, benötigen Kinder im Zyklus 6 viel Körperkontakt, Bestätigung und Lob sowie ausreichend Harmonie im familiären Umfeld. Diese jungen Menschen sollten spüren und erfahren, dass es für ihr elterliches Umfeld in Ordnung ist, dass sie so sind, wie sie eben sind. Des Weiteren sollten die Kinder möglichst ein eigenes Zimmer haben, das idealerweise nach ihrem Geschmack eingerichtet ist. Es ist wichtig, dass die Eltern oder Erziehungsberechtigten auch mit dem Kind allein, und nicht nur zusammen mit den Geschwistern oder mit anderen Kindern, Freizeitaktivitäten unternehmen. Es bedarf dieser Form der Einzelbetreuung in regelmäßigen Abständen, um dem Kind das Gefühl zu geben, dass es Kind sein darf und um ihm für einen Moment die volle elterliche Aufmerksamkeit zu schenken.

Für die Kinder im Bildungszyklus 6 bedeutet es einen wesentlichen Fortschritt, die eigenen Bedürfnisse zu spüren und diese zu äußern, die eigene Meinung zu vertreten und sich nicht mehr allzu sehr an andere anzupassen. Oft zeigen diese jungen Persönlichkeiten nämlich das Verhaltensmuster, zu brav zu sein und immer und zu allem „Ja“ zu sagen. Dabei handelt es sich um ein Muster, das dem Kind auch noch im Erwachsenenalter, und vor allem in seiner ersten ernsthaften Partnerschaft, große Probleme verursachen könnte. Wenn ein Kind unter dieser Schwingung dieses Muster bereits in der Kindheit entwickelt, wird es später in einer Beziehungskonstellation diejenige Person sein, die sich für den Partner aufgibt. Sie wird also jene Person sein, die von ihrem Gegenüber emotional abhängig ist. Die Eltern sollten deshalb auffallende Anpassungsversuche des Kindes beobachten und entsprechend gegensteuern. Dies gelingt etwa, indem die Eltern dem Kind das Gefühl vermitteln, dass es für sich selbst spüren soll, was es möchte und braucht. Zudem sollte man das Kind im Zyklus 6 in seinem Mut bestärken, Konflikte auszutragen und seine Gedanken offen auszusprechen.

Bildungszyklus 7

In diesem Bildungszyklus ist das Kind oft reserviert, zieht sich zurück und lebt in seiner eigenen Fantasiewelt. Es entwickelt in dieser Phase eine scharfe Beobachtungsgabe, achtet darauf, was andere Menschen tun und sagen, und sinniert über die tiefsten Zusammenhänge des Lebens. Manchmal verspürt es innerlich ein starkes Bedürfnis nach Ruhe und Stille. Deshalb spielt es lieber mit älteren Kindern und Erwachsenen als mit Gleichaltrigen, die ihm oft zu laut sind. Kinder in diesem Bildungszyklus haben einen ausgeprägten Wissens- und Bildungsdurst und können schon mit etwa vier bis fünf Jahren schreiben. Sie beginnen früh zu sprechen und sind bereits von klein auf ausgesprochen redegewandt. Das intensive Innenleben und die große Sensibilität dieses Kindes fördern seine Entwicklung zu einer spirituellen Persönlichkeit. Daher setzt sich dieser junge Mensch, vor allem in der Pubertät, mit grundlegenden Fragen nach dem Sinn des Lebens und des Glaubens auseinander. Des Weiteren beobachtet dieses Kind die Entwicklung seiner Eltern akribisch genau und neigt dazu, deren Erziehungsmaßnahmen manchmal zu kritisieren. Diese junge Persönlichkeit reflektiert zudem die Lebensführung der Erwachsenen im näheren Umfeld und speziell jene seiner Eltern auf konstruktive Weise. Aufgrund dieser Charakterzüge sollte in der Erziehung darauf geachtet werden, die Kinder unter dieser Schwingung zum Spielen mit Gleichaltrigen anzuregen und eine Umgebung zu schaffen, in der sie unbekümmert aufwachsen können. In einem solchen Umfeld versuchen diese Kinder weniger häufig, in die Rolle eines kleinen Erwachsenen zu schlüpfen.

Empfehlungen für die Eltern

In diesem Bildungszyklus ist es von Bedeutung, die Kinder in der Entwicklung der eigenen Persönlichkeit zu unterstützen. Das Kind sollte

Zeit zum Spielen und für andere sorglose Tätigkeiten haben. Es sollte seine Zeit also nicht nur für das Lernen und Bildung aufwenden, sondern auch für die Pflege seiner Freundschaften zu Gleichaltrigen. In der Eltern- oder Erzieherrolle sollte man darauf achten, sich mit diesem Kind über Werte und den Sinn des Lebens auszutauschen, sich aber auch über unbeschwerte Themen zu unterhalten, denn das Kind benötigt Gelassenheit und Gelöstheit. Überdies sollte man mit diesen Kindern über das Geschehen in der Schule sprechen, insbesondere über das, was sie dort lernen, denn oftmals bekommen sie in der Schule zu wenig anregende Impulse. Im Alter zwischen zwölf und 22 Jahren ist das Reisen für diese Kinder sehr wichtig. Wovon diese jungen Menschen außerdem enorm profitieren können, ist bewusste Bewegung. Aktivitäten wie Kampfkunst, Yoga oder Tanzen, speziell Paartanz, helfen ihnen dabei, sich auch anderen Menschen zu öffnen. Die Eltern sollten viel Zeit mit dem Heranwachsenden im Bildungszyklus 7 verbringen. Ausflüge in die Natur, zu Badeseen, ins Schwimmbad, auf den Golfplatz oder zum Kampfkunsttraining sind in diesem Zusammenhang geeignete Aktivitäten für gemeinsame Erlebnisse. Außerdem zeichnet sich dieses Kind durch sein Bedürfnis nach tiefgründigem Austausch, viel Berührung und ausreichend Zärtlichkeiten mit den Eltern aus. Dabei bedarf es im Zusammenleben der Eltern und Kinder eines intensiven Dialoges. Diese Tatsache ergibt sich daraus, da die scharfe Beobachtungsgabe und natürliche Neigung dieses Kindes, alles in Frage zu stellen, tiefe Zweifel in ihm hervorrufen kann. Wird das Kind in der Klärung seiner Zweifel allein gelassen, so könnte es schon in frühen Jahren eine pessimistische Einstellung entwickeln. Des Weiteren zeigen diese Persönlichkeiten ein ausgeprägtes Interesse an Religion, Bildung und Wissen und tendieren dazu, sich sehr hohe Ziele zu stecken. Im Rahmen ihrer Begleitung und Erziehung ist es daher wesentlich, sie ausreichend zu loben und zu unterstützen, speziell dann, wenn sich zum ersten Mal Misserfolge einstellen sollten.

Bildungszyklus 8

Dieser Zyklus zeichnet sich durch eine überaus starke Schwingung aus. Das Kind besitzt außerordentlich viel Kraft und beginnt sehr früh – bereits mit vier bis fünf Jahren – diese Kraft und die vielen Talente, die es in sich trägt, offen zu zeigen. Das Kind beweist ein rasches Auffassungsvermögen und eine scharfe Beobachtungsgabe. Es ist ziemlich ehrgeizig und will die Ziele, die es sich gesteckt hat, erreichen. In diesem Sinne ist es diesen jungen Persönlichkeiten wichtig, das Beste für sich aus einer Situation herauszuholen. Schon früh offenbaren sie sich als ausgesprochen diszipliniert und zielorientiert, vor allem wenn ihre Talente erkannt und gefördert werden. Sie entfalten ihre Entschlossenheit und ihr Durchhaltevermögen optimal, wenn sie Unterstützung erfahren und lernen, über sich selbst zu sprechen und ihre Gefühle auszudrücken. Wenn sein ohnehin hohes Ausmaß an Kraft allzu groß wird, muss diesem jungen stürmischen Menschen nahegebracht werden, wie er mit seiner Wut und seinem kämpferischen Geist umgehen soll. In diesem Zusammenhang sollte ihm auch vermittelt werden, dass die Kraft stets in der Ruhe liegt und Gelassenheit äußerst wichtig ist. Zugleich benötigt dieses Kind viel Berührung und Körperkontakt. Zwar ist es erforderlich, diesem Kind das Leben in kindgerechter Sprache zu erklären, es sollte aber dennoch Raum dafür geschaffen werden, sich mit ihm über seine reifen Überlegungen auszutauschen. Außerdem brauchen Kinder im Bildungszyklus 8 viel Aufmerksamkeit und Bestätigung. Wenn sie diese nicht bekommen und sich nicht wahrgenommen fühlen, können sie sehr fordernd sein. Dem Kind unter dieser Schwingung muss also das Gefühl vermittelt werden, gewollt und geliebt zu sein. Klare Grenzen und aufrichtiges Lob helfen ihm dabei, sich zu entspannen. Darüber hinaus fördert regelmäßige Bewegung gemeinsam mit anderen Kindern die persönliche Entwicklung dieser Kinder. Zum Beispiel eignet sich jegliche Form von Mannschaftssport für die Erweiterung der Sozialkompetenz dieser Persönlichkeit. Dies hängt damit zusammen, da dieses Kind aufgrund seiner Schnelligkeit dazu neigt, vieles lieber allein zu machen. Auch das Ausüben von Kampfkunst wäre für diesen jungen, aufgeweckten Geist eine passende Sportart.

Empfehlungen für die Eltern

Diese kraftvollen Kinder sollten so viel Zeit wie möglich im Freien verbringen und sich generell frei bewegen. Ihnen ist auch der richtige Umgang mit Geld beizubringen, da dieser materielle Aspekt im späteren Leben eine wichtige Rolle für sie spielen wird. Schon in der Pubertät sucht sich dieser junge Mensch Nebenjobs, um über sein eigenes Geld zu verfügen. Die Eltern sollten darauf achten, dass ihr Kind viel Zeit mit anderen Kindern verbringt, damit es einen respektvollen Umgang mit seinen Mitmenschen lernt. Dieses Kind sollte, wenn möglich, schon in recht jungen Jahren ein eigenes Zimmer haben. Dieser persönliche Freiraum hilft ihm dabei, sich zu entspannen und sich sicherer zu fühlen. Genauer gesagt ist die Identifikation und Wahrnehmung dieses Kindes mit seiner räumlichen Definition verknüpft: Wenn es ein eigenes Zimmer hat, fühlt es sich wichtig, anerkannt und bestätigt. In diesem Rahmen kann es sich entspannen, weil keine Rivalitätskonflikte mit seinen Geschwistern oder den Eltern stattfinden.

Bildungszyklus 9

Dieser Zyklus beschreibt ein Kind, das überaus sensibel ist, eine starke Empathie besitzt und sehr leicht die Gefühle und Einstellungen seiner Mitmenschen übernimmt. Es zeigt häufig jene Themen auf, die Eltern oder andere Familienmitglieder nicht offenbaren können oder wollen. Diesem außerordentlich intelligenten Kind fällt das Lernen leicht, es hat ein rasches Auffassungsvermögen und vermag Zusammenhänge gut zu erkennen. In der Schule kann es seine Intelligenz und Sozialkompetenz voll und ganz ausleben. Normalerweise wird dieses Kind von allen geliebt und gelobt. Die ausgeprägte Sensibilität des Kindes unter dieser Schwingung beruht auf seiner Empathie, man könnte fast sagen, es spürt den allgemeinen Weltschmerz. Das Kind besitzt die Eigenschaft, die Schwingungen des Umfeldes, seien es nun familiäre oder schulische, zu übernehmen. Wenn in der Familie Grundlegendes nicht zum Ausdruck gebracht wird, verhält sich dieses Kind nervös und wird aus dieser Unruhe heraus traurig. Dies kann in weiterer Folge dazu führen, dass sich dieses Kind von seiner Umgebung abkapselt in seine eigene Idealwelt flüchtet.

Empfehlungen für die Eltern

Es ist wichtig, diesem Kind Berührungen und Aufmerksamkeit zu schenken und es seine Gedanken und Erlebnisse frei erzählen zu lassen. In diesem Bildungszyklus sind die Kinder sehr erfindungs- und fantasiereich: Sie erzählen Symbolhaftes und übertragen mittels ihrer Spielzeuge eigene Gefühle. Es ist von Bedeutung, dem Kind Zeit zu geben, damit es sich ehrlich und offen ausdrücken kann. Man sollte das Kind beruhigen und ihm das Gefühl geben, dass es – wie im Zyklus 8 – geliebt und gewollt ist. Wenn dieses Kind in eine gewisse Nervosität verfällt, ist es notwendig, ihm zu zeigen, wie es sich durch Bewegung, tiefe Atemzüge oder Rituale wieder beruhigen kann. Eine Art natürliches Beruhigungsmittel könnte beispielsweise ein Spielzeug sein, das das Kind bei sich trägt, oder eine Erinnerung an seinen Schutzengel. Oftmals helfen auch Bach- oder Buschblüten. Zudem benötigen diese Kinder gleichaltrige Kinder in ihrem Umfeld, obwohl sie die Gesellschaft von Erwachsenen oftmals jener von Altersgenossen vorziehen. Sportarten, wie das Tanzen und Kampfkunst, oder auch Mannschaftssport, wie beispielsweise Volleyball und Fußball, unterstützen die Sozialkompetenz dieser Kinder sowie deren Offenheit. Reisen oder kleine Ausflüge in die Natur helfen dem Kind dabei, sich zu erden und zur Ruhe zu finden.

Kapitel 3
Lebenszahl der Eltern und der Erzieher

DER KOMPASS FÜR EINE GELASSENE ERWACHSENEN-KIND-BEZIEHUNG

In den Kindern erlebt man
sein eigenes Leben noch einmal,
und erst jetzt versteht es ganz.
Søren Kierkeegaard

Die Analyse der Lebenszahl der Eltern bzw. der Erzieher gibt wichtige Auskünfte für die Erstellung eines numerologischen Profils.

Beschreibung der Lebenszahl der Eltern

Diese Zahl ermöglicht uns den Zugang zu unseren Talenten, unserem persönlichen Entfaltungspotenzial und den markantesten Persönlichkeitsmerkmalen, die wir besitzen. Diese Charakterbeschreibung bringt somit die Essenz unserer Persönlichkeit und unseres Naturells zum Ausdruck. In Anbetracht dessen hätten wir in diesem Buch keinesfalls auf die Analyse der Lebenszahl der Eltern verzichten können, denn die Rücksichtnahme auf eine detaillierte Analyse dieser Lebenszahl bringt aufschlussreiche Klarheit über die Dynamik, die sich in Eltern-Kind-Beziehungen zeigt.
Genauso wie die Kenntnis der Herausforderungen der Elternschaft und diesbezüglicher empfohlener Hilfestellungen, kann **das Wissen über die persönliche Lebenszahl zahlreiche Impulse zur Selbstreflexion für all jene Personen liefern, die eine enge Bindung zu einem Kind haben und ihm gegenüber die Rolle einer Bezugsperson einnehmen.**
Für Eltern, Erzieher, Lehrer, Kindertherapeuten und alle Personen, die in irgendeiner Form eine Bezugsperson für ein Kind sind, **bietet die Beschreibung der Lebenszahl der Eltern die Möglichkeit, über die gemeinsame Beziehung zu reflektieren.** Sie unterstützt dabei, die **persönlichen Verhaltensmuster, die die Qualität dieser Beziehung einschränken, zu erkennen** und konkrete Hilfestellungen zu finden, **um die Beziehung zum Kind bewusst, authentisch und frei von Belastungen zu gestalten.**

Berechnung der Lebenszahl der Eltern

Die Lebenszahl wird durch die Quersumme aller Zahlen des Geburtsdatums berechnet. Dies möchten wir Ihnen anhand des folgenden Beispiels demonstrieren: 14.10.1981 = 1+4+1+0+1+9+8+1 = 25 => 25/7

Wenn Sie nach dem angeführten Beispiel vorgehen, können Sie auf diese Weise Ihre persönliche Lebenszahl herausfinden. Die Lebenszahl besteht grundsätzlich aus drei Zahlen, von denen zwei vor dem Schrägstrich stehen und die miteinander addiert werden. Deren Summe wird schließlich nach dem Schrägstrich angeführt, wie zum Beispiel 25/7 (2+5 = 7). Für eine optimale Analyse Ihrer Lebenszahl sollten Sie sich die Beschreibung aller drei Zahlen, aus denen sich Ihre Lebenszahl zusammensetzt, durchlesen.

Wie Sie die Lebenszahl der Eltern optimal analysieren können

Um Ihre Lebenszahl in Bezug auf die Aufgabe der Elternschaft zu analysieren, sollten Sie sich, wie soeben erwähnt, alle drei Zahlen durchlesen, aus denen sich Ihre Lebenszahl zusammensetzt. Ist Ihre Lebenszahl zum Beispiel 25/7, dann sollten Sie sich zuerst die Zahl 7 und anschließend die Zahlen 2 und 5 durchlesen.

Die Zahl, die am meisten über Sie aussagt, ist jene Zahl, die **nach dem Schrägstrich** steht. Sie **beschreibt jene Persönlichkeitsmerkmale, die Ihnen am bewusstesten sind, weshalb Sie sich mit hoher Wahrscheinlichkeit mit dieser Zahl auch am stärksten identifizieren können.**

Nachdem Sie sich mit der Beschreibung der Zahl nach dem Schrägstrich auseinandergesetzt haben, sollten Sie Ihre Aufmerksamkeit auf **die Beschreibung der Zahlen, die vor dem Schrägstrich stehen**, lenken. **Sie beleuchten weitere Ebenen Ihrer Persönlichkeit, die in der Eltern-Kind-Beziehung zur Geltung kommen und Ihnen möglicherweise nicht bewusst sind.** Lesen Sie sich beide Zahlen in Ruhe, mindestens zweimal durch und achten Sie darauf, in welcher Beschreibung Sie sich am meisten wiedererkennen.

Mit hoher Wahrscheinlichkeit ermöglicht die Beschreibung aller drei

Zahlen eine ausführliche Analyse Ihrer Persönlichkeit und bietet Ihnen konkrete Hilfestellungen, um die Herausforderungen der Elternschaft erfolgreich zu meistern.

Notieren Sie sich in einem Notizbuch alle Aspekte, die Sie während des Lesens der drei Zahlen berühren oder womit Sie sich identifizieren können. **Achten Sie insbesondere auf die Herausforderungen der Elternschaft und überlegen Sie für sich, welche Herausforderungen sich tatsächlich durch die Elternschaft für Sie ergeben.** Lesen Sie sich vor allem auch den Aspekt der Beziehung zur Elternschaft aufmerksam und bewusst durch.

Versuchen Sie, folgende Fragen mithilfe Ihrer Notizen und einer Selbstreflexion über die Inhalte der Lebenszahlbeschreibung zu beantworten:

» *Welche Herausforderung stellt die Elternschaft für mich dar?*
» *Wie kann ich meine persönliche Entwicklung auf eine gelassene Weise mit der Elternschaft vereinbaren, ohne dabei ein schlechtes Gewissen und das Gefühl zu haben, ein schlechter Elternteil zu sein?*
» *Welche Lernaufgabe habe ich in der Eltern-Kind-Beziehung?*
» *Welche Lernaufgabe hat mein Kind/haben meine Kinder in der Beziehung zu mir?*
» *Welche konkreten Hilfestellungen können mir helfen, die gewonnenen Erkenntnisse in meinen Alltag zu integrieren?*

Lebenszahl der Eltern 1 - den Drang nach Selbstentfaltung mit der Liebe für die Kinder verbinden

Beziehung zur Elternschaft mit der Lebenszahl 1

Menschen mit der Lebenszahl 1 stehen gerne und oft im Mittelpunkt. In ihrem Umfeld nehmen sie häufig **eine Pionierrolle ein und besitzen die Wesensmerkmale einer Führungspersönlichkeit**. Nur ungern zeigen sich 1er-Persönlichkeiten schwach und unentschlossen.

Als Elternteil entschlossen und dominant
Als Elternteil wollen Sie Ihre Sichtweise der Dinge durchsetzen, denn Sie fürchten, dass das Eingehen von Kompromissen als Zeichen von Schwäche gewertet wird. Diese Charakterzüge sind es, die diesen Persönlichkeitstypus zu einem Einzelkämpfer machen, der seine Projekte, Visionen und Ideale bevorzugt auf eigene Faust verwirklicht. Dabei ist es ihm nützlich, dass er zumeist auf scheinbar unerschöpfliche Energieressourcen zurückgreifen kann und einen ausgeprägten kreativen Geist besitzt.
Die größte Herausforderung für diese Lebenszahl ist es, ihren Drang nach Selbstverwirklichung mit den Pflichten, Verantwortungen und der Freude des Elternseins zu vereinen. Ihr starkes Bedürfnis, sich persönlich weiterzuentwickeln, kann leicht zum Hindernis werden. Auch wenn sich diese Menschen bewusst für die Rolle als Mutter oder Vater entscheiden, verspüren sie den machtvollen Drang, ihren eigenen Weg zu gehen und ihre persönlichen Interessen zu verfolgen.

Die Erziehung des eigenen Kindes als eine Art Berufung
Gelingt es Ihnen nicht, trotz der Erziehung Ihrer Kinder Wege zur Selbstentfaltung zu finden, so kann es sein, dass Sie dazu neigen, die Elternschaft als Ihre Berufung anzusehen. Zudem liegt es im Naturell

dieser Menschen, die persönliche Entwicklung des eigenen Kindes zu fördern. Sollten Sie also das Gefühl haben, dass Sie keine Möglichkeit finden, sich neben Ihrer elterlichen Rolle persönlich und/oder beruflich zu entfalten, **so kann es häufig passieren, dass Sie die Begleitung Ihrer Kinder zur Ihrer obersten Priorität machen.** Manchmal wirken die Eltern dadurch in der Erziehung sehr bestimmend und hoffen, dass das eigene Kind ihren Vorstellungen entspricht.

Die eigenen Erwartungen loslassen

In der Elternrolle stehen Sie Ihrem Sprössling stets zur Seite, wobei Sie die Elternschaft möglicherweise als Ihre Lebensaufgabe betrachten und sich deshalb voll und ganz auf Ihr Kind fokussieren. Aufgrund Ihrer persönlichen Charakterzüge und Ambitionen fällt es Ihnen wahrscheinlich leicht, den Freiheitsdrang Ihres Kindes zu verstehen. **Sie sollten** Ihren Nachwuchs respektieren und **darauf vertrauen, dass er spürt, welche Bedürfnisse er hat und sich dessen bewusst ist, dass er eine gewisse Weisheit in sich trägt. Akzeptieren Sie, dass Ihr Sprössling in der Lage ist, seinen Lebensweg eigenständig zu gestalten.**
Dadurch können Sie den Abnabelungsprozess Ihres Kindes gelassen durchlaufen und ihn sogar positiv mitgestalten. Erkennen Sie in Ihren Kindern selbstbewusste Menschen, die Sie auf dem Weg des Heranwachsens begleiten können. Auf diese Weise ist Ihre Begleitung frei von Erwartungshaltungen und wird nicht von dem Bedürfnis begleitet, Ihr Kind nach den eigenen Vorstellungen prägen zu müssen.

Herausforderungen der Elternschaft mit der Lebenszahl 1

Eltern mit der Lebenszahl 1 verspüren grundsätzlich die große Sehnsucht, einerseits voll für ihre Kinder da zu sein, andererseits wollen sie sich jedoch persönlich entfalten. 1er-Eltern können von der Elternrolle vor allem dann profitieren und durch sie wachsen, wenn es ihnen gelingt, neben ihren elterlichen Pflichten auch ihre eigene, individuelle

Vision zu verwirklichen. **Gehen Sie trotz der Elternschaft auch Ihren persönlichen Interessen nach und vergessen Sie sich und Ihre Bedürfnisse nicht. Es kann dabei allerdings vorkommen, dass Sie Ihren Kindern gegenüber oftmals von Schuldgefühlen geplagt werden.**

Lernaufgabe der Eltern mit der Lebenszahl 1

Ihre Aufgabe als 1er-Eltern besteht deshalb darin, Ihre Kinder in der Entfaltung ihres Potenzials zu unterstützen, ohne sich dabei selbst unter Druck zu setzen. Die Eltern sollten lernen, auf eine gelassene Art und Weise mit dem eigenen Leistungsdruck umzugehen. Gelingt dies den Eltern, so können die Kinder von deren Vorbildwirkung profitieren.

Lernaufgabe der Kinder in der Beziehung zu einem Elternteil mit der Lebenszahl 1

Kinder, deren Eltern die Lebenszahl 1 haben, haben die Aufgabe zu lernen, ihre Charakterstärke auszuleben, zur eigenen Größe zu stehen und ihre Ausdauer zu entfalten. Durch die Vorbildwirkung ihrer Eltern finde sie Zugang zu der persönlichen Kraft und Ausdauer zu entwickeln.

Hilfestellungen für Eltern mit der Lebenszahl 1

Grundsätzlich sollten Eltern mit der Lebenszahl 1 auf folgende Aspekte achten, um mit den an sie gestellten Herausforderungen gelassen umgehen zu können:

» *Nehmen Sie sich bewusst für das Stillen Ihrer Bedürfnisse Zeit und machen Sie dafür notwendige Ressourcen frei.* ***Sie sollten Ihre persönlichen Visionen sowie Ihren beruflichen Weg trotz der Elternschaft nicht aus den Augen verlieren.***

- *Für Sie ist es essenziell, der eigenen Berufung nachzugehen und in diesem Zusammenhang Erfolge zu erleben. Denn, wenn Ihnen dies gelingt, können Sie mit mehr Zufriedenheit für Ihre Kinder da sein.*
- ***1er-Persönlichkeiten haben meist eine starke Vorbildwirkung auf ihre Kinder, weshalb Sie sich dieser Tatsache stets bewusst sein sollten.** Achten Sie darauf, dass Sie Ihren Kindern nicht nur Ihre tatkräftige, arbeitsame Seite vorleben. Verstecken Sie Ihre Schwächen nicht, sondern zeigen Sie diese offen und ehrlich. Aspekte wie Leichtigkeit, Genuss und Ruhe sollten als erstrebenswert aufgezeigt werden. Voraussetzung dafür ist es, dass es Ihnen gelingt, ein ausgewogenes Verhältnis zwischen Produktivität und Entspannung zu schaffen.*
- *Für Sie ist es wichtig, eine gute Beziehung zu sich selbst aufzubauen sowie einen wertschätzenden, inneren Dialog zu entwickeln und diesen auch konstruktiv mit sich selbst zu führen. **Als Eltern sollten Sie lernen, mit Ihrem Perfektionismus umzugehen, Leistungsdruck zu vermeiden und trotzdem einen gewissen Ehrgeiz zu bewahren.** Dies ist deshalb von Bedeutung, da Menschen mit der Lebenszahl 1 sehr stark darauf fokussiert sind, sich und ihre Träume zu verwirklichen. Sie haben zahlreiche Visionen und eine ausgeprägte Pionierenergie.*
- ***Leben Sie Ihren Kindern vor, dass es normal ist, Fehler zu machen.** Inspirieren Sie Ihren Nachwuchs mit Ihrer Vorbildwirkung dazu, selbst Wege zur Lösung von Problemen zu finden und dabei erfinderisch zu sein. Ihre Kinder sollen erfahren, dass Fehler notwendige Etappen im Leben sind, da sie im Grunde Erfahrungen darstellen, aus denen man lernt. **Auf diese Weise trauen sich junge Menschen, alte Wege hinter sich zu lassen und Neues auszuprobieren.***

Lebenszahl der Eltern 2 oder 11/2 - die Kinder lieben, ohne sich dabei selbst zu vergessen

Beziehung zur Elternschaft mit der Lebenszahl 2 oder 11/2

Diese empathische, rücksichtsvolle Persönlichkeit ist in der Lage, die Elternrolle liebevoll und einfühlsam zu leben. **Durch die gefühlvolle Beziehung zum Kind gelingt es dieser Person, ein präsenter und offener Elternteil zu sein.** Als Eltern sind Sie dadurch in der Lage, die verantwortungsvolle und bewusste Aufgabe des Großziehens und Erziehens bewusst anzunehmen. Sie schaffen es, eine harmonische Beziehung mit Ihrem Kind zu gestalten und begegnen ihm stets wertschätzend. Das Kind bekommt bei diesem Elternteil also genügend Raum, um sein Wesen friedlich und altersgerecht zu entfalten.

Liebe ohne Aufopferung

Die größte Herausforderung für Sie ist es in diesem Zusammenhang, ebenso Zeit und Ressourcen für sich selbst zu finden. **Es ist äußerst wichtig, dass Sie sich auch um sich selbst kümmern und die Beziehung zu Ihrem Kind leben, ohne sich dadurch aufzuopfern.** 2er-Eltern entwickeln dem Kind gegenüber oft Schuldgefühle und erlegen sich selbst einen großen Leistungsdruck auf, um alles richtig zu machen. **Vor allem in der Pubertät gestaltet sich die Eltern-Kind-Beziehung bei diesen Menschen herausfordernd und schwierig.** Als Eltern neigen Sie nämlich dazu, dem Kind alles zu ermöglichen, was Sie selbst in Ihrer Kindheit und Jugendzeit verabsäumt haben. Für Sie ist es deshalb wesentlich zu erkennen, dass das Kind höchstwahrscheinlich andere Bedürfnisse, Wünsche und Träume als Sie hat. Sie sollten keine Verwirklichung Ihrer persönlichen Kindheits- und Jugendträume durch Ihr Kind anstreben.

Herausforderungen der Elternschaft mit der Lebenszahl 2 oder 11/2

Menschen mit der Lebenszahl 2 und 11/2 sind sehr sensibel, gefühlsbetont und spüren, wie es ihren Mitmenschen geht. **Aufgrund dieser angeborenen Empathie leiden Sie als Elternteil häufig mit Ihren Kindern mit und haben das dringende Bedürfnis, Hindernisse und Probleme aus dem Weg der Kinder zu räumen. Ihnen ist es sehr wichtig, das Gefühl zu haben, dass Sie Ihre Kinder vor Bosheit, Neid und seelischem Schmerz beschützen können.** Dies ist somit als die größte Herausforderung für Sie zu betrachten.

Die Beobachterrolle als Schlüssel zu einem gelassenen Eltern-Dasein
Sie sollten lernen, von Zeit zu Zeit eine Beobachterrolle einzunehmen und es auszuhalten, wenn Ihre Kinder alleine mit schwierigen Erfahrungen umgehen müssen. Seien Sie ein stiller, achtsamer Begleiter. Denn gerade diese selbstständige Bewältigung von schwierigen Situationen macht die Kinder bzw. Jugendlichen zu widerstandsfähigen, starken Persönlichkeiten.

Schuldgefühle in der Elternrolle
Diese Eltern verspüren noch mehr als alle übrigen Eltern den Drang, alles richtig und perfekt machen zu wollen. Sobald das Kind einen Misserfolg erleidet, stellen sie sich die Frage, was sie falsch gemacht haben. Sie geben sich häufig selbst die Schuld, wenn ihr Kind etwas nicht schafft oder entlang seines Lebensweges Misserfolge erleidet. Auch im Alltag suchen sie häufig nach von ihnen verursachten Fehlern.
Aufgrund Ihrer Sensibilität und Harmoniebedürftigkeit spielen Sie Ihren Kindern häufig vor, es gehe Ihnen gut. Pflegen Sie deshalb einen ehrlichen Dialog mit Ihrem Kind und zeigen Sie ihm offen, wie es Ihnen tatsächlich geht. Sie müssen nicht immer der Fels in der Brandung sein. Es ist vollkommen in Ordnung, wenn Sie von Zeit zu Zeit Schwäche zeigen und Ihnen das Ruder auch mal aus der Hand gerät.

Lernaufgabe der Eltern mit der Lebenszahl 2 oder 11/2

Als Elternteil sollten Sie Ihren Kindern einen gesunden Egoismus vorleben und ihnen beibringen, dass eine aufrichtige Selbstachtung die Basis für gelingende Beziehungen bildet. Wenn Sie Ihre Gefühle unterdrücken und der Außenwelt vorspielen, dass alles in Ordnung sei, übernehmen Ihre Kinder, vor allem in der Pubertät, womöglich die Rolle Ihres Sprachrohres.

Bewusster Umgang mit belastenden Emotionen
Wenn Sie sich nachgiebig verhalten, versuchen, es allen recht zu machen und Gefühle, wie Wut, Angst oder Zorn nicht offen zeigen, kann es sein, dass Ihr Kind genau diese Gefühle von Ihnen übernimmt. Vor allem Pubertierende schlüpfen oft in die Rolle der Eltern und tragen deren verdrängte Emotionen nach außen. **Daher besteht Ihre Lernaufgabe als Eltern auch darin, Ihren Kindern aufzuzeigen, wie man mit belastenden Emotionen umgeht.** Ihre Kinder sollen verstehen, dass man wütend, traurig, zornig oder müde sein darf und sich nicht immer im Griff haben und Stärke beweisen muss.

Lernaufgabe der Kinder in der Beziehung zu einem Elternteil mit der Lebenszahl 2 oder 11/2

Als Eltern mit der Lebenszahl 2 neigen Sie dazu, eine ausgeprägte Helferrolle einzunehmen und verspüren häufig den starken Drang, anderen Personen zur Hand zu gehen. Es fällt Ihnen möglicherweise schwer, sich zurückzuhalten und es Ihrem Kind zu erlauben, sich auf seine individuelle Weise und in seinem Tempo zu entwickeln. Ihre Kinder lernen in der Beziehung zu Ihnen durch Ihre Vorbildwirkung, auf der einen Seite ihr Einfühlungsvermögen zu entwickeln. Auf der anderen Seite besteht ihre Lernaufgabe darin, **selbständig zu werden und sich aus der elterlichen Fürsorge abzunabeln.**

Hilfestellungen für Eltern mit der Lebenszahl 2 und 11/2

- *Grundsätzlich sollten Sie als Elternteil auf folgende Aspekte achten, um mit Herausforderungen gelassen umgehen zu können:*
- ***Ihr Kind sollte durch Ihre Vorbildwirkung in erster Linie lernen, auf sich selbst zu achten und sich selbst liebevoll zu behandeln.*** *Grenzen Sie sich nach außen hin auf behutsame Weise ab und sagen Sie auch mal „Nein". Damit vermeiden Sie, dass Ihr Kind Ihr Helfersyndrom übernimmt.* ***Reduzieren Sie auch Ihre Neigung zur Hilfsbereitschaft auf ein gesundes Maß.***
- *Nehmen Sie sich bewusst Zeit für sich, und das ganz ohne schlechtes Gewissen.* ***Gehen Sie Ihren persönlichen Interessen nach und tun Sie sich selbst immer wieder etwas Gutes.***
- ***Für die Kinder ist es wichtig zu wissen, dass ihre Eltern achtsam sind und ein offenes Ohr für sie haben.*** *Sie sind jedoch die Eltern und nicht die Therapeuten oder Berater Ihrer Kinder. Legen Sie deshalb Ihr Helfersyndrom oder die Rolle einer überbehütenden Mutter bzw. eines überbehütenden Vaters Ihren Kindern gegenüber ab. Eine erdrückende Präsenz Ihrerseits löst in den Kindern, und noch mehr bei Jugendlichen, Widerstand und Trotzreaktionen aus, die den gemeinsamen Dialog und Zusammenhalt beinträchtigen.*
- ***Als 2er-Eltern sollten Sie Ihr Schuldbewusstsein loslassen, um sich von Ihrem persönlichen Leistungsdruck zu lösen.*** *Befreien Sie sich von der Vorstellung, alles perfekt machen zu müssen. Legen Sie die Angst, Fehler in der Erziehung des Kindes zu machen, ab. Gewähren Sie Ihrem Kind stattdessen ausreichend Freiraum und bringen Sie ihm vollstes Vertrauen entgegen.*
- ***Gemeinsam kreative Aktivitäten*** *in Angriff zu nehmen oder* ***zusammen Sport*** *zu treiben, hilft dabei, die Eltern-Kind-Beziehung mit Freude und Leichtigkeit zu gestalten.*
- ***Berührungen und gemeinsame Kuscheleinheiten bringen Eltern und Kind einander näher.*** *Sie können die Kommunikation mit Ihrem Sprössling über taktile Reize und Liebkosungen stärken und so eine ausgereifte*

Empathie zwischen Eltern und Kind entstehen lassen. Auf diese Weise kann eine stabile Basis für die Eltern-Kind-Bindung und eine wertschätzende, empathische Kommunikation gefördert werden.

Lebenszahl der Eltern 3 - Die Elternschaft mit der eigenen schöpferischen Kraft gestalten

Beziehung zur Elternschaft mit der Lebenszahl 3

3er-Eltern besitzen generell eine sensible, schöpferische und kontaktfreudige Persönlichkeit und leben ihre elterliche Aufgabe mit Hingabe und Intuition. **Ihre spielerische Ader und Ihr kreativer Wesenszug ermöglichen Ihnen außerdem einen einfühlsamen Zugang zu Ihrem Kind.** Durch die Elternschaft finden Sie zudem zu Ihrem eigenen Inneren Kind zurück und können seine Bedürfnisse wahrnehmen.

Den persönlichen Freiheitsdrang stillen

Als Elternteil mit der Lebenszahl 3 können Sie ein guter Spielkamerad und Begleiter für Ihre Kinder sein. Sie können eine sichere und beständige Bindung zu Ihrem Kind aufbauen und diese aufrechterhalten. **Es ist jedoch wichtig, dass Sie dabei auch Ihren machtvollen Freiheitsdrang stillen.** Dadurch können Sie Ihre elterlichen Pflichten und die Verantwortung Ihrem Nachwuchs gegenüber mit mehr Gelassenheit wahrnehmen.

Wenn Sie das Gefühl verspüren, dass das Korsett Ihrer alltäglichen Routine und Pflichten Sie nicht mehr atmen lässt, sollten Sie sich mehr Zeit für sich selbst und Ihre Interessen nehmen. In der Elternrolle sind Sie sich als 3er-Persönlichkeit bewusst, welche Bindung und Verantwortung die Erziehung Ihres Kindes mit sich bringt. Versuchen

Sie trotzdem, eventuelle innere Anspannungen loszulassen. **Etwas mehr Gelassenheit und Zufriedenheit mit sich selbst, verbessert und entspannt die Beziehung zu Ihrem Kind enorm.** Ihre Herausforderung besteht darin, Ihren Freiheitsdrang mit der Absicht, ein guter, verlässlicher und einfühlsamer Elternteil zu sein, zu verbinden.

Mangel an Selbstwertgefühl

Manchmal kann Ihre innere Überzeugung, nicht gut genug zu sein, die Eltern-Kind-Beziehung belasten. Durch diesen entwicklungshemmenden Glaubenssatz entsteht in Ihnen eine gewisse innere Unsicherheit und das Bedürfnis nach Liebe und Anerkennung. Diese Aspekte können an Ihrem Selbstwertgefühl nagen und Ihnen die Aufgabe, Grenzen zu setzen und „Nein" zu sagen, erschweren.

Ein geringes Selbstwertgefühl könnte Sie auch dazu veranlassen, vor den Augen Ihres Kindes stets fehlerfrei und kompetent auftreten zu wollen. Damit zeichnen Sie dem Kind ein Bild von sich, in dem Sie Ihre Stärken und positiven Eigenschaften betonen, Sie sich aber nicht authentisch zeigen.

Authentizität offen preisgeben

Finden Sie den Mut, Ihre Schwachstellen, Lebenskrisen oder belastenden Gefühlszustände Ihren Kindern gegenüber ehrlich zu zeigen und dadurch eine stabile Vertrauensbasis, gerade für die herausfordernde Zeit der Pubertät, zu schaffen. Sie sollten zudem die Vorstellung aufgeben, dass jemand, der Schwäche zeigt, nicht liebenswert ist. Dank Ihrer Vorbildwirkung, die sie dadurch auf Ihren Sprössling haben, helfen Sie ihm dabei, selbst den Mut zur Entwicklung eines authentischen Selbstausrucks zu finden. Auf diese Weise ermöglichen Sie ihm den Zugang zu seinen Schwächen und seiner Verletzbarkeit.

Herausforderungen der Elternschaft mit der Lebenszahl 3

Die Herausforderung der Elternrolle besteht für Sie darin, eine Beziehung zu Ihrem Kind aufzubauen, in der Sie sich so geben, wie Sie wirklich sind. Durch die Elternschaft werden Sie mit Ihren Ängsten konfrontiert und lernen, dass man nicht perfekt oder besonders sein muss, um geliebt zu werden.

Spielerischer Umgang miteinander

Sie sollten eine Eltern-Kind-Beziehung schaffen, die von Spaß, Gelassenheit sowie Momenten des Austausches und der Ruhe gekennzeichnet ist. Verbringen Sie Zeit mit Ihren Kindern und **lassen Sie sich in diesen gemeinsamen Momenten vom Fluss des Lebens mitreißen und tun Sie spontan das, wonach Ihnen ist**. Nutzen Sie die gemeinsame Zeit mit Ihrem Kind, um aufeinander einzugehen, zu improvisieren, zu spielen und miteinander Neues zu erleben. Im Austausch mit Ihren Kindern entdecken Sie Ihre spielerische Ader wieder und finden dadurch auch Zugang zu Ihrer kreativen Seite, sowohl im Alltag als auch im Beruf.

Das Naturell des Kindes respektieren

Manchmal laufen Sie als 3er-Persönlichkeit in der Elternrolle Gefahr, Ihre Träume, Sichtweisen sowie Wünsche auf Ihre Kinder zu übertragen. Sie sollten daher stets hinterfragen, ob das, was Sie tun, auch tatsächlich den Wünschen Ihres Kindes entspricht. Bedenken Sie, dass die Elternschaft nicht mit dem Bescheidwissen über die eigenen Kinder gleichzusetzen ist. Seien Sie sich bewusst, dass selbst Eltern nicht immer alles wissen können, was in ihren Kindern vorgeht.
Diese Eltern-Kind-Beziehung wird vor allem dadurch erschwert, dass die Eltern zu starre Vorstellungen davon haben, wie die Beziehung aussehen sollte. **Bauen Sie stattdessen eine authentische Beziehung zu Ihrem Sprössling auf und vertrauen Sie auf Ihre hilfreiche, innere Stimme.**

Schlüpfen Sie ebenso vertrauensvoll in eine Beobachterrolle und machen Sie sich bewusst, dass junge Menschen eine eigenständige Persönlichkeit besitzen. Auf Basis eines offenen Dialogs und ehrlichen Austauschs können Sie und Ihre Kinder zueinanderfinden.

Respektieren Sie auch das Naturell Ihres Kindes. Dadurch können Sie Ihren Nachwuchs liebevoll anleiten und ihn in seiner Entfaltung fördern, ohne ihn dabei einzuengen oder in festgefahrene Muster zu pressen.

Lernaufgabe für Eltern mit der Lebenszahl 3

Als Elternteil mit der Zahl 3 sollten Sie versuchen, **ohne Anstrengung und Zwang auf Ihr Kind einzugehen**. Möglicherweise verspüren Sie häufig den inneren Druck und das Bedürfnis, in der Erziehung und Begleitung Ihrer Kinder alles richtig zu machen und Ihren Nachwuchs optimal zu fördern. **Ihre Lernaufgabe ist es, Ihre vielen Sorgen, vorgefertigten Vorstellungen und unrealistischen Erwartungen loszulassen**. Trauen Sie Ihrem heranwachsenden Kind mehr zu und vertrauen Sie darauf, dass Sie als Elternteil eine gute Intuition besitzen, um auf das Kind und seine Bedürfnisse einzugehen.

Es kann auch sein, dass Sie krampfhaft versuchen, **die Fehler, die Ihre eigenen Eltern Ihrer Meinung nach gemacht haben, zu vermeiden. Lösen Sie sich von diesen Gedanken und konzentrieren Sie sich nur auf die Gegenwart und auf Ihr Kind.** Eine feste Verwurzelung im Hier und Jetzt ist vor allem dann wichtig, wenn Sie sich Ihren Kindern gegenüber äußerst verkrampft zeigen und überanstrengt reagieren.

Lernaufgabe der Kinder in der Beziehung zu einem Elternteil mit der Lebenszahl 3

Die Lernaufgabe der Kinder besteht darin, sich selbst treu zu bleiben. Die Kinder der 3er-Eltern besitzen eine starke Persönlichkeit und fordern ihre Eltern gerne heraus. Sie zeigen ihren Eltern klar, dass sie so sein möchten, wie sie sind, und nicht wollen, dass die Eltern ihnen vorschreiben, wer sie sein sollten oder könnten. **Diese Kinder möchten nicht von ihren Eltern angeleitet werden, sondern ihren Lebensweg ebenbürtig, gemeinsam mit den Erwachsenen beschreiten.** Vor allem in der Pubertät beginnen sich diese Kinder ihren Eltern gegenüber zu behaupten.

Hilfestellungen für Eltern mit der Lebenszahl 3

» ***Sie sollten darauf vertrauen, dass Sie sich auf Ihre innere Stimme und Ihre natürliche Empathie verlassen können.*** *Diese Qualitäten Ihrer Persönlichkeit leiten Sie in der Gestaltung der Eltern-Kind-Beziehung optimal an. Mit diesem Fokus schaffen Sie es, eine sichere und stabile Verbindung zu Ihrem Kind aufzubauen. Lenken Sie Ihre Aufmerksamkeit demnach auf Ihre Stärken, um Vertrauen in sich selbst zu gewinnen und die Aufgaben der Elternschaft mit Gelassenheit anzunehmen.*

» *Das Ausleben Ihres Freiheitsbedürfnisses, Ihrer Berufung und Ihrer kreativen Talente öffnet Ihnen das Tor zur inneren Ausgeglichenheit.* ***Als Elternteil mit der Lebenszahl 3 sollten Sie versuchen, mit sich selbst zufrieden zu sein sowie Ihre Talente und Ihre Kreativität intensiv zu leben.*** *Vertiefen Sie Ihre Interessen und Leidenschaften. Gestalten Sie Zeiträume, die ausschließlich Ihnen gehören, mit Aktivitäten, die Ihnen Freude bereiten und Ihre Lebendigkeit anspornen. Werden diese Aspekte berücksichtigt, finden Sie mehr Mut, sich und Ihren inneren Reichtum zu offenbaren. Dadurch können Sie sich der Elternschaft liebevoll und von ganzem Herzen widmen. Ein zufriedener Elternteil macht auch die eigenen Kinder zufrieden und sogar glücklich.*

» *Auch im spielerischen Austausch mit Ihrem Kind sowie im Leben allgemein sollten Sie sich offen zeigen. Offenbaren Sie sowohl Ihre positiven Seiten als auch Ihre Schwächen. Dieses ehrliche Auftreten schafft in der Eltern-Kind-Beziehung seelische Nähe und ein Gefühl der Zusammengehörigkeit.*

Lebenszahl der Eltern 4 oder 22/4 - Die Aufgabe der Erziehung einfühlsam und gelassen leben

Beziehung zur Elternschaft mit der Lebenszahl 4 oder 22/4

Als Eltern zeichnen Sie sich durch ein ausgeglichenes und zuverlässiges Wesen aus und streben stets nach Bodenständigkeit. Sie nehmen die Verantwortung der Elternschaft sowie die dazugehörigen Pflichten sehr ernst und wollen aufgrund der Lebenszahl 4 in allen Belangen und Lebenslagen eine Stütze für Ihren Nachwuchs sein. Sie legen viel Wert darauf, Ihren Kindern ein sicheres und stabiles Zuhause zu bieten, allerdings begünstigen Ihr klarer Verstand sowie Ihre ausgeprägten organisatorischen Fähigkeiten Ihre persönliche Tendenz, das gesamte Leben Ihrer Kinder managen und durchplanen zu wollen.

Starre Vorstellungen und Erwartungshaltungen dem Kind gegenüber
Manchmal haben Sie aufgrund Ihrer hohen Idealvorstellungen eine fast unerschütterliche Vision von der Entwicklung Ihrer Kinder. Sie vertreten eine klare Vorstellung davon, was für Ihre Kinder richtig und geeignet ist. Aufgrund dessen wirken Sie in Ihrem Erziehungsstil manchmal einengend und bestimmend, insbesondere deswegen, weil sie Ihren Kindern oftmals zu wenig Freiraum und nicht ausreichend Entfaltungsmöglichkeiten bieten.
Ist das Idealbild über das eigene Kind zu starr, kann es dazu kommen, dass Sie als Elternteil mit der Lebenszahl 4 bisweilen eine Ablehnung gegenüber den natürlichen Wesenszügen Ihres Kindes entwickeln. In diesem Fall respektieren Sie die Bedürfnisse, Wünsche, Vorstellungen und Zukunftspläne des Kindes nicht vollkommen und versuchen, diese Aspekte nach Ihren Vorstellungen zu prägen.

Strenge Erziehung

Aufgrund Ihrer Geradlinigkeit und rationalen Denkweise wirken Sie als Eltern mit dieser Lebenszahl zudem oftmals kühl und emotional distanziert. Dabei sticht in vielen Fällen insbesondere Ihre Sturheit und Inflexibilität hervor. **Ihre Bodenständigkeit und Ihr Sicherheitsdenken bringen Sie dazu, materielle Sicherheit sowie schulischen oder beruflichen Erfolg als oberste Priorität zu sehen.** Ein strukturiertes, leistungsorientiertes und organisiertes Leben hat bei Ihnen stets Vorrang. Aspekte, wie etwa Ihre Gefühlswelt und eine einfühlsame Kommunikation, werden von Ihnen hingegen gerne vernachlässigt.

Seelische Nähe schafft einen Nährboden für die Entwicklung des Kindes

Aufgrund Ihrer Neigung, Gefühle für sich zu behalten und diese nicht offen zu thematisieren, fehlt es Ihrem Kind in vielen Fällen an der nötigen emotionalen und seelischen Unterstützung, die es für seine persönliche Entwicklung und sein Wachstum braucht. Dennoch zeigt sich, dass Sie ein sehr gewissenhafter Elternteil sind und Ihren Kindern sowohl bei alltäglichen als auch bei materiellen Anliegen stets zur Seite stehen. Allerdings wäre es wünschenswert, dass Sie diese Rolle gleichermaßen auf seelischer Ebene einnehmen. **Wenn es Ihnen gelingt, Ihrem Nachwuchs gegenüber gefühlvoll und sensibel zu reagieren, kann er seine Persönlichkeit optimal entfalten.** Durch ein derartiges Verhalten bringen Sie Ihrem Kind vollen Respekt für dessen natürliche Wesenszüge entgegen.

Herausforderungen der Elternschaft mit der Lebenszahl 4 oder 22/4

Als Elternteil mit der Lebenszahl 4 stecken Sie voller Ressourcen, sind stark und leistungsorientiert. Für ein erfülltes Leben benötigen Sie eine finanzielle Absicherung und feste Beziehungen, da Sie sehr auf Sicherheit bedacht sind. Durch Ihre Kinder finden Sie Zugang zu Ihrer inneren Gelassenheit und können diesen Weg in vollster Ruhe beschreiten.

Den Drang nach Perfektion ablegen

Ihre größte Herausforderung besteht darin zu lernen, dass nicht immer alles so funktioniert, wie Sie es sich vorstellen, selbst wenn Sie alles dafür tun, um Ihre Absichten zu verwirklichen.

Als 4er-Eltern verfügen Sie über ein ausgeprägtes Vertrauen in Ihre Fähigkeit, all das in die Tat umzusetzen, was Sie wollen und sich vornehmen. **Sie besitzen einen starken Charakter und Willen, die es Ihnen ermöglichen, Ihre Pläne und Träume mit Konsequenz und Ausdauer zu verfolgen und auch zu verwirklichen.** Von Ihren Kindern können Sie lernen, Ihren Hang zum Durchorganisieren des Alltags mit Veränderungen in Beziehungen und im Leben allgemein in Einklang zu bringen. **Ihre Kinder helfen Ihnen dabei, unerwartete Situationen oder einen Lebenswandel zuzulassen und generell gelassener durchs Leben zu gehen.** Auf diese Weise gelingt es Ihnen, Dinge loszulassen, die einfach nicht sein sollen. Durch diese neugewonnene Gelassenheit erkennen Sie, dass sich gewisse Dinge auch ohne großes Einwirken von außen zum Positiven wenden und sich oftmals auch ganz von selbst erledigen.

Flexibilität lernen

Als 4er-Eltern sind Sie stets darauf bedacht, Dinge präzise zu erledigen und strukturiert vorzugehen. Dank Ihrer Kinder lernen Sie jedoch, anpassungsfähig und flexibel zu sein. Darüber hinaus agieren Sie häufig sehr intuitiv und sind dazu in der Lage, das Potenzial Ihrer Mitmenschen und Kinder zu spüren. Oft wollen Sie daher über den Lebensweg Ihrer Kinder bestimmen und glauben am besten zu wissen, wie Ihre Kinder deren Potenzial optimal entfalten können. **In der Elternrolle sollten Sie als 4er-Persönlichkeiten allerdings akzeptieren, dass Ihre Kinder oft auch auf Umwegen zu ihrer Entwicklung und ihrem persönlichen Erfolg finden.**

Den Kindern Freiheiten gewähren

Eine weitere Herausforderung der Elternschaft besteht für Sie demnach auch darin anzuerkennen, dass Sie Ihre Kinder nicht immer so

prägen können, wie Sie es gerne hätten. Es wird Ihnen nicht immer gelingen, Ihre Kinder nach Ihren eigenen Vorstellungen zu erziehen. Häufig kämpfen Sie jedoch damit, genau diese Realität zu akzeptieren. Vor allem in der Zeit der Pubertät kann dieses Denk- und Handlungsmuster zu einer Belastung für die Eltern-Kind-Beziehung werden.
Eine zusätzliche Herausforderung der Eltern mit der Lebenszahl 4 oder 22/4 ist das konstante Gefühl, **ihre Kinder ständig unterstützen und beschützen zu müssen.** Zugleich wollen sie aber, dass ihre Kinder erfolgreich sind. Daher entwickeln diese Eltern die Tendenz, sich für ihre Kinder aufzuopfern und sich sogar selbst aufgeben zu wollen.

Lernaufgabe der Eltern mit der Lebenszahl 4

Die Lernaufgabe für Sie als 4er-Eltern besteht darin zu erkennen, dass Sie mit Ihrem Nachwuchs Zeit verbringen können, ohne dabei etwas leisten zu müssen. Die eigenen Kinder müssen nicht stets beschäftigt, gefördert oder anderwärtig unterstützt werden. Für Sie ist es deshalb wichtig zu akzeptieren, dass es in Ordnung ist, auch einmal faul zu sein. **Sie sollten lernen, in den Fluss des Lebens einzutauchen und die Dinge von selbst geschehen zu lassen.** Üben Sie sich in Geduld und versuchen Sie, eine gewisse Grundentspannung zu entwickeln.

Lernaufgabe der Kinder in der Beziehung zu einem Elternteil mit der Lebenszahl 4 oder 22/4

Kinder lernen von 4er-Eltern produktiv, organisiert und ausdauernd zu sein sowie bei Schwierigkeiten nicht gleich aufzugeben. Auf diese Weise gelingt es den Kindern, in dieser Eltern-Kind-Beziehung Charakterstärke, Willenskraft und Durchhaltevermögen zu entwickeln. **Als Elternteil ist es in diesem Rahmen sehr wichtig für Sie, wenig Druck auf Ihre Kinder auszuüben,** denn gerade in der Pubertät kann es der Fall sein, dass diese jungen Menschen genau das Gegenteil von dem machen, was die Eltern sagen oder wollen. Außerdem sollten Sie Ihren Kindern gegenüber **eine Vorbildfunktion ausüben**, wenn es darum geht, Ihrem Nachwuchs beizubringen, **Konflikte auf konstruktive Weise auszutragen** und belastende Gefühle abzulegen. **Achten Sie deshalb auf einen Kommunikationsstil, der auf Empathie, Wertschätzung und klaren Ich-Botschaften beruht.**

Hilfestellungen für Eltern mit der Lebenszahl 4 und 22/4

» *Sie sollten daran arbeiten, Ihre eigenen Gefühle wahrzunehmen und zu äußern.* ***Das Verständnis Ihrer Bedürfnisse und der Zugang zu Ihrer Gefühlswelt stellen für Sie auf persönlicher Ebene einen wichtigen Entwicklungsschritt dar.*** *Dadurch werden Sie auch Ihren Kindern gegenüber empathischer und sind in der Lage, das Tor zur Seele Ihres Kindes zu öffnen.*

» ***Als Elternteil sollten Sie sich darin üben, Ihr Kind so zu akzeptieren, wie es ist.*** *Sie sollten sich vor Augen führen, dass Ihre Erwartungen, die Sie dem Kind gegenüber haben, von diesem nur zum Teil erfüllt werden können. Dies hängt damit zusammen, dass Ihre Erwartungen nicht immer deckungsgleich mit jenen Ihrer Kinder sind.* ***Sie sollten daher lernen, regelmäßig in eine Beobachterrolle zu wechseln und Rücksicht auf die Bedürfnisse und Wünsche Ihres Kindes zu nehmen.*** *Sie sollten Ihr Kind ermutigen, offen über seine Gefühle, Empfindungen und Wünsche zu sprechen. Dadurch kann Ihr Nachwuchs die Hemmungen oder die Angst davor, nicht akzeptiert oder weniger geliebt zu werden, loslassen.*

» *Da Sie stets von Ihrem Verstand angeleitet werden,* ***sollten Sie lernen, auf Ihre persönliche innere Stimme zu hören.*** *Eines Ihrer obersten Ziele sollte es sein, Ihr Kind zu ermutigen, auf das eigene Bauchgefühl zu hören und ein Gleichgewicht zwischen Herz und Verstand herzustellen. Die Tendenz, sich ausschließlich auf ihren analytischen Verstand zu verlassen, um ein erfolgreiches, sicheres Leben zu führen, sollten Sie Ihren Kindern auf keinen Fall weitergeben.*

» ***Momente des gemeinsamen Spielens, der Ruhe und der unbeschwerten Freizeitgestaltung helfen Ihnen dabei, in Kontakt mit Ihrem Inneren Kind zu treten.*** *Auf diese Weise können Sie sich Ihrem Kind in einer komplett neuen Rolle zeigen, die Sie und Ihr Kind auf der Seelenebene näher zusammenrücken lässt.*
» *Für Eltern mit der Lebenszahl 4 ist es unabdingbar, sich* ***bewusst für ihre Kinder Zeit zu nehmen****, in der Leistung, Druck, Anstrengung und Arbeit keine Rolle spielen.*
» *In der Rolle als 4er-Eltern sind Sie sehr pflichtbewusst, wodurch Sie sich stark auf Ihre mit der Elternschaft verbundenen Pflichten fokussieren und dadurch auch Ihre Wahrnehmung einschränken. Sie sollten daher erkennen, dass das Elternsein eine sehr breit gefächerte Aufgabe ist und sich aus unterschiedlichen Rollen zusammensetzt.* ***Die Elternschaft wird durch ein Prisma verschiedener Rollenbilder gelebt – einmal ist man Elternteil oder Spielkamerad, ein anderes Mal Ratgeber, Zuhörer oder einfach nur eine stille Begleitperson.***
» ***Eine weitere Hilfestellung besteht für Sie darin, eine gute Beziehung zu sich selbst aufzubauen und Ihre Selbstwahrnehmung zu stärken****. Dies kann Ihnen mithilfe von Bewegung oder Atem- und Entspannungstechniken gelingen. Auch Zeit in der Natur zu verbringen, sei es mit oder ohne Ihre Kinder, ist in diesem Zusammenhang sehr förderlich und kann für Sie unterstützend wirken. In der Bewegung, wie etwa bei Spaziergängen, können Sie Gespräche mit Ihrem Kind führen und eine Verbindung zu Ihrem Nachwuchs aufbauen.*
» *4er-Eltern spüren ihre Kinder und Mitmenschen gut und wirken sehr einfühlsam. Sie neigen jedoch dazu, eine gut gemeinte, besserwisserische Haltung einzunehmen. Lösen Sie sich von dieser Einstellung und* ***lenken Sie Ihre Aufmerksamkeit auf die positiven Seiten Ihres Kindes.*** *Machen Sie sich bewusst, dass Ihr Kind eine individuelle Persönlichkeit besitzt, die sich gänzlich von der Ihren unterscheidet.*

Lebenszahl der Eltern 5 - Das eigene Freiheitsbedürfnis leben und ein empathischer Elternteil sein

Beziehung zur Elternschaft mit der Lebenszahl 5

Als 5er-Persönlichkeit sind Sie sehr lebendig, kreativ und vielfältig interessiert. Sie haben einen äußerst freiheitsliebenden Charakter und besitzen einen regen Geist.

Hingebungsvolle, empathische Eltern
Manchmal zeigen Sie sich aber auch unbeständig und nicht immer zuverlässig. Meist folgen Sie dem Ruf Ihres Herzens und lassen sich von Ihren Emotionen leiten. Sie haben eine gute Verbindung zu Ihrer inneren Stimme, wobei Sie ständig auf der Suche nach neuen Erfahrungen, Erkenntnissen und Begegnungen sind. Besonders wenn Sie das nötige Ausmaß an innerer Ruhe und Selbstreflexion aufbringen, gelingt es Ihnen, die Weisheit Ihrer Intuition konstruktiv zu nutzen. **Diese von Natur aus empathischen Menschen leben die Elternschaft mit Hingabe.** Ihre Intuition und ihr ausgeprägtes Einfühlungsvermögen lassen diese Persönlichkeiten liebevoll und bewusst auf ihr Kind eingehen. Auf diese Weise gelingt es den 5er-Eltern, das Naturell und die wichtigsten Charakterzüge des Kindes in ihrer Gesamtheit zu erfassen.

Zwei Seiten einer Medaille: Freiheitsdrang und elterliche Pflichten
Eine der größten Herausforderungen bei dieser Lebenszahl besteht für Sie darin zu lernen, mit dem Freiheitsverlust, der mit der Elternschaft einhergeht, umzugehen. Aufgrund Ihrer freiheitsliebenden Persönlichkeit kämpfen Sie oftmals mit der engen Bindung zu Ihrem Kind und hadern mit der Verantwortung und den Pflichten der Elternrolle. Dies ist auch der Grund, weshalb Sie in der Elternschaft meist einen tief sitzenden Zwiespalt erleben. Als Eltern mit der Lebenszahl 5 möchten Sie

einerseits für Ihr Kind da sein und eine gewisse Vorbildwirkung auf Ihren Nachwuchs haben, andererseits sehnen Sie sich nach innerer und äußerer Freiheit.

Der Druck, ein guter Elternteil sein zu wollen
Sie spüren das Verlangen nach ausreichend Zeit für sich selbst, in der Sie sich zurückziehen und in Ihre persönliche Welt eintauchen können. Diese Rückzugs- und Ruhephasen geben Ihnen Raum zur Regeneration und helfen Ihnen dabei, Ihr intensives Innenleben zu ordnen sowie Ihre Erfahrungen zu integrieren. Sie sind ein äußerst soziales Wesen, weshalb Sie stets den Kontakt zu Ihren Mitmenschen suchen. Ein Leben ohne ausgedehnte Sozialkontakte ist für Sie als 5er-Persönlichkeit kaum vorstellbar. **Dieser innere Konflikt weckt in Ihnen nicht selten Schuldgefühle und Sie verspüren dadurch häufig auch den inneren Druck, ein guter Elternteil für Ihr Kind zu sein.** Als Eltern mit der Lebenszahl 5 ist es somit Ihre Aufgabe, den Balanceakt zwischen den Anforderungen der Kindererziehung und dem Stillen Ihrer persönlichen Bedürfnisse erfolgreich zu meistern.

Herausforderungen der Elternschaft mit der Lebenszahl 5

Als Elternteil mit der Lebenszahl 5 besteht **die größte Herausforderung für Sie darin, Ihr Bedürfnis nach einem freien Leben mit den Pflichten der Elternschaft in Einklang zu bringen.**

Die innere Freiheit in der Elternrolle bewahren
Als 5er-Persönlichkeit ist es für Sie von großer Bedeutung, Ihr Leben aktiv zu führen und Ihre persönlichen Bedürfnisse nicht zu vernachlässigen. Sie verspüren einen starken Freiheitsdrang und haben Angst davor, sich zu binden. **Aus diesem Grund kann es vorkommen, dass Sie sich in der Elternrolle immer eine Art Hintertür offenhalten, durch die Sie im Notfall sozusagen entkommen können.**

Im Zuge der Familiengründung kämpfen Sie also mit der Tatsache, ein Stück Ihrer Freiheit zu verlieren. **Für Sie ist es essenziell, in der Elternschaft bewusst Zeiträume für sich zu reservieren, um Ihre persönlichen Bedürfnisse zu stillen und Ihren Drang nach Freiheit auszuleben.** Nur so fühlen Sie sich in der Eltern-Kind-Beziehung wohl und sind in der Lage, sich auf die Verbindlichkeit und die Beziehung zu Ihrem Kind einzulassen.
Sie sollten außerdem kein schlechtes Gewissen haben, wenn Sie nicht der klassischen Elternrolle entsprechen. **Erlauben Sie sich, die Elternschaft so zu leben, wie Sie sich fühlen.** Als 5er-Persönlichkeit gehen Sie im Vergleich zu anderen Eltern mit der Aufgabe des Erziehens vielfach sehr gelassen um. Sie haben keine Angst davor, Ihren Kindern Freiräume zu gewähren. **Trotz des Freiheitsbedürfnisses Ihres Nachwuchses dürfen Sie jedoch nicht verabsäumen, eine Beziehung zu Ihren Kindern aufzubauen.**

Lernaufgabe der Eltern mit der Lebenszahl 5

Als Eltern mit der Lebenszahl 5 sollten Sie sich von den Schuldgefühlen Ihren Kindern gegenüber lösen. **Häufig kommt es zu der Situation, dass Sie aufgrund Ihres Drangs nach Raum und Zeit für sich selbst, Ihrem Nachwuchs gegenüber ein schlechtes Gewissen entwickeln.** Dieses Gefühl, nicht ausreichend für Ihr Kind da zu sein, erzeugt eine tiefsitzende Spannung in Ihrem Inneren. **Sie sollten daher versuchen, konstruktiv mit dieser inneren Zerrissenheit umzugehen.** Lernen Sie, auch auf Ihre eigenen Bedürfnisse einzugehen und sich bewusst für diese Zeit zu nehmen, denn es ist enorm wichtig, in der Elternschaft auch mal Momente zu finden, die nur einem selbst gehören. Dadurch gelingt es Ihnen, die Elternschaft zu akzeptieren und zugleich Ihre Sehnsucht nach Freiheit und Unabhängigkeit zu stillen. Um eine harmonische Beziehung zu Ihrem Kind aufzubauen, können Sie sich voll und ganz auf Ihre Intuition und Empathie verlassen.

Lernaufgabe der Kinder in der Beziehung zu einem Elternteil mit der Lebenszahl 5

Kinder lernen vom jeweiligen 5er-Elternteil, das eigene Freiheitsbedürfnis aktiv wahrzunehmen. **Gelingt es dem Elternteil, den Balanceakt zwischen seinem Freiheitsdrang und dem Beziehungsaufbau zum Kind zu meistern, so kann sich auch das Kind erfolgreich dieser Herausforderung stellen.** Der junge Mensch erkennt auf diese Weise, dass es möglich ist, Beziehungen zu leben und Verantwortung zu tragen, gleichzeitig aber auch frei zu sein. Die Weitergabe dieser Lebenseinstellung ist eigentlich das größte Geschenk, dass Elternteile mit der Lebenszahl 5 ihren Kindern machen können.

Hilfestellungen für Eltern mit der Lebenszahl 5

- ***Sie sollten daran arbeiten, Ihre Selbstzweifel und insbesondere den Druck, der mit Ihrer perfektionistischen Erziehungseinstellung einhergeht, abzulegen.*** *Um dieses Ziel zu erreichen, sollten Sie sich in regelmäßigen Abständen Phasen der Selbstreflexion hingeben. Dabei ist es wichtig, den positiven und stärkenden Seiten der Eltern-Kind-Beziehung in Momenten der Stille Ihre vollste Aufmerksamkeit zu schenken. Seien Sie dankbar für das, was Sie im Leben erreicht haben und auch für den Menschen, der Sie sind. Dankbarkeit zu zeigen, wird Sie auf Ihrem Weg stets einen Schritt weiterbringen und Ihnen den Zugang zu Ihrer inneren Stimme erleichtern.*
- *Für Eltern mit der Lebenszahl 5 ist es äußerst wichtig, die Beziehung zu ihren Kindern mit einer gewissen Leichtigkeit und Spaß zu leben.* ***Wie auch 3er-Eltern, neigen 5er-Eltern dazu, in die Rolle eines Freundes für ihre Kinder zu schlüpfen. Diese Rolle einzunehmen, ist bis zu einem gewissen Grad in Ordnung, solange die Kinder die Autorität der Eltern dennoch respektieren.*** *Trotz dieser freundschaftlichen Beziehungsbasis müssen den Kindern jedoch klare Grenzen aufgezeigt werden.*

» *Nutzen Sie spielerische Aktivitäten oder planen Sie gemeinsame Momente der Freude und Gelassenheit, um die Beziehung zu Ihrem Kind zu stärken. Auf diese Weise ermöglichen Sie es Ihrem Nachwuchs, seine natürliche Leichtigkeit und spielerische Seite zu entfalten.* ***Durch Abwechslung, Spaß und gemeinsame Abenteuer sollten Sie Ihren Kindern auch die leichte Seite des Lebens zugänglich machen.*** *Die Erfahrung, dass Bindungen und Beziehungen kein Gefängnis sind, hilft den Kindern dabei, ihre Bindungs- und Beziehungsfähigkeit zu entwickeln. Gleichzeitig gelingt es den Kindern auf diese Weise, ihren Drang nach Selbstständigkeit bewusst zu leben.*

Lebenszahl der Eltern 6 oder 33/6 - Kinder erwartungsfrei erziehen

Beziehung zur Elternschaft mit der Lebenszahl 6 oder 33/6

Als Eltern mit dieser Lebenszahl sind Sie in der Lage, die Elternrolle zu akzeptieren und dabei Ihre natürliche Fürsorge, Hilfsbereitschaft und Empathie konstruktiv leben. Sie sind sehr liebevolle, einfühlsame, manchmal etwas bestimmende Eltern, dennoch beschützen Sie Ihre Kinder, erziehen diese bewusst und stehen ihnen als Begleiter zur Seite.

Übertriebener Beschützerinstinkt
Ihr oftmals übertriebener Beschützerinstinkt und die Absicht, Ihre Kinder vor unnötigen Umwegen im Leben zu bewahren, engt die Kinder jedoch ein. Tritt dieser Aspekt Ihrer Persönlichkeit zutage, gestaltet sich die Eltern-Kind-Beziehung konfliktreich und es findet kaum eine gemeinsame Kommunikation statt. Als Eltern mit der Lebenszahl 6 und 33/6 haben Sie häufig Probleme damit, Ihren Kindern zu vertrauen. Die

Kinder sind dadurch oftmals nicht in der Lage, konstruktive Entscheidungen zu treffen und auf sich selbst zu achten.

Die Kinder frei lassen

Als Eltern mit der Lebenszahl 6 oder 33/6 fällt es Ihnen schwer zu akzeptieren, dass Ihr Kind andere Interessen und Bedürfnisse als Sie hat und diese auch haben darf. Möchte ein Kind seine Individualität und Selbstständigkeit ausleben, sollten Sie dies nicht als persönlichen Angriff gegen Ihre Person verstehen. Insbesondere in der Pubertät sollte man den Kindern genügend Freiraum lassen, denn in dieser Lebensphase haben die jungen Erwachsenen das Bedürfnis, sich sozusagen selbst treu zu bleiben und sind auf der Suche nach ihrer wahren Identität. **Unterstützen Sie Ihre Kinder aktiv in diesem Prozess, ohne sich persönlich beleidigt und hintergangen zu fühlen, wenn Ihre Kinder deren eigenen Weg einschlagen wollen.**

Herausforderungen der Elternschaft mit der Lebenszahl 6 oder 33/6

Aufgrund der Lebenszahl 6 oder 33/6 sehen Sie sich in der Elternschaft mit zwei großen Herausforderungen konfrontiert. **Sie sollten lernen, Ihre Kinder so sein zu lassen, wie sie sind und es ihnen erlauben, sich ihrer Persönlichkeit in vollem Ausmaß hinzugeben.**

Bei der zweiten Herausforderung verspüren diese Eltern **das Pflichtbewusstsein und Gefühl, ihr Kind stets retten und es in eine bestimmte Richtung lenken zu müssen.** Dieses Verhalten gilt es abzulegen. Als Eltern mit der Lebenszahl 6 oder 33/6 sind Sie sehr darauf bedacht, Ihre Pflichten sachgemäß zu erfüllen und Ihre Kinder so zu unterstützen, dass diese ihre Ziele stets erreichen. Aber auch Kinder begeben sich oftmals auf Umwege. Sie brauchen ihre pubertierenden Phasen sowie das Recht, „Nein“ zu sagen und möchten so sein, wie sie eben sind.

Für Sie ist es wichtig zu lernen, eine Beobachterrolle einzunehmen und keinen Widerstand zu leisten. Nehmen Sie von einer besserwisserischen Haltung Ihren Kindern gegenüber Abstand und lehnen Sie das eigene Kind keinesfalls ab. Das Kind sollte so sein dürfen, wie es ist, damit es sein Naturell finden und in weiterer Folge auch leben kann. 6er- und 33/6er-Persönlichkeiten werden oft als Suchende, Beobachter und Forscher charakterisiert. Nutzen Sie diese Eigenschaften konstruktiv und erfahren Sie mit Staunen und Begeisterung die Persönlichkeit Ihres Kindes. Genießen Sie es, das Kind in seiner Entwicklung zu begleiten und seine Persönlichkeitsmerkmale zu entdecken. **Lassen Sie Ihre unrealistischen Erwartungen Ihrem Kind gegenüber hinter sich, denn dadurch gelingt es Ihnen, eine liebevolle, tragfähige Beziehung mit Ihrem Kind zu führen und eine gute, ehrliche Gesprächsbasis zu schaffen.** Fokussieren Sie sich auf die Frage danach, wer Ihr Kind eigentlich ist und was es braucht. Somit geben Sie Ihrem Sprössling die Möglichkeit, sich frei zu entfalten.

Lernaufgabe der Eltern mit der Lebenszahl 6 oder 33/6

Als Elternteil sind Sie sehr darum bemüht, für Ihre Kinder da zu sein und begleiten Ihre Kinder mit viel Liebe und großem Pflichtbewusstsein auf deren Lebensweg. **Neben Ihrer elterlichen Verantwortung und Ihren Pflichten sollten Sie lernen, Ihre persönlichen Bedürfnisse wahrzunehmen und diese auch offen und ehrlich zu äußern.** Leben Sie Ihren Kindern vor, wie es gelingen kann, sich selbst wertzuschätzen und der Person, die man ist, Achtung entgegenzubringen. Damit bieten Sie Ihrem heranwachsenden Kind die Möglichkeit, eine selbstständige und reife Persönlichkeit zu entfalten und sich in der Welt zurechtzufinden. Betrachten Sie Ihre tiefe Sensibilität als Stärke und Ihr intensives emotionales Leben als Möglichkeit, sich noch besser in die Lage Ihrer Kinder hineinversetzen zu können.

Lernaufgabe der Kinder in der Beziehung zu einem Elternteil mit der Lebenszahl 6 oder 33/6

Diese Eltern sind manchmal davon überzeugt, ihre Kinder gut zu kennen und über deren Wünsche, Träume und Bedürfnisse Bescheid zu wissen. Aufgrund dieser Annahme verhalten sie sich ihren Kindern gegenüber liebevoll, wobei dieser fürsorglichen Ader die Seite der Kontrolle gegenübersteht, die die Eltern dazu veranlasst, immer alles bestimmen zu wollen. Die Eltern tendieren deshalb dazu, tief in die Lebensgestaltung ihrer Kinder einzugreifen, und gewähren ihnen kaum Mitspracherecht. **In dieser Beziehungskonstellation sollten die Kinder lernen sich durchzusetzen und sich selbst treu zu bleiben.** Vor allem in der Pubertät finden die heranwachsenden Menschen mit der Lebenszahl 6 und 33/6 die Kraft, sich gegen die unrealistischen Erwartungen ihrer Eltern zu stellen.

Hilfestellungen für Eltern mit der Lebenszahl 6 oder 33/6

- *Eine gute Selbstreflexionsfähigkeit hilft Ihnen dabei herauszufinden, inwieweit Ihre persönlichen Erwartungen dem Kind gegenüber realistisch sind.* ***Durch realitätsnahe Erwartungen schaffen Sie eine stabile Basis für einen ehrlichen Austausch in der Eltern-Kind-Beziehung.***
- *Für die Gestaltung einer liebevollen, gelingenden Eltern-Kind-Beziehung benötigen Sie* ***Selbstakzeptanz und Selbstwertschätzung****, denn dies sind für Menschen mit der Lebenszahl 6 unverzichtbare Eigenschaften. Sie helfen Ihnen dabei, Ihren Kindern und Mitmenschen tolerant zu begegnen und rücksichtsvoll auf diese einzugehen. Macht das Kind nicht das, was Sie wollen, tendieren Sie dazu, dies auf sich zu beziehen und das Verhalten des Kindes als beleidigend wahrzunehmen. Um einen inspirierenden und unterstützenden Lebensraum für das Kind zu schaffen,* ***sollten Sie deshalb Ihre natürliche Empathie und Fürsorge auf konstruktive Art und Weise nutzen****. So schaffen Sie eine Umgebung, in der sich das Kind*

seinem Naturell entsprechend und in vollkommener Gelassenheit entfalten kann.

» ***Als Persönlichkeit mit der Lebenszahl 6 oder 33/6 sollten Sie das Verhalten ablegen, Ihre Kinder ständig beraten oder deren Leben optimieren zu wollen.*** *Diese Beraterrolle können Sie in Ihrer beruflichen Umgebung einnehmen, in Ihrem familiären Umfeld sollten Sie diese Rolle jedoch vermeiden.*

Lebenszahl der Eltern 7 - Sinnerfüllt Erziehen

Beziehung zur Elternschaft mit der Lebenszahl 7

Diese Persönlichkeit zeichnet sich durch eine sehr ausgeprägte Unabhängigkeit und ein großes Freiheitsbedürfnis aus. Ihre Charakterzüge beeinflussen auch die Art und Weise, wie diese Menschen die Elternschaft leben. So zögern diese freiheitsliebenden Personen die Aufgabe der Elternschaft oftmals hinaus, nehmen diese aber ausgesprochen ernst. **7er-Eltern sind teilweise perfektionistisch veranlagt und setzen sich selbst stark unter Druck, um dem eigenen Kind alles geben zu können.**

Strenge Eltern

Diesem selbstständigen, philosophischen und kritischen Persönlichkeitstypus fällt es nicht immer leicht, die Aufgaben der Elternschaft mit Gelassenheit und Hingabe anzunehmen. Er fürchtet sich davor, Fehler zu machen. Meistens fühlt sich dieser Mensch in der Beziehung zum eigenen Kind und zu seiner Familie geborgen und fest verwurzelt. Aufgrund seines Freiheitsdrangs und Autonomiebedürfnisses empfindet dieser Mensch die Nähe zum Kind jedoch zugleich als einengend. Sein kritischer Geist und natürlicher Hang zur Perfektion führt dazu, dass er möglicherweise zu einem strengen Elternteil wird.

Empathische Eltern, die das Kind fördern möchten
Eltern mit dieser Lebenszahl sind sehr darauf bedacht, dass die eigenen Kinder ihre Ressourcen optimal nutzen, ihre Talente verwirklichen und ihr Potenzial voll ausschöpfen können. Ihre natürliche Selbstreflexionskompetenz und Menschenkenntnis erlaubt es 7er-Persönlichkeiten, die Gefühlszustände und Sehnsüchte ihres Kindes zu erfassen. Genau auf diese Feinfühligkeit sollte sich der Elternteil verlassen, wenn er mit seinem Kind in Beziehung tritt. Dennoch stellen die hohen Ansprüche und Ideale dieses Persönlichkeitstypus oftmals Hindernisse für eine gelungene Eltern-Kind-Beziehung dar. Sie lassen diese Eltern von einem Moment auf den nächsten vergessen, dass Empathie und Verständnis für die natürlichen Wesenszüge ihres Kindes Priorität haben.

Herausforderungen der Elternschaft mit der Lebenszahl 7

Eltern mit der Lebenszahl 7 sind sehr sensibel, teilweise jedoch etwas eigensinnig und stur. Sie sind rational denkende Persönlichkeiten, die über eine analytische Denkweise und schnelle Auffassungsgabe verfügen.

Die eigenen Vorstellungen in der Erziehung loslassen
Aufgrund ihrer analytischen Charaktereigenschaften wissen diese Eltern vieles oft besser und bringen ihrem Gegenüber häufig Misstrauen entgegen. Es dauert eine gewisse Zeit, bis man es schafft, zu Menschen mit der Lebenszahl 7 durchzudringen. Wenn sie merken, dass jemand anderer recht hat, sind sie bereit, dies auch zuzugeben. Aufgrund ihrer Tendenz, Situationen und Bedingungen optimal gestalten zu wollen, sind sie sehr drauf bedacht, dass alles funktionieren und nach Plan verlaufen muss. Diese Einstellung möchten sie ihren Kindern in der Erziehung auch ein Stück weit mit auf deren Lebensweg geben.

Die größte Herausforderung in der Erziehung besteht für 7er-Eltern darin, ihre Kinder loszulassen. Diese Eltern sollten lernen, sich zu entspannen und ihren Kindern dabei zuzuschauen, auf welch flinke Weise sie ihr Leben meistern.

Der inneren Weisheit des eigenen Kindes vertrauen

Zur Förderung der Eigenständigkeit des Kindes ist es wichtig, sich in Zurückhaltung zu üben und zu verstehen, dass Kinder in ihrem persönlichen Tempo lernen, hinfallen oder auch weinen dürfen. Denn Kinder schaffen es, ganz von selbst wieder aufzustehen und weiterzumachen. 7er-Eltern nehmen in diesem Zusammenhang die Rolle von Begleitern ein und sind präsent und achtsam. Trotz ihrer ausgeprägten Achtsamkeit, sollten 7er-Eltern ihre Kinder jedoch nicht zu Dingen drängen, die sie nicht wollen, nur um auf diese Weise den Vorstellungen der Eltern zu entsprechen.
Eltern mit der Lebenszahl 7 sollten deshalb anerkennen, dass jeder Mensch in ihrem Umfeld anders ist und ganz persönliche Eigenschaften besitzt. Für Sie als Elternteil kann es deshalb herausfordernd sein, sich nicht gekränkt zu fühlen, wenn Ihr Kind nicht das tut, was Sie sagen. 7er-Eltern sollten darauf vertrauen, dass ihr Kind eine tiefe Weisheit in sich trägt und sollten diese Weisheit gleichzeitig auch respektieren, denn Kinder gehören einem nicht, sie sind freie Persönlichkeiten.

Lernaufgabe der Eltern mit der Lebenszahl 7

In Ihrer Elternrolle sollten Sie lernen, den Eigensinn Ihres Kindes und dessen Rebellion nicht persönlich zu nehmen. Auch Konfrontationen mit dem eigenen Kind sollten nicht gescheut werden, denn jede Konfrontation und Rebellion ist stets ein Schritt zu mehr Charakterstärke. Das macht das Kind zu einer beziehungs- und bindungsfähigen sowie starken Persönlichkeit. Es lernt, sich selbst gegenüber innerhalb der Gesellschaft treu zu bleiben. Indem Sie einen offenen Umgang mit Ihrem

Nachwuchs pflegen, stärken Sie auch Ihr persönliches Selbstwertgefühl und weisen Ihren strengen inneren Kritiker in die Schranken.

Lernaufgabe der Kinder in der Beziehung zu einem Elternteil mit der Lebenszahl 7

Kinder von 7er-Eltern sollten lernen, sich selbst treu zu bleiben und auf ihre natürliche Intuition zu hören. Die Eltern vermitteln ihnen, sich ein stabiles Leben aufzubauen und stets durchzuhalten, denn 7er-Persönlickeiten tragen eine Kämpfernatur in sich, die von Ausdauer und Durchsetzungsvermögen geprägt ist.

Hilfestellungen für Eltern mit der Lebenszahl 7

» *7er-Eltern unterscheiden sich insbesondere deshalb von 2er-, 6er- oder 9er-Eltern, da sie eher* ***die Rolle eines Coaches*** *anstatt eines Beraters oder Therapeuten* ***einnehmen****. Für diese Eltern wäre es wichtig, eine Möglichkeit zu finden, diese Charakterstärke beruflich zu verwirklichen, um nicht als Coach der eigenen Kinder zu agieren. Wenn sie lernen, ihren Kindern zu vertrauen, sind 7er-Eltern ausgeglichen und entspannt, denn dieses Vertrauen hilft ihnen dabei, mit dem oftmals auftretenden Gefühl der Ohnmacht, das in Zusammenhang mit ihrer Angst vor Erziehungsfehlern steht, umzugehen und dieses zu begreifen.*

» ***Eltern mit der Lebenszahl 7 sollten sich auf ihr natürliches Einfühlungsvermögen dem Kind gegenüber verlassen.*** *Sie sollten darauf vertrauen, dass sie in der Lage sind, die Bedürfnisse des Kindes zu verstehen und seine Wünsche und Träume zu begreifen.*

» ***Für diese Persönlichkeit ist es wichtig zu lernen, ihren Perfektionismus und ihre Fokussierung auf Fehler mit Toleranz und Geduld zu verbinden.*** *Es ist wesentlich, dass sie ihrem Kind gegenüber eine wertschätzende Haltung entwickelt und ihren Blick nicht nur auf dessen Fehler richtet.*

Kritik und Verbesserungsvorschläge sollten diese Eltern in eine klare Kommunikation und Ich-Botschaften verpacken.

» ***Spielerische und entspannte Zeiten stärken die Eltern-Kind-Beziehung.*** *Verbringen Sie deshalb mehr Zeit mit Ihrem Kind beim Spielen oder in der Natur. Unternehmen Sie außergewöhnliche Ausflüge oder teilen Sie mit dem Kind eine seiner Leidenschaften. Auf diese Weise können Sie die Beziehung zu Ihrem Nachwuchs kraftvoll, gelassen und mit Leichtigkeit gestalten.*

Lebenszahl der Eltern 8 - Die Selbstentfaltung und Liebe zu den eigenen Kindern miteinander verbinden

Beziehung zur Elternschaft mit der Lebenszahl 8

8er-Persönlichkeiten sind freiheitsliebend und handeln instinktiv. Sie verspüren den starken inneren Drang, sich zu entfalten und ihren persönlichen Weg zu gehen.

Den Balanceakt zwischen Familie und Beruf meistern
Aufgrund ihrer Zielstrebigkeit können diese Menschen oft rücksichtslos und hart, ja sogar unerbittlich wirken. Sie besitzen eine ausgeprägte Kämpfernatur und sind stets darauf bedacht, ihre innere Vision zu verwirklichen. Aufgrund dieser Charakterzüge fällt es ihnen oft schwer, eine ausgewogene Balance zwischen Beruf, persönlicher Entfaltung und der Familiengründung zu finden. **Obwohl sich 8er-Persönlichkeiten meist bewusst für die Elternschaft entscheiden, kann diese Aufgabe zugleich einen inneren Konflikt in ihnen auslösen.** Sie sehnen sich danach, ihre Familie als einen sicheren Hafen zu erleben und wollen sich selbst verwirklichen. Dank ihrer Willenskraft und ihres Durchhal-

tevermögens gelingt es ihnen, Familie und Beruf unter einen Hut zu bekommen.

Leistungsdruck auf die Kinder vermeiden

Als Elternteil mit der Lebenszahl 8 werden Sie von Ihren Kindern als eine ehrgeizige, willensstarke, geradlinige und selbstbewusste Persönlichkeit wahrgenommen. Genau diese Eigenschaften möchten Sie auch Ihren Kindern mit auf deren Lebensweg geben. **Sie legen großen Wert darauf, das Leben Ihrer Kinder aktiv mitzugestalten und Ihren Nachwuchs zu Bestleistungen zu motivieren, damit er im Leben vorankommt.** Aufgrund dieser Einstellung neigen Sie jedoch dazu, einen unterschwelligen Druck auf Ihren Sprössling auszuüben. Sie wollen, dass Ihr Nachwuchs motiviert ist, sich seinen Mitmenschen gegenüber zu behaupten und eigene Stärken zu entwickeln.

Die Schwächen des eigenen Kindes annehmen

Oftmals fehlt Ihnen jedoch die Akzeptanz dafür, dass Ihre Kinder und Mitmenschen eigene Bedürfnisse, Träume und Wünsche haben. **Es fällt Ihnen außerdem schwer, die Schwächen Ihres Kindes zu akzeptieren und seine bedürftige, verletzliche Seite anzuerkennen.** Dies stellt meist die größte Herausforderung für Sie als Elternteil mit der Lebenszahl 8 dar. Dank Ihrer natürlichen Begeisterung für das Leben vermitteln Sie Ihrem Kind allerdings auch, auf seine Einzigartigkeit zu vertrauen. **Mithilfe Ihrer Charakterstärke helfen Sie Ihrem Nachwuchs dabei, Qualitäten wie Durchhaltevermögen und eine starke Willenskraft zu entwickeln.**

Herausforderungen der Elternschaft mit der Lebenszahl 8

Für Sie stellt es eine Herausforderung dar, das eigene Kind so zu lieben, wie es ist, ohne es nach den eigenen Erwartungen und Vorstellungen formen zu wollen. Selbst wenn Ihr Kind manchmal Dinge tut, die nicht

Ihren persönlichen Vorstellungen entsprechen, sollte Sie es annehmen und lieben.

Fehler verstehen und die Einzigartigkeit des Kindes erkennen und akzeptieren

Kinder von 8er-Eltern haben einen starken Einfluss auf den Lernprozess der Erwachsenen. Die Heranwachsenden treten ihren Eltern gegenüber als Lehrmeister auf und vermitteln ihren elterlichen Bezugspersonen in diesem Rahmen, wie sie sich selbst treu bleiben können. Auf diese Weise entwickeln die Eltern den Fehlern ihrer Kinder gegenüber eine gewisse Toleranz und erkennen an, dass Fehler etwas Alltägliches und Bestandteil des Lebens sind.

Die Eltern lernen außerdem zu verstehen, dass die Kinder bei dem, was sie tun, nicht immer ihren Vorstellungen entsprechen. Im Zuge dieses Lernprozesses verspüren Sie als Elternteil deshalb manchmal ein Ohnmachtsgefühl, das Ihnen signalisiert, dass man Kinder nicht immer nach den eigenen Vorstellungen prägen kann. **Fokussieren Sie sich auf die positiven Seiten Ihres Kindes und bleiben Sie stets neugierig zu erfahren, welche Persönlichkeit Ihr Nachwuchs tatsächlich besitzt.**

Solange Sie es Ihren Kindern ermöglichen, Zugang zu ihrer inneren Intuition zu finden, und Ihre Liebe nicht an Bedingungen knüpfen, sind die Kinder in der Lage, ein gefestigtes Selbstvertrauen zu entwickeln.

Schwierige Herausforderungen als Quelle des Wachstums betrachten

Eine weitere Herausforderung besteht für Sie darin, den Schmerz und die Belastungen der Kinder nicht als die Ihren zu betrachten. Obwohl Sie dazu neigen, mit Ihren Kindern mitzuleiden, sollten Sie ein solches Verhalten vermeiden. **Als 8er-Elternteil sollten Sie Ihren Kindern zutrauen, dass sie es schaffen, mit ihrem Schmerz adäquat umzugehen und belastende Erfahrungen auch selbst zu verarbeiten.**

Darüber hinaus sollten Sie darauf achten, nicht sämtliche Aufgaben für Ihre Kinder zu übernehmen. Das Bedürfnis, den Kindern ihre Last von den Schulten zu nehmen, kann deren Selbstvertrauen und Widerstandsfähigkeit in hohem Maße einschränken. **Reduzieren Sie Ihren Beschützerinstinkt auf ein gesundes Maß und begleiten Sie Ihr Kind mit dem Vertrauen, dass es Stolpersteine alleine aus seinem Lebensweg räumt.** Rufen Sie sich dabei immer wieder in Erinnerung, wie kraftvoll und mutig Sie sich fühlen, nachdem Sie eine Herausforderung nur aus eigener Kraft gemeistert haben.

Lernaufgabe der Eltern mit der Lebenszahl 8

Durch das Elternsein lernen Sie, Ihr eigenes Kind so zu akzeptieren, wie es ist. Auf diese Weise können Sie Ihr Einfühlungsvermögen und Ihre Toleranz optimal entfalten. In diesem Lernprozess sollten Sie somit das Gefühl der Ohnmacht und der Unfähigkeit überwinden sowie damit umgehen lernen, dass Sie Ihr Kind nicht immer so prägen können, wie Sie es möchten. Lassen Sie Glaubensmuster wie „ich meine es ja nur gut mit dir" und „ich weiß, was für dich gut ist" los.
Auch Sätze wie „mein Kind ist so oder so", bilden nur einen Bruchteil der Persönlichkeitsfacetten Ihres Kindes ab, denn diese Wahrnehmung Ihres Sprösslings geschieht immer durch den Filter Ihrer persönlichen Projektionen und Erwartungen und sollte daher vermieden werden. **Versuchen Sie bewusst wahrzunehmen, dass Ihr Kind ein einzigartiger Mensch ist, den Sie Tag für Tag ein Stück näher kennenlernen dürfen.**

Lernaufgabe der Kinder in der Beziehung zu einem Elternteil mit der Lebenszahl 8

Kinder von 8er-Eltern lernen in erster Linie, dass sie immer auf ihre Eltern zählen können. Da Menschen mit der Lebenszahl 8 sehr präsente Eltern sind, **spüren die Kinder, dass sie von starken Persönlichkeiten gestützt und gegebenenfalls sogar getragen werden.** Dadurch entwickeln

diese jungen Menschen einen sicheren Bindungsstil und gewinnen mehr Selbstvertrauen. Es kann jedoch auch vorkommen, dass diese starke Bindung zu den Eltern den Abnabelungsprozess der Kinder erschwert.
Die Kinder sollten von diesen starken, selbstbestimmten Eltern außerdem lernen, zu sich zu stehen und ihre individuellen Charakterstärken voll zu entfalten. Dank seiner etwas bestimmenden Art besitzt der 8er-Elternteil nämlich die Fähigkeit, genau diese Eigenschaften aus seinem Kind sozusagen herauszukitzeln.

Hilfestellungen für Eltern mit der Lebenszahl 8

» ***Als Elternteil mit dieser Lebenszahl sollten Sie daran arbeiten, die Schwächen und Verletzlichkeit Ihres Kindes liebevoll anzunehmen***. *Dadurch gelingt es auch Ihrem Kind, diese Seiten an sich zu akzeptieren. Mithilfe einer solchen Einstellung stärken Sie die Selbstannahme und das Selbstvertrauen des Kindes und können die Angst, dass Ihr Kind nicht stark genug ist, um das eigene Leben zu meistern, ablegen. Auf diese Weise nehmen Sie dem Druck, den Sie in der Elternrolle auf das Kind ausüben, auch den Wind aus den Segeln und Ihr Nachwuchs schöpft mehr Vertrauen in seine Person und Fähigkeiten.*
» ***Freiräume und ein zufriedenstellendes Berufsleben sind Aspekte, die Sie dabei unterstützen, sich in der Elternrolle wohlzufühlen.*** *Um eine positive Beziehung zur Elternrolle zu entwickeln, benötigen Sie als 8er-Persönlichkeit ausreichend Möglichkeiten für Ihre persönliche Entfaltung. Daher sollten Sie Ihre Karriereplanung und die Verwirklichung der eigenen Berufung auch in der Elternschaft nicht vernachlässigen.*
» ***Widmen Sie Ihren Kindern ausreichend Zeit, in der Sie nur für Ihren Nachwuchs da sind***. *Es zählt die Qualität und nicht die Quantität der gemeinsam verbrachten Zeit.*
» *Nehmen Sie das Naturell und die individuellen Persönlichkeitsmerkmale Ihres Kindes bewusst wahr und akzeptieren Sie die Individualität Ihres*

Sprösslings. Setzen Sie sich als Elternteil mit dem Gefühl der Ohnmacht, das sie manchmal verspüren, auseinander und lernen Sie, Ihrem Kind mehr Vertrauen entgegenzubringen. ***Muten Sie Ihrem Kind zu, dass es seine Entwicklung aus eigener Kraft, wenn auch auf Umwegen, vorantreiben und zu einem starken Erwachsenen heranreifen kann.***

Lebenszahl der Eltern 9 - Beschützend und vertrauensvoll erziehen

Beziehung zur Elternschaft mit der Lebenszahl 9

Als 9er-Persönlichkeit bemühen Sie sich in der Elternrolle sehr darum, das eigene Kind bewusst zu begleiten und versuchen aktiv, es Ihrem Kind zu ermöglichen, dass es seine Talente entwickeln und seine Einzigartigkeit entfalten kann. **Als 9er-Eltern legen Sie großen Wert darauf, ein liebevolles Zuhause zu schaffen, in dem sich das Kind angenommen und geborgen fühlt.**

Das Kind vor Schmerz beschützen wollen

Darüber hinaus sind Sie als Elternteil mit dieser Lebenszahl in der Lage, sich empathisch in Ihr Kind einzufühlen und seinen innersten Kern zu verstehen. **Diese tiefe Empathie, die Sie und Ihr Kind miteinander verbindet, veranlasst Sie jedoch zugleich dazu, Ihr Kind vor seelischen Schmerzen und negativen Erfahrungen beschützen zu wollen.** Dadurch schränken Sie den Freiraum Ihres Kindes ein und blockieren aufgrund Ihres starken Schutzbedürfnisses die Entfaltung seines Selbstvertrauens. **Wenn das Kind Ihre Zweifel spürt und Ihre Ängste wahrnimmt, empfindet es dies als ein Zeichen fehlenden Vertrauens.** Verinnerlicht das Kind dieses Gefühl, beginnt es in weiterer Folge an sich zu zweifeln. Es fällt Ihrem Nachwuchs in diesem Fall schwer, auf seine innere Stimme zu hören, wenn es darum geht, schwierige Situationen zu bewältigen oder Entscheidungen zu treffen.

Konflikte aus Harmoniebedürftigkeit vermeiden wollen

9er-Eltern sind sehr darum bemüht, eine friedliche und harmonische Eltern-Kind-Beziehung zu führen, weshalb Konflikten und Streitigkeiten häufig aus dem Weg gegangen wird. **So bleiben manche Dinge teilweise ungeklärt und Meinungsverschiedenheiten unausgesprochen.** Aufgrund dieser Verhaltensweise der Eltern entwickelt das Kind die Neigung, überaus diplomatisch zu handeln und seine Wut und Ängste zu unterdrücken.

Herausforderungen der Elternschaft mit der Lebenszahl 9

Eine der Herausforderungen für Eltern mit der Lebenszahl 9 besteht darin, mit Gelassenheit und Vertrauen, ohne perfekt sein zu wollen, für die eigenen Kinder da zu sein. **Diese Eltern sind sehr empathisch und haben empfindsame Antennen für die Gefühle ihres Gegenübers.** Als 9er-Persönlichkeit sind Sie also ein hochsensibler Mensch und es fällt Ihnen dementsprechend schwer, zu unterscheiden, ob die Gefühle, die Sie wahrnehmen, Ihre eigenen oder jene der anderen sind. Aufgrund dessen legen Sie Ihren Kindern gegenüber häufig einen sehr starken Beschützerinstinkt an den Tag und wollen all deren Probleme aus der Welt schaffen.

Als Elternteil alles richtig machen wollen

In der Erziehung Ihrer Kinder streben Sie es außerdem an, alles richtig zu machen, und leiden sehr, wenn Sie der Meinung sind, dass Sie eine bestimmte Sache besser machen hätten können. **Sie wollen stets das Beste für Ihre Kinder, allerdings setzen Sie die Beziehung zu Ihrem Nachwuchs durch Ihren Perfektionsdrang manchmal aufs Spiel.** Die

Kinder spüren Ihren Hang zum Perfektionismus und fühlen sich dadurch unter Druck gesetzt. Die Heranwachsenden geben in dieser Situation alles, um Ihren Erwartungen als Elternteil gerecht zu werden. Sie entfernen sich von ihrer Spontaneität, passen sich Ihren elterlichen Vorstellungen immer mehr an und übernehmen schließlich Ihre perfektionistischen Züge.

Zeiten des Spaßes und der Gelassenheit

Aus diesem Grund ist es für Sie als 9er-Elternteil unabkömmlich, dass Sie ausreichend Spaß mit Ihrem Kind haben, gemeinsam spielen, improvisieren, flexibel sind und Zeit mit Ihrem Nachwuchs verbringen – egal in welcher Form. Druck und Perfektionismus sollten in dieser gemeinsamen Zeit keinen Platz finden. Insbesondere **Aktivitäten in der Natur** können die Eltern-Kind-Beziehung positiv beeinflussen. Etwa beim Spielen am Wasser, Spazieren im Wald oder Erkunden eines Baches kann sich diese Beziehung intensivieren. Diese Aktivitäten sind vor allem in den ersten zehn Lebensjahren des Kindes sehr wichtig, da sie der Beziehung Leichtigkeit einhauchen und die Pflichten der Eltern erleichtern.

Dem Kind zumuten, dass es seinen Weg gehen kann

In der Elternrolle neigen Sie dazu, sich die emotionalen Belastungen und Herausforderungen Ihrer Kinder sehr zu Herzen zu nehmen. Sie sollten im Rahmen der Elternschaft jedoch erkennen, dass schmerzhafte Prozesse und belastende Erfahrungen ein fixer Bestandteil eines jeden Lebensweges eines heranwachsenden Menschen sind. **Achten Sie darauf, Ihrem Sprössling Mut zu machen, sich selbst zu akzeptieren, denn auf diese Weise kann er sein Selbstvertrauen stärken.** Vermitteln Sie Ihrem Nachwuchs durch Ihre Begleitung das Gefühl, dass er die Herausforderungen seines Lebensweges aus eigener Kraft bewältigen kann. Nur so bekommt dieser junge Mensch nämlich die Möglichkeit, sich weiterzuentwickeln und über sich hinauszuwachsen.

Lernaufgabe der Eltern mit der Lebenszahl 9

Für Sie als 9er-Eltern ist es wesentlich, den Mut zu finden, zu Ihrem authentischen Selbstausdruck zu stehen. **Sie sollten sich trauen, Konflikte offen und ehrlich auszutragen und sich gegenüber ihren Mitmenschen zu behaupten.** So gelingt es Ihnen, Ihrem Kind nicht nur Ihre empathische und liebevolle Seite weiterzugeben, sondern das Kind zugleich zu einer starken Persönlichkeit zu erziehen. Durch ein solches Verhalten Ihrerseits gewinnt das Kind an Selbstbewusstsein und ist somit in der Lage, sich im Leben zu behaupten und seinen Willen durchzusetzen.

Lernaufgabe der Kinder in der Beziehung zu einem Elternteil mit der Lebenszahl 9

Kinder lernen von 9er-Eltern, wie sie Zugang zu ihren Gefühlen finden. **Sie erkennen in der Beziehung zu den Eltern, wie sie sich selbst spüren und ihre Gefühle zum Ausdruck bringen können.** Auf diese Weise geben die Eltern ihre tiefe Empathie sowie ihr ausgeprägtes Einfühlungsvermögen an die Kinder weiter und helfen ihnen dabei, diese Charakterzüge ausreichend zu entwickeln.

Hilfestellungen für Eltern mit der Lebenszahl 9

» ***Als Elternteil mit der Lebenszahl 9 sollten Sie lernen, darauf zu vertrauen, dass Ihr Kind Gefahren und Risiken altersgerecht und richtig einschätzen kann.*** *Legen Sie die Sorgen um Ihr Kind ein Stück weit ab und muten Sie es Ihrem Kind zu, sein Leben selbstständig zu meistern. Auf diese Weise lernen Sie, präsent zu sein, ohne Ihren Nachwuchs in seiner Entfaltung und Willenskraft einzuschränken.*

- **Es ist wichtig, dass Sie es Ihrem Kind ermöglichen, seine Sozialkompetenz zu entfalten und seine spielerischen Seiten zu entdecken.** *Ermutigen Sie Ihr Kind dazu, soziale Kontakte zu Gleichaltrigen und vertrauenswürdigen Erwachsenen aus seinem Umfeld zu pflegen. Dabei sollten Sie Ihr Kind je nach Alter frei entscheiden lassen, welche Unternehmungen es machen und mit wem es Zeit verbringen möchte. Vermeiden Sie es, Ihren Nachwuchs stets vor Enttäuschungen oder möglichen Verletzungen beschützen zu wollen. Streben Sie eher danach, Ihrem Kind aufzuzeigen, wie es mit Schmerz umgehen kann, anstatt andauernd zu versuchen, es vor schmerzhaften Erfahrungen zu bewahren.*
- *Die größte Hilfestellung für Sie als Elternteil mit der Lebenszahl 9 besteht darin,* **die Beziehung zu Ihrem Kind und die erzieherische Aufgabe als Entdeckungsreise zu gestalten.** *Für Sie ist es von großer Bedeutung, Ihre Kinder wie ein neues, fruchtbares Land wahrzunehmen. Seien Sie sich der Tatsache bewusst, dass Ihre Kinder alle Fähigkeiten und Kräfte in sich tragen, um im Leben bestehen zu können.*

Kapitel 4
Kinder-Eltern-Zahl

LEITFADEN FÜR EINE HARMONISCHE GESTALTUNG DER BEZIEHUNG ZWISCHEN ERWACHSENEN UND KINDERN

Kinder müssen mit den Erwachsenen viel Geduld haben.
Antoine de Saint-Exupery

Die Kinder-Eltern-Zahl ist ein wesentlicher Bestandteil der Psychologischen Numerologie für Kinder und Jugendliche sowie der numerologischen Eltern-Kind-Beratung. Sie spielt eine tragende Rolle in der numerologischen Analyse des Persönlichkeitsprofils eines Kindes oder Jugendlichen.

Beschreibung der Kinder-Eltern-Zahl

Die Kinder-Eltern-Zahl **gibt Aufschluss über die Dynamik der Eltern-Kind-Beziehung**. Sie beleuchtet die Bedürfnisse, die aus der Perspektive

der Eltern oder der Erwachsenen und der Kinder erfüllt werden müssen, um einander offen zu begegnen.
Die Klärung der Lernaufgabe und die konkreten Hilfestellungen, die mit dieser Zahl in Verbindung stehen, unterstützen in weiterer Folge die harmonische Gestaltung der Beziehung zum Kind. Sie legen den Grundstein für ein einfühlsames Eingehen des Erwachsenen auf das Kind oder den Jugendlichen.
Fühlt sich das Kind oder der Jugendliche wertgeschätzt, so findet es/er einen Weg, sich authentisch zu zeigen sowie seine Gefühle und Unsicherheiten auszusprechen.

Berechnungsweise

Die Kinder-Eltern-Zahl ergibt sich aus der **Quersumme der Lebenszahl des Kindes und der Lebenszahl des Elternteils.**

Vater	Mutter
Markus Schmidt 10.4.1980 = 23/5	Marion Moser Mädchenname: Marion Smith 19.7.1985 = 40/4
Kind Joseph Schmidt 6.8.2014 = 21/3	

Kinder-Eltern-Zahl Mutter = LZ Mutter + LZ Kind = 4 + 3 = 7
Kinder-Eltern-Zahl Vater = LZ Vater + LZ Kind = 5 + 3 = 8

Struktur der Kinder-Eltern-Zahl

Folgende Aspekte werden von dieser Zahl erklärt:

» ***Beziehungsdynamik***
Dieser Bereich der Kinder-Eltern-Zahl analysiert die wichtigsten Aspekte, die die Beziehungsdynamik zwischen Erwachsenen und Kindern bzw. Jugendlichen auszeichnen. Des Weiteren bietet dieser Abschnitt konkrete Impulse zur Selbstreflexion, um die Beziehung zu den Heranwachsenden liebevoll und im Einklang mit deren Naturell zu gestalten.

» ***Hilfestellungen für den Elternteil***
Diese Aspekte der Kinder-Eltern-Zahl eröffnen vielfältige Wege zur Selbstreflexion und helfen dem Erwachsenen dabei, sich jenseits der eigenen Verhaltensmuster und festgefahrenen Überzeugungen für das Potenzial und den natürlichen Wesenskern des Kindes zu öffnen.

» ***Hilfestellungen für das Kind oder den Jugendlichen***
Die Empfehlungen dieses Bereiches sind wesentlich, um das Kind oder den Jugendlichen dabei zu unterstützen, sich in der Beziehung zu erwachsenen Bezugspersonen verstanden und empathisch wahrgenommen zu fühlen. Mithilfe dieser Ratschläge können Eltern, Erzieher, Pädagogen und andere Begleitpersonen vertieft auf die Kinder oder Jugendlichen eingehen und gelassener mit deren natürlichen Charakterzügen sowie der sich daraus ergebenden Beziehungskonstellation umgehen.

» ***Lernaufgabe der Eltern***
Dieser Abschnitt nimmt auf die Lernaufgabe Bezug, derer sich die Eltern oder Erwachsenen in der Beziehung zu einem Kind oder Jugendlichen bewusst werden sollen. Zudem verweist dieser Aspekt der Kinder-Eltern-Zahl unter anderem darauf, welche Möglichkeiten der Weiterentwicklung sich durch die Beziehung zum Kind für den jeweiligen Erwachsenen ergeben.

» ***Lernaufgabe des Kindes***
In diesem Teil der Beschreibung der Kinder-Eltern-Zahl wird erläutert, welchen Entwicklungsschritt Kinder und Jugendliche machen können, wenn es ihnen sowie ihren Eltern und erwachsenen Bezugspersonen gelingt, einander urteilsfrei und offen zu begegnen. Zudem wird darauf eingegangen, wie das Entwicklungspotenzial der Eltern-Kind-Beziehung bzw. der Erwachsenen-Kind-Beziehung konstruktiv gelebt werden kann.

Kinder-Eltern-Zahl 1 - einfühlsam und ohne Druck aufeinander eingehen

Beziehungsdynamik

In dieser Beziehungskonstellation treten zwischen den Eltern und dem Kind oft Konfliktsituationen auf. **Häufig haben beide Seiten dabei das Gefühl, dass ihr Gegenüber sie nicht versteht.** Darüber hinaus hat insbesondere der Elternteil Schwierigkeiten damit, die Elternrolle mit Gelassenheit zu leben. Es fällt ihm schwer, in der Erziehung des Kindes seinem Bauchgefühl zu vertrauen und die Angst, Fehler zu machen, loszulassen. Diese innere Spannung erzeugt beim betroffenen Elternteil oft einen gewissen Druck.
Leben Sie in einer solchen Eltern-Kind-Beziehung, so haben Sie wahrscheinlich häufig das Gefühl, dass Ihre eigenen Bedürfnisse und Ihre persönliche Vision aufgrund Ihrer großen Verantwortung dem Kind gegenüber zu kurz kommen. Daher kann sich die Beziehung zu Ihrem Nachwuchs, vor allem dann, wenn das Kind versucht, Ihre Grenzen auszureizen und seinen Willen um jeden Preis durchzusetzen, sehr herausfordernd gestalten. Die Beziehung funktioniert jedoch gut, wenn Sie einfühlsam und liebevoll auf Ihr Kind eingehen und versuchen, sich in

seine Lage zu versetzen. Wenn die Beziehung auf diese Art gelebt wird, kann sie für beide Seiten sehr fruchtbar sein. Innerhalb dieser Dynamik gelingt es dem Kind oder Jugendlichen, sich frei zu entwickeln und sich geborgen zu fühlen.

Hilfestellungen für den Elternteil

Folgende Fragen zu beantworten, kann Ihnen dabei helfen, besser mit der Aufgabe der Elternschaft umzugehen:

» *Habe ich das Gefühl, dass ich wegen meines Kindes/meiner Kinder auf meine Bedürfnisse oder Träume verzichte/verzichtet habe?*
» *Belastet mich die Tatsache, dass mein Kind/meine Kinder in ihrer Wesensart anders sind als ich?*
» *Bin ich in der Lage, die Gefühle, Bedürfnisse und Wünsche meines Kindes/meiner Kinder empathisch zu fühlen? Wenn ja, kann ich sie akzeptieren?*

Eine ehrliche Beantwortung dieser Fragen und eine Umsetzung der darin enthaltenen Empfehlungen unterstützen Sie dabei, die Herausforderungen der Elternschaft besser zu bewältigen. **Es ist in diesem Zusammenhang essenziell, die Tatsache zu akzeptieren, dass das eigene Kind anders ist als man selbst.** Aus diesem Grund ist es für Sie wichtig zu erkennen und zuzulassen, dass Ihr Kind seine eigenen Bedürfnisse, Wünsche, Pläne, Visionen und Träume hat.

In der Eltern-Kind-Beziehung mit der Zahl 1 hat der Elternteil oftmals bestimmte Pläne für das eigene Kind und wünscht sich, dass sich der eigene Nachwuchs in die von ihm vorgegebene Richtung entwickelt. **Allerdings liegt oftmals genau darin das Problem begraben, da der Elternteil über den Kopf des Kindes oder Jugendlichen hinweg entscheiden will.** Dies funktioniert jedoch nicht. In der Elternrolle sollte man dementsprechend versuchen, das Kind zu verstehen und seine Charakterzüge zu erkennen. Es sollte also vermieden werden, das Kind ständig nach den eigenen Vorstellungen prägen zu wollen.

Hilfestellungen für das Kind oder den Jugendlichen

- ***Für das Kind ist es wichtig, vom Kleinkindalter an zu lernen, über die eigenen Gefühle und Bedürfnisse zu sprechen und diese zu artikulieren.*** *Halten sich Kinder mit ihrem Gefühlsausdruck zurück, sollte jeder Elternteil deshalb umso mehr auf das Kind oder den Jugendlichen eingehen und Verständnis für seine Art zeigen. Versetzt sich der Elternteil in die Lage des Kindes, gelingt es ihm, es jenseits der eigenen Erwartungen zu verstehen.*
- ***Es ist unabkömmlich, dass jeder Elternteil allein Zeit mit dem Kind verbringt und ihm dabei bewusst seine Aufmerksamkeit schenkt.*** *Durch die ungeteilte Aufmerksamkeit, die das Kind bekommt, fühlt es sich angenommen und in seiner Individualität und Einzigartigkeit bestärkt.*

Lernaufgabe der Eltern

Als Elternteil sollten Sie lernen, die Erwartung loszulassen, dass sich Ihr Kind Ihren Vorstellungen entsprechend entwickelt. **Sie sollten sich bewusst mit der Angst und dem Ohnmachtsgefühl auseinandersetzen, das Sie empfinden, wenn Sie feststellen, dass die Persönlichkeitsmerkmale Ihres Kindes nicht mit den Ihren übereinstimmen.** Damit ist gemeint, dass Sie die facettenreiche Persönlichkeit Ihres Nachwuchses aus einer Beobachterposition wahrnehmen und anerkennen sollen. Auch in der Gestaltung Ihres Erziehungsstils und Ihrer Erziehungsmaßnahmen sollten Sie darauf achten, das Naturell Ihres Kindes zu respektieren. Grundsätzlich ist es für Sie in dieser Konstellation wesentlich, die Tatsache zu akzeptieren, dass sich weder die Lebensumstände noch die Menschen so entwickeln, wie man glaubt oder sich wünscht, dass sie sich entwickeln sollten.

Lernaufgabe des Kindes

Das Kind hat die Aufgabe zu lernen, die eigenen Bedürfnisse mitzuteilen und sich dabei selbst treu zu bleiben. Es ist also wichtig, Kinder und Jugendliche in dieser Eltern-Kind-Beziehung darin zu unterstützen, sich klar auszudrücken, sich zu behaupten und den eigenen Willen kundzutun. Schaffen Sie als Eltern oder Erzieher deshalb ein Vertrauensverhältnis mir Ihrem Kind, das von gegenseitiger Akzeptanz und einer klaren Kommunikation über Gefühle und Kränkungen geprägt ist. Das Kind sollte in der Beziehung zu Ihnen ein Gefühl der Sicherheit und Verwurzelung entwickeln, denn gerade diese beiden Aspekte bilden die Grundlage für einen wertschätzenden und ehrlichen Austausch miteinander.

Kinder-Eltern-Zahl 2 - klare Rollen definieren und Kind sein dürfen

Beziehungsdynamik

In dieser Beziehung sind Elternteil und Kind sehr stark miteinander verbunden und brauchen eine klare Definition ihrer Rollen. Sie sollten Ihre erzieherische Aufgabe daher mit elterlicher Autorität leben und diese auch ausstrahlen können. Auf diese Weise fällt es Ihnen leichter, dem Kind klare Grenzen aufzuzeigen und dabei trotzdem empathisch zu bleiben.

Des Weiteren ist in dieser Konstellation die Tendenz vorhanden, dass die Kinder, vor allem in der Pubertät, die Verantwortung für die Eltern und das Familiensystem übernehmen wollen. Dies kann so weit gehen, dass sich die Kinder für die Harmonie des Familiensystems und der Partnerschaft ihrer Eltern verantwortlich fühlen. In dieser Situation passiert es allerdings nicht selten, dass sich der Elternteil aufgrund der vom Kind eingenommenen Position in der Eltern-Kind-Beziehung entmachtet fühlt. Der Elternteil fühlt sich innerhalb dieser Familiendynamik also nicht dazu in der Lage, das Kind mit elterlichem Beistand begleiten zu können.

Im Allgemeinen ist die Eltern-Kind-Beziehung bei der Kinder-Eltern-Zahl 2 von einer mangelhaften Kommunikation geprägt. In der Beratungspraxis hört man bei Eltern häufig den folgenden Satz: „Ich und mein Kind, wir sprechen zwei unterschiedliche Sprachen, wir können nicht miteinander kommunizieren." Zudem neigt das Kind oder der Jugendliche in dieser Konstellation oftmals dazu, sich zurückzuziehen oder sich gar zu verstecken.

Als Elternteil sollten Sie in dieser Eltern-Kind-Beziehung ehrlich überprüfen, inwieweit Ihr Kind Verantwortung für Aspekte trägt, die sein kindliches Dasein belasten. Fragen Sie sich in diesem Kontext auch, ob sich Ihr Nachwuchs den Zugang zu seiner spielerischen Seite bewahrt. Ermöglichen Sie dem Kind oder Jugendlichen, sein Leben altersgerecht zu gestalten, und finden Sie zurück zu Ihrer Rolle, Aufgabe und achtsamen Präsenz als verlässlicher Elternteil.
Häufig fühlen sich Eltern in dieser Beziehung dem Kind gegenüber schuldig und sind der Meinung, zu wenig für ihr Kind zu tun oder getan zu haben. Verspürt der Elternteil solche Schuldgefühle, merkt das Kind oder der Jugendliche dies intuitiv und begegnet dem Elternteil nicht selten vorwurfsvoll. Das Kernproblem liegt darin begründet, dass sowohl der Elternteil als auch das Kind immer wieder die Grenzen ihrer jeweiligen Rollen überschreiten.

Durch eine intensivere innere Ruhe und mehr Selbstvertrauen können Sie die Rolle des Freundes oder Spielkameraden Ihres Kindes mit

elterlicher Autorität übernehmen, ohne dass Ihr Kind dabei in eine elterliche oder beratende Rolle schlüpft. Hören Sie auf Ihr Herz und erkennen Sie die positiven Seiten und das Potenzial Ihres Kindes.

Hilfestellungen für den Elternteil

- *Als Elternteil sollten Sie* ***Ihre Autorität bewusst und liebevoll leben*** *und diese in der Beziehung zu Ihrem Kind anwenden. Vermeiden Sie dabei jedoch, eine freundschaftliche Rolle einzunehmen.*
- ***Finden Sie aktiv Zeit für Ihr Kind und legen Sie ausreichend Wert auf eine empathische, mitfühlende Kommunikation und ein aufmerksames Zuhören.***
- ***Reflektieren Sie eingehend über eventuelle Schuldgefühle Ihrem Kind gegenüber****. Fragen Sie sich, ob diese Schuldgefühle berechtigt sind oder aus dem inneren Druck entstehen, eine „gute Mutter" oder ein „guter Vater" sein zu wollen. Seien Sie mit sich selbst zufrieden und machen Sie sich bewusst, dass Sie stets Ihr Bestes geben.*

Hilfestellungen für das Kind oder den Jugendlichen

Für das Kind oder den Jugendlichen ist es entscheidend, den Glaubenssatz loszulassen, dass es ihm nur dann gut gehen darf, wenn es auch den Eltern gut geht und die Eltern sich miteinander verstehen. Um sich von diesem Denkmuster zu lösen oder dieses von Beginn an zu vermeiden, ist eine klare Kommunikation der Eltern erforderlich. Die Eltern sollten nicht versuchen, dem Kind eine heile Welt vorzuspielen, da sich das Kind oder der Jugendliche in dieser Beziehungskonstellation den Eltern gegenüber sehr empathisch verhält.

Lernaufgabe der Eltern

In dieser Beziehungskonstellation sollte der Elternteil lernen, der eigenen Intuition zu vertrauen, zur eigenen Größe zu stehen und in der Beziehung zum Kind eine selbstbewusste Haltung einzunehmen. **Der Elternteil steht in dieser Dynamik vor der Herausforderung, an seinem Selbstwertgefühl zu arbeiten, seine Selbstwertschätzung zu stärken und seine Authentizität zu leben.**

Lernaufgabe des Kindes

Das Kind sollte lernen, seine Kindlichkeit auszuleben und in seiner Kinderrolle zu verweilen. Dieser Aspekt ist eine wesentliche Herausforderung für diesen jungen Menschen, da das Einnehmen einer elterlichen Rolle auch eine gewisse Machtposition mit sich bringt. Diese dominante Rolle ist auch deswegen reizvoll, weil das Kind dadurch die Möglichkeit erhält, viele Aspekte der Familiendynamik zu bestimmen. Darüber hinaus sollen und **können Kinder in dieser Beziehungskonstellation lernen, ihre natürliche Empathie auf konstruktive Weise zu entwickeln**, ohne dadurch die Menschen in ihrem Umfeld zu manipulieren. Nicht selten kommt es nämlich zur Situation, dass das Kind zum Beispiel merkt, warum sich ein Elternteil schuldig fühlt, und dieses Wissen anschließend zu seinem Vorteil nutzt.
Leben Sie Ihrem Kind deshalb einen positiven Umgang mit Empathie vor und sprechen Sie offen über Ihre Gefühle. Auf diese Weise kann das Kind von klein auf sein Einfühlungsvermögen annehmen und besser verstehen, um welch wertvolle Eigenschaft es sich dabei handelt. Das Kind erkennt dadurch, dass es sich um eine Qualität seines Charakters handelt, durch die es vermag, auf zwischenmenschlicher Ebene Nähe und Geborgenheit zu schaffen.

Kinder-Eltern-Zahl 3 - gemeinsam wachsen und mit Gelassenheit erziehen

Beziehungsdynamik

Als Elternteil leben Sie die Elternschaft bei der Kinder-Eltern-Zahl 3 mit viel Engagement und Verantwortungsbewusstsein. Manchmal können persönliche Themen, vergangene Erfahrungen sowie tief sitzende Ängste jedoch Kommunikationsprobleme und einen inneren Druck in Ihnen auslösen. Dies kann das Verhältnis zu Ihrem Kind besonders dann belasten, wenn Sie Ihren inneren Druck auf Ihr Kind übertragen. Dem Beziehungssystem mit der Zahl 3 kann es außerdem an Ruhe und Ordnung mangeln, wodurch das Kind damit zu kämpfen hat, seinen Platz in der Familie zu finden. Oftmals fühlt es sich aufgrund dieses Kampfes nicht vollkommen wahrgenommen. Daher ist es in der Elternrolle wichtig, bewusst auf das Kind mit dieser Kinder-Eltern-Zahl einzugehen.

Des Weiteren können Sie Ihr Kind in der Elternrolle unterstützen, indem Sie nicht zu viel Leistungsdruck auf Ihren Nachwuchs ausüben. Sie sollten ebenfalls davon Abstand nehmen, Ihr Kind in eine bestimmte Richtung zu lenken, da dies zu Konflikten führen könnte. Dementsprechend kann eine harmonische Beziehung zu Ihrem Kind vor allem dann gelingen, wenn Sie Rücksicht auf die Bedürfnisse des Kindes nehmen und seine spielerische Seite wertschätzen. **Ihr Kind ermöglicht es Ihnen zudem, die spielerischen Seiten des Lebens für sich neu zu entdecken. Ihr Nachwuchs mit dieser Zahl lädt Sie dazu ein, mit Leichtigkeit im Hier und Jetzt zu leben.**

In dieser Beziehungskonstellation zeigen die Kinder den Eltern somit genau jene Aspekte auf, die die Eltern selbst zumeist nicht ausleben können. In manchen Fällen reagieren Eltern auf dieses Verhalten mit

der Tendenz, das Kind wie einen kleinen Erwachsenen zu behandeln. Dies rührt daher, weil es für die Eltern in dieser Konstellation belastend ist, zu sehen, dass ihr Kind einfach Kind ist und nicht in die von ihnen vorgegebene Richtung geht.
Aufgrund dieser Dynamik kommt es außerdem häufig dazu, dass das Kind eine sehr verantwortungsbewusste Seite entwickelt. **Sollte sich dieser junge Mensch nicht angenommen fühlen, entwickelt er als Bewältigungsstrategie oftmals die Neigung, in eine Erwachsenenrolle zu schlüpfen, um die Erwartungen der Eltern zu erfüllen.** Sie können die Entwicklung dieses Verhaltensmusters bei Ihrem Kind vermeiden, indem Sie es in seiner Ganzheit akzeptieren und dankbar dafür sind, dass es Ihnen den Weg zur Freude eröffnet.

Hilfestellungen für den Elternteil

» ***Verbringen Sie bewusst Zeit mit Ihrem Kind, spielen Sie mit ihm und gehen Sie gemeinsam hinaus in die Natur.*** *Teilen Sie mit Ihrem Nachwuchs Momente der Ruhe und Entspannung, sodass Ihr Kind Ihre Präsenz sowohl spielerisch als auch zentriert erfahren kann.* ***Dieser Aspekt stärkt die Bindung zueinander enorm und hilft Ihnen, einen gelassenen Zugang zu Ihrem Kind zu finden.*** *Gemeinsame Zeit sowie Ruhepausen mit Ihrem Kind ebnen Ihnen zugleich den Weg zur Heilung Ihres eigenen Inneren Kindes. Machen Sie diese Ruhepausen daher zur Gewohnheit und etablieren Sie diese Routine auch in der Eltern-Kind-Beziehung. Dadurch bietet sich Ihnen die Möglichkeit, Zugang zu mehr Leichtigkeit und Zentriertheit in Ihrem Alltag zu finden.*

» ***Eine offene Kommunikation und klar definierte Rollen im Familiensystem vermitteln dem Kind ein Gefühl der Geborgenheit und Sicherheit.*** *Fühlt sich das Kind beschützt und gut aufgehoben, kann es sich fallen lassen und seine Persönlichkeit seinem kindlichen Alter entsprechend ausleben und genießen.*

Hilfestellungen für das Kind oder den Jugendlichen

» ***Um seine Persönlichkeit und seine lebendige, kreative Seite zu entfalten, benötigt das Kind mit der Kinder-Eltern-Zahl 3 ein familiäres Klima, das von gegenseitiger Akzeptanz und ehrlicher Kommunikation geprägt ist.*** *Wenn das Kind spürt, dass es ganz und gar Kind sein darf und seine spielerische sowie kreative Ader ausleben kann, so kann es sich seinem Naturell gemäß entwickeln. Außerdem erlaubt ein familiäres Umfeld dieser Art dem Kind, seine positiven Charakterzüge optimal zur Entfaltung zu bringen. Wenn das Kind im Familienleben Momente der Gemeinschaft, des gemeinsamen Spielens und der Gelassenheit erlebt, fördern diese Umstände das persönliche Wachstum des Kindes. Als Elternteil sollten Sie dem Kind also neue Wege der Selbstentfaltung aufzeigen und das Kind dazu ermutigen, seinen individuellen Interessen und Talenten nachzugehen. Sie sollten es ebenso dabei unterstützen, seine Bedürfnisse zu stillen. Verbringen Sie deshalb regelmäßig und bewusst Zeit mit Ihrem Nachwuchs.*

Für das Kind mit dieser Kinder-Eltern-Zahl ist es wesentlich, seine schöpferische Seite auszuleben. Je nachdem über welche Form der Intelligenz das Kind verfügt, sei es eine kinästhetische oder eine eher visuelle Intelligenz, bieten sich unterschiedliche kreative Aktivitäten für die Entfaltung des Kindes an. Für manche Kinder ist es das Malen, für andere Kinder ist es die Bewegung. Dies hängt ganz von der individuellen Persönlichkeit und Veranlagung des Kindes ab. **Unterstützen Sie Ihr Kind jedenfalls dabei, selbst herauszufinden, in welcher Form des kreativen Ausdrucks es sich am besten wiederfindet**. Ermöglichen Sie es Ihrem Kind anschließend, diese Interessen auch tatsächlich zu verfolgen. Mit großer Wahrscheinlichkeit finden Sie im Zuge dessen auch selbst erneut Zugang zu Ihrer schöpferischen Seite.

Lernaufgabe der Eltern

Möglicherweise erkennen Sie im Verhalten Ihres Kindes und in der Beobachtung seines Wesens sowie seiner Sensibilität manchmal Verletzungen Ihres eigenen Inneren Kindes. In diesem Fall sollten Sie zunächst lernen, empathisch auf Ihr Kind einzugehen. Finden Sie Zeit und Raum, um die Gefühlslage Ihres eigenen Inneren Kindes zu ergründen, denn wenn Sie Ihr eigenes Inneres Kind ein Stück weit heilen, wird es Ihnen auch leichter fallen, die Bedürfnisse Ihres Nachwuchses zu erkennen. Auf diese Weise sind Sie in der Lage, Ihr Kind mit Leichtigkeit auf dem Weg des Erwachsenwerdens zu begleiten.

Lernaufgabe des Kindes

In dieser Eltern-Kind-Beziehung ist es die primäre Aufgabe Ihres Kindes, seine kreativen und schöpferischen Talente zu entfalten und einen gelassenen Zugang zum Leben zu entwickeln. Ihr Kind neigt möglicherweise dazu, sich an die Bedürfnisse des Familiensystems anzupassen und reagiert äußerst sensibel auf Stress. Insbesondere in stressigen Situationen weist Ihr Nachwuchs daher die Tendenz auf, sich zurückzuziehen und die eigenen Bedürfnisse und Gefühle nicht ausreichend nach außen zu kommunizieren. Genau dieser Aspekt ist eine wichtige Lernaufgabe in dieser Eltern-Kind-Beziehung, da das Kind die richtigen Impulse bekommen sollte, um seine Fähigkeiten zu stärken, seine Gefühle wahrzunehmen und diese auch zu verbalisieren.

Kinder-Eltern-Zahl 4 – voneinander lernen und aneinander lieben und akzeptieren

Beziehungsdynamik

Diese Eltern-Kind-Beziehung kennzeichnet sich durch ein freundschaftliches Verhältnis und ein gutes Auskommen zwischen den Eltern und dem Kind. Es gibt aber auch Phasen, in denen die Beziehung konfliktreich sein kann. So nimmt der Elternteil etwa an, dass ein autoritärer Erziehungsstil für das Kind hilfreich sei. Diese Vorstellung hindert das Kind jedoch daran, sein Naturell zu entfalten sowie seine Talente, Bedürfnisse und Wünsche zu leben. Das Kind versucht aus diesem Grund, sich ständig anzupassen und Charakterzüge zu entwickeln, die den Erwartungen der Eltern entsprechen. Diese Tendenz kann sich bis ins Erwachsenenalter hinein manifestieren.
Wenn Sie Ihrem Kind einen gewissen Freiraum bieten, in dem es seinen natürlichen Charakterzügen entsprechend wachsen kann, so können sie beide voneinander lernen. Durch die Auseinandersetzung mit der Persönlichkeit Ihres Kindes haben Sie außerdem die Chance, mehr über sich selbst zu erfahren. Zum Beispiel können Sie in der Rolle des Beobachters einen genaueren Blick auf die Charakterunterschiede und Ähnlichkeiten mit Ihrem Kind werfen. Auf diesem Weg wird es Ihnen gelingen, einen realistischen Zugang zur Persönlichkeit Ihres Kindes und zu sich selbst zu finden. Dadurch können Sie Ihr Kind mit mehr Einfühlungsvermögen und unter Berücksichtigung seiner Wesensart begleiten. Sie können voneinander lernen und miteinander wachsen. Um dies zu erreichen, sollten Sie das Korsett alter Verhaltensmuster und festgefahrener Überzeugungen durchbrechen. Dies wird Ihnen dabei helfen, die Beziehung zu Ihrem Kind immer wieder neu zu gestalten. Nutzen Sie diese einzigartige Wachstumsmöglichkeit, um selbst freier zu werden und sich ein Stück weit von festgefahrenen Erwartungen zu lösen.

In der Beziehung der Kinder-Eltern-Zahl 4 brauchen Eltern und Kind ein offenes Ohr füreinander. Einander aktiv zuzuhören, stärkt die Beziehung und macht diese zu einem positiven Erlebnis. Dennoch ist oftmals der Hang zu einer gewissen Isolation erkennbar. Zwar tauscht man sich innerhalb dieser Dynamik über Alltägliches aus, über Gefühle wird allerdings kaum gesprochen. Versuchen Sie daher, Ihre Gefühle im Kreise Ihrer Familie und Ihrem Kind gegenüber offen zu kommunizieren. Fällt es Ihnen schwer, Zugang zu Ihren Gefühlen zu finden, kann es hilfreich sein, einen Selbstdialog in schriftlicher Form zu führen und etwa einmal täglich oder wöchentlich aufzuschreiben, wie Sie sich fühlen.
In diesem häufig leistungsorientierten Familiensystem sollten die Eltern einen liebevollen, wertschätzenden und gelassenen Umgang miteinander pflegen, um dem Kind die Möglichkeit zu bieten, seine natürliche Empathie zu entwickeln. Auf diese Weise lernt der Nachwuchs, seinen Mitmenschen Wertschätzung entgegenzubringen. Dies bestärkt die Eltern schließlich darin, sich dem Kind gegenüber authentisch zu zeigen und schafft die Basis für ein vertrauensvolles und ehrliches Miteinander.

Hilfestellungen für den Elternteil

» ***Um die Aufgabe der Erziehung mit einer gewissen Gelassenheit zu leben, ist es für Sie als Elternteil wichtig, Wege der Entschleunigung und Entspannung zu finden.*** *In dieser Eltern-Kind-Beziehung legen die Eltern häufig großen Wert auf Leistung und sind sehr darauf bedacht, Ihren Tagesablauf zu optimieren, produktiv zu sein und so viel wie möglich zu erreichen. Kommt Ihnen dieses Verhaltensmuster bekannt vor, so ist es empfehlenswert, Möglichkeiten zu finden, um Ihrem Nachwuchs gegenüber gelöst und entspannt aufzutreten.*

» ***Für die Eltern ist es in dieser Beziehung von großer Bedeutung, respektvoll miteinander umzugehen und dem Kind keine heile Welt vorzuspielen.*** *Denn besonders bei dieser Kinder-Eltern-Zahl, wie auch bei der Kinder-*

Eltern-Zahl 2, fühlt sich das Kind häufig für die Harmonie im Familiensystem sowie für eine entspannte Beziehung der Eltern verantwortlich.

Hilfestellungen für das Kind oder den Jugendlichen

» *Vereinbaren Sie gemeinsam mit Ihrem Kind Zeiten, in denen Sie zusammen spielerischen und kreativen Aktivitäten nachgehen. Gemeinsame Aktivitäten, die von Entspannung, Spiel und Gelassenheit geprägt sind, stärken die Bindung zueinander und schaffen eine fundierte Basis für eine entspannte Kommunikation. Zudem ermöglichen Momente dieser Art, aus der Routine des Alltags auszubrechen. Finden Sie Wege zur Schaffung erholsamer Zeitoasen, um miteinander entspannt und ungezwungen Zeit zu verbringen.*

» ***Gehen Sie liebevoll auf Ihr Kind ein und reduzieren Sie den Leistungs- und Erwartungsdruck Ihrem Kind gegenüber auf ein gesundes Maß.*** *Auf der einen Seite mag etwas Druck für die persönliche Entwicklung zwar stimulierend oder anspornend wirken, auf der anderen Seite kann dieser Druck das Selbstwertgefühl sowie das Selbstvertrauen des Kindes nachhaltig einschränken und seine Selbstsicherheit blockieren.* ***Stärken Sie die Selbstsicherheit Ihres Kindes, indem Sie ihm mittels Ihrer Vorbildwirkung Gelassenheit und Selbstvertrauen vorleben.*** *Unterstützen Sie Ihr Kind ebenfalls dabei, Aufgaben und Lernprozesse spielerisch zu gestalten. Animieren Sie Ihren Nachwuchs dazu, seine positiven Erlebnisse beim Lernen oder Spielen bewusst wahrzunehmen, und ermutigen Sie Ihren Schützling von Zeit zu Zeit dazu, seine persönlichen Erfolge mit seinen Mitmenschen zu teilen.*

Lernaufgabe der Eltern

Die Lernaufgabe der Eltern besteht in diesem Familiensystem darin, das Kind so zu akzeptieren, wie es ist, sich zu entspannen und das

Familiendasein zu genießen. Zudem sollte im familiären Miteinander ausreichend Platz für Gefühle, Liebesaustausch und Berührungen geschaffen werden.

Lernaufgabe des Kindes

Die Lernaufgabe des Kindes mit der Kinder-Eltern-Zahl 4 besteht darin, auf die eigenen Bedürfnisse zu achten und sich nicht zu verstellen, um dazuzugehören. In der Kindheit, und noch mehr in der Pubertät, sollten diese jungen Menschen **einen spielerischen und gelassenen Zugang zum Leben und Lernen entwickeln und auch bewahren**.

Kinder-Eltern-Zahl 5 – liebevoll Grenzen setzen

Beziehungsdynamik

Die Eltern-Kind-Beziehung dieser Zahl fußt auf einer freundschaftlichen Basis und **zeichnet sich durch eine gewisse Ebenbürtigkeit sowie einen empathischen Kommunikationsstil aus**. Eltern und Kinder mit der Kinder-Eltern-Zahl 5 gehen einfühlsam aufeinander ein und begegnen einander auf Augenhöhe. Wenn die Qualitäten dieser Zahl konstruktiv gelebt werden, wirkt sich dies positiv auf die Entwicklung des Kindes aus. **Der intensive Austausch mit den Eltern erlaubt es dem Kind, die vielen Facetten seiner Persönlichkeit frei zu entfalten und sich selbst zu erfahren.**
Für den Elternteil ist es in dieser Beziehungsdynamik von großer Bedeutung, Rücksicht auf das Freiheitsbedürfnis des Kindes oder des Jugendlichen zu nehmen. Als Elternteil finden Sie sich in diesem Zusammenhang

allerdings häufig **mit der Schwierigkeit konfrontiert, Ihrem freiheitsliebenden Nachwuchs Grenzen zu setzen**. Immer wieder versuchen die Kinder in dieser Beziehung, die elterliche Autorität auszutesten.

Durch Ihre Vorbildwirkung und die Art und Weise, wie Sie mit Ihrem Kind in Beziehung treten, **sollten Sie Ihrem Nachwuchs jedoch vermitteln können, Ihre Person, Ihre Meinungen und die von Ihnen liebevoll und klar gesetzten Grenzen zu respektieren**. Gelingt Ihnen dies, können Sie mit Ihrem Kind eine tiefe Bindung eingehen. Sie legen damit außerdem den Grundstein für eine vertrauensvolle Verbindung zu Ihrem Kind in der Pubertät und auch im Erwachsenenalter. Auch wenn Ihr Nachwuchs aufgrund seines ausgeprägten Selbstverwirklichungsdranges oftmals damit zu kämpfen hat, die von Ihnen festgelegten Grenzen einzuhalten, sollten Sie nicht von ihnen abweichen. **Bleiben Sie Ihrem Kind gegenüber auch bei Widerstand stets ruhig und wahren Sie eine wertschätzende Haltung**. Durch das ständige Austesten der Grenzen ist dieser junge Mensch meist schon früh sehr selbstständig. Er strebt danach, mit seinen Eltern auf einer Ebene zu stehen und Verantwortung für diese zu übernehmen. Das Wohlbefinden seiner Eltern liegt diesem Kind oder Jugendlichen sehr am Herzen.

In der Beratungspraxis konnten für diese Beziehungskonstellation häufig die folgenden zwei Tendenzen festgestellt werden: **Auf der einen Seite kann sich die Eltern-Kind-Beziehung positiv gestalten, wenn der Elternteil mit viel Liebe und Empathie auf das Kind eingeht**. Diese Tendenz zeichnet sich vor allem dann ab, wenn die Elternrolle bewusst und verantwortungsvoll gelebt wird. **Auf der anderen Seite kann dieses Beziehungssystem einer gewissen Wechselhaftigkeit unterworfen sein und wenig Beständigkeit aufweisen.** Diese Dynamik zeigt sich, wenn der Elternteil sehr mit sich selbst beschäftigt ist und mit der Verantwortung, die die Elternschaft in sich birgt, hadert und dadurch belastet wird. In diesem Fall ist die Eltern-Kind-Beziehung zunächst von ausreichend Nähe, einem intensiven Zugehörigkeitsgefühl sowie der Präsenz der Eltern geprägt, während sich die Eltern zu einem anderen Zeitpunkt jedoch zurückziehen und den Zugang zum eigenen Kind verlieren.

Ein weiterer **zentraler Aspekt dieser Beziehungskonstellation ist die Tatsache, dass das Kind das Gefühl verspürt, für sich selbst verantwortlich zu sein.** In der Beratungspraxis lässt sich oftmals beobachten, dass Erwachsene, die als Kind die Kinder-Eltern-Zahl 5 hatten, sehr häufig folgenden Satz äußern: „Ich hatte das Gefühl, mich allein großgezogen zu haben." Allerdings ist es nicht so, dass das Kind immer auf sich allein gestellt ist/war oder von den Eltern allein gelassen wird/wurde. Vielmehr wurzelt dieses Gefühl des Kindes darin, dass sich seine Persönlichkeit von jener der Eltern stark unterscheidet. **Dadurch besteht bei dieser Zahl häufig von Natur aus ein gewisser Abstand zwischen den Eltern und dem Kind.** Diese Distanz kann in manchen Fällen bis zur Isolation oder Abgrenzung voneinander führen. Beispielsweise haben sich Personen, die in ihrer Kindheit diese Kinder-Eltern-Zahl hatten, bereits in vielen Momenten ihres Lebens gefragt: „Ist das überhaupt meine Familie?" Sie fühlten sich ihrer Familie also von klein auf nicht zugehörig. Dieses Gefühl lässt sich durch eine einfühlsame Beziehung zum Kind vermeiden, denn schlussendlich geht es darum, dass sich das Kind von seinen Eltern verstanden fühlt.
Darüber hinaus sind Beziehungen mit dieser Kinder-Eltern-Zahl nicht selten **einer gewissen Polarität ausgesetzt**. Damit ist gemeint, dass das Kind zu einem bestimmten Elternteil eine stärkere Bindung entwickelt. **Während ein Elternteil für das Kind da ist und sich sogar für den Nachwuchs aufopfert, zeigt sich der andere Elternteil wenig bis gar nicht präsent.**

Hilfestellungen für den Elternteil

» *Bei der Kinder-Eltern-Zahl 5 sollten Sie als Elternteil darauf achten, sich ausreichend Zeit für Ihr Kind zu nehmen.* ***Gehen Sie bewusst auf die Ge-***

fühlswelt, ***Bedürfnisse, Wünsche und Träume Ihres Kindes ein.*** *Besonders dann, wenn Sie das Gefühl haben, Ihr Kind nicht zu verstehen, sollten Sie auf diesen Aspekt Wert legen. Auch wenn Sie der Meinung sind, nicht nachvollziehen zu können, was Ihr Kind will, weil sich seine Persönlichkeit so stark von der Ihren unterscheidet, sollten Sie den Austausch mit Ihrem Nachwuchs suchen.*

» *Finden Sie Zeitressourcen, um sich mit sich selbst und Ihrem Freiheitsbedürfnis auseinanderzusetzen.* **Versuchen Sie in der Elternschaft auch Zeit für Tätigkeiten zu finden, die Ihnen Freude bereiten und Sie glücklich machen.** *Wenn Sie sich um sich selbst kümmern und Ihre Bedürfnisse erfüllen, verspürt Ihr Kind dadurch nicht so sehr den Drang, Verantwortung für Sie übernehmen zu müssen. Es wirkt sich ebenfalls positiv auf die Beziehung zu Ihrem Kind aus, wenn Sie sich nicht vollkommen für Ihren Nachwuchs aufopfern. Auf diese Weise können Sie* **eine Eltern-Kind-Beziehung entstehen lassen, die offen, frei und fröhlich ist und in der Ihr Kind nicht das Gefühl hat, für Ihr Glück verantwortlich zu sein**.

» *Kinder mit der Kinder-Eltern-Zahl 5 sind sehr einfühlsame Wesen. Sie spüren intuitiv, wie es Ihnen als Elternteil geht. Daher ist es wichtig, dass Sie sich* **um eine ehrliche und wertschätzende Kommunikation mit Ihrem Kind bemühen**. *Bedenken Sie, dass Ihr Nachwuchs sofort merkt, wenn Sie ihm eine falsche Harmonie vorspielen. Versuchen Sie daher, Ihrem Kind Ihre Gefühle klar zu vermitteln und ihm nicht etwas vorzuleben, das nicht der Realität entspricht. Die Beziehung zu Ihrem Kind wird auch dadurch erleichtert und entlastet, wenn Sie* **Ordnung in Ihrer Partnerschaft schaffen**.

Hilfestellungen für das Kind oder den Jugendlichen

» *Es ist in dieser Beziehungskonstellation* ***besonders wichtig, dem Kind ausreichend Anerkennung und Lob entgegenzubringen***. *Dadurch wird vermieden, dass das Kind glaubt, nur wahrgenommen und geliebt zu werden, wenn es brav ist, etwas leistet oder sich anpasst. Als Elternteil sollten Sie das Wesen Ihres Kindes in seinem natürlichen Sein, also für* *das, was es ist, würdigen und wertschätzen. Für eine harmonische und liebevolle Eltern-Kind-Beziehung sollten Sie die einzigartige Persönlichkeit Ihres Kindes akzeptieren.* ***Lernen Sie damit umzugehen, dass Ihr Kind andere Wesenszüge, Vorlieben und Leidenschaften als Sie selbst besitzt.*** *An diesem Punkt zu arbeiten ist gerade deswegen essenziell, da Sie insbesondere in dieser Beziehungsdynamik dazu neigen, Ihre Vorstellungen, Weltanschauungen und Werte auf Ihr Kind zu projizieren.*

» ***Bewegung und Sport fördern die Kinder in der Entwicklung eines guten Körpergefühls.*** *Darüber hinaus vermitteln sportliche Aktivitäten den Heranwachsenden Selbstsicherheit und stärken die Wahrnehmung ihrer persönlichen Grenzen. So kann das Kind oder der Jugendliche mit der Kinder-Eltern-Zahl 5 in jeder Phase seiner Entwicklung* ***einen Schritt weit mehr zur eigenen Größe und zum eigenen Willen finden und auch stehen.***

» ***Bei diesem Kind sollte darauf geachtet werden, dass es sich nicht isoliert.*** *Sehr oft ziehen sich diese Kinder zurück, weil sie in der Isolation Ruhe und Entspannung finden und sich nicht länger darum bemühen müssen, verstanden oder gesehen zu werden. Es ist jedoch unheimlich wichtig, auf das Kind einzugehen und die* ***Sozialkompetenz des Kindes zu fördern, indem es Zeit mit Gleichaltrigen verbringt.*** *Dies kann etwa gelingen, wenn regelmäßig Freunde eingeladen werden und der Kontakt zu anderen Kindern und Erwachsenen (z. B. beim Sport) hergestellt wird.*

Lernaufgabe der Eltern

Die Eltern sollten lernen, auf sich selbst zu achten, denn ein Kind ist erst dann richtig glücklich, wenn es auch seinen Eltern gut geht. Als Elternteil sollte Sie es in dieser Beziehungskonstellation daher **vermeiden, Ihrem Kind gegenüber eine aufopfernde Haltung einzunehmen, um es vor Gefahren und Fehlern zu beschützen.**

Lernaufgabe des Kindes

Die Kinder sollten lernen, **ihre spielerische Seite auszuleben und den Zugang zu ihrem Naturell zu bewahren.** Auch wenn das Umfeld manchmal sehr bestimmend und einengend auf sie wirkt, sollten diese jungen Menschen versuchen, sich selbst treu zu bleiben.

Kinder-Eltern-Zahl 6 - die Eltern-Kind-Beziehung authentisch gestalten

Beziehungsdynamik

In Beziehungen mit dieser Zahl sind Kind und Eltern sehr eng miteinander verbunden. **Beide Seiten können gut miteinander kommunizieren, allerdings kennt ihr Austausch gewisse thematische Grenzen.** Wenn über Anliegen gesprochen wird, die die Organisation des Alltags betreffen, wie zum Beispiel die Schule, fließt die Kommunikation. Dieser Fluss gerät jedoch ins Stocken, wenn es um seelische Aspekte oder Gefühle geht.

In den überwiegenden Fällen handelt es sich um ein sehr gut funktionierendes Familiensystem, in dem viel Wert auf Leistung gelegt wird. **Die Individualität des Kindes bleibt in dieser Konstellation jedoch häufig auf der Strecke.** Oftmals ergibt sich die Situation, dass das Kind oder der Jugendliche vom Familiensystem stark wirkende Verhaltensmuster und Glaubenssätze übernimmt. Kinder aus diesem Familiensystem sind auch im Erwachsenenalter immer wieder damit beschäftigt, Probleme zu lösen, die sich auf das Familiensystem beziehen und die ihr Leben sowie ihre Persönlichkeit beeinflussen. In dieser Umgebung fällt

es dem Kind schwer, sich seinem Naturell gemäß zu entfalten.
Die Kinder oder Jugendlichen mit der Kinder-Eltern-Zahl 6 verspüren fast immer den starken Drang, sich ans Familiensystem anzupassen und den Erwartungen ihres Umfelds zu entsprechen. Sie agieren verantwortungsbewusst, wie kleine Erwachsene, und selbst in der Pubertät zeigen sie sich nur selten rebellisch. Um Teil ihres familiären Umfelds zu sein, entwickeln sie meist folgendes Bewältigungsmuster: *„Ich bin brav, ich entspreche, ich bin verantwortungsbewusst. Ich passe mich an und alles, was das System an mir nicht akzeptiert, muss ich verdrängen. Das mache ich, um dazuzugehören, Liebe zu bekommen und gesehen zu werden."* Passt sich das Kind an die Erwartungen der Familie an, dann wird es angenommen und führt zu den Eltern und anderen Familienmitgliedern eine solidarische und enge Beziehung.

Dies kann jedoch auch eine gegenteilige Entwicklung zur Folge haben: **Wenn es dem Kind nicht gelingt, zu entsprechen oder anerkannt zu werden, indem es die Regeln befolgt und eine beinahe dienende Rolle einnimmt, zieht es sich von den Eltern zurück und fühlt sich häufig nicht zugehörig.**

Hilfestellungen für den Elternteil

» *Bei der Kinder-Eltern-Zahl 6 ist es für Sie als Elternteil empfehlenswert,* ***das System der Ursprungsfamilie zu analysieren, um herauszufinden, in welcher Loyalitätsform Sie selbst mit diesem System verbunden sind.*** *Für eine ausgeglichene Beziehung zum eigenen Kind oder Jugendlichen ist es für Sie hilfreich, sich zu fragen, was Sie von Ihrer Ursprungsfamilie auf Ihren Weg mitbekommen haben. Sie sollten für sich ermitteln,* ***welche Aspekte der Kernfamilie Ihnen entsprechen und was Sie hinter sich lassen können, da es nicht Ihrem Naturell entspricht****. Wenn Sie sich in der Elternschaft auf diesen Prozess einlassen, können Sie die Beziehung zu Ihrem Kind entscheidend verbessern und Ihr Verhältnis zueinander ent-*

spannter gestalten. Zudem erkennen Sie durch diese Erfahrung, wie wichtig es ist, sich von gewissen Glaubenssätzen und Mustern zu befreien.

» *Als Elternteil sollten Sie in dieser Beziehungskonstellation versuchen, mit Ihren eigenen Gefühlen in Beziehung zu treten.* ***Beginnen Sie beispielsweise damit, ein Tagebuch über Ihre Gefühle zu führen und sprechen Sie mit Ihrem Nachwuchs ehrlich über Ihre Gefühlslage.*** *Ihre Kinder spüren, wenn Sie sich aufrichtig mit ihnen unterhalten und können dadurch im Gegenzug auch viel mehr Geduld für Sie aufbringen. Besonders in Beziehungen mit der Kinder-Eltern-Zahl 6 ist dies ein sehr wesentlicher Punkt. Eine ehrliche Kommunikation über die persönliche Gefühlsebene hilft ebenso dabei, im Austausch mit Ihren Kindern eine empathische Beziehung entstehen zu lassen.*

Hilfestellungen für das Kind oder den Jugendlichen

» *Die Eltern sollten* ***vermeiden, dass das Kind Verantwortung für etwas übernimmt, von dem es nicht betroffen ist****. Das Kind oder der Jugendliche sollte sich also nicht für das Wohlbefinden der Eltern und deren Partnerschaft verantwortlich fühlen und* ***das Glück anderer nicht über das eigene stellen.***

» *Es gilt darauf zu achten, dass das Kind* ***ausreichend Zeit zum Spielen*** *bekommt und die Möglichkeit sowie die Freiheit hat,* ***seiner Kreativität nachzugehen****. Die Entfaltung der eigenen schöpferischen Natur stärkt das Bewusstsein des Kindes für seine Individualität.*

Lernaufgabe der Eltern

In der Elternrolle besteht die zentrale Lernaufgabe für Sie in dieser Beziehungskonstellation darin, **eine ehrliche, authentische und empathische Kommunikation mit Ihrem Kind zu entwickeln**. Sie sollten außerdem erkennen, dass auch im Erwachsenenalter noch einige belastende Aspekte aus der eigenen Ursprungsfamilie nachwirken können. Diese Kinder-Eltern-Zahl macht es für Sie somit erforderlich, **an sich zu arbeiten, um Ihr Kind besser zu verstehen und die Elternschaft bewusster zu leben.**

Lernaufgabe des Kindes

Die Herausforderung, die diese Kinder meistern müssen, besteht darin, **voll und ganz Kind zu sein und sich nicht für alles verantwortlich zu fühlen.** Oft sind junge Menschen mit dieser Zahl sehr empathisch und weise, weshalb es für sie wichtig ist, sich ihre spielerischen Wesenszüge auch im Erwachsenenalter beizubehalten, um die **Leichtigkeit des Lebens zu erfahren.**

Kinder-Eltern-Zahl 7 – liebevoll auf das Kind eingehen

Beziehungsdynamik

Die Beziehungskonstellation mit der Kinder-Eltern-Zahl 7 ist häufig von Isolation und der Unfähigkeit geprägt, miteinander zu kommunizieren. Diese Isolation kann auf unterschiedlichen Ebenen wahrnehmbar sein. Manchmal kann es sich zum Beispiel um eine Art der Isolation handeln, in der sich das Kind oder der Jugendliche emotional vernachlässigt fühlt. Konkret hat der Heranwachsende innerhalb dieser Beziehungsdynamik das Gefühl, dass es niemandem – auch nicht den Eltern – wichtig ist, wie es ihm geht. In anderen Fällen handelt es sich um **eine persönliche Isolation, in der das Kind sehr viel Zeit allein verbringt und sehr früh für sich selbst verantwortlich ist.** Dies ist allerdings eine Form der Isolation, die häufig nicht gewollt ist. Sie kann sich beispielsweise aus dem Umstand ergeben, dass beide Eltern berufstätig sind und es keine Großeltern gibt, die mit dem Kind Zeit verbringen können. Das Kind lernt dadurch bereits in jungen Jahren, selbstständig zu sein. In der Beratungspraxis fällt auf, dass viele Schlüsselkinder diese Kinder-Eltern-Zahl zumindest mit einem Elternteil in ihrer Vergangenheit geteilt haben bzw. immer noch teilen.

Oftmals ruft diese Isolation beim Kind oder Jugendlichen auch das Gefühl hervor, nicht unterstützt und ermutigt zu werden, den eigenen Weg zu gehen. Das Kind oder der Jugendliche fühlt sich gehemmt und traut sich nicht, so zu sein, wie es/er wirklich ist. Mit dieser Verhaltensstrategie verfolgen die Heranwachsenden das Ziel, die Aufmerksamkeit der Eltern zu gewinnen und deren Erwartungen bewusst zu erfüllen oder auch den Vorstellungen ihrer Lehrer zu entsprechen. Zugleich kann es aber auch dazu kommen, dass das Kind – insbesondere aufgrund seiner Reife und Intelligenz – dazu übergeht, seine kritische Seite sehr intensiv auszuleben. In diesem Fall **verhält sich das Kind seinen Eltern gegenüber kritisch und weist sie auf Fehler in ihrem Verhalten hin**, um dadurch mehr Beachtung und Anerkennung zu erlangen.

Darüber hinaus empfindet das Kind in dieser Eltern-Kind-Beziehung oftmals das Gefühl, nicht dazuzugehören. Deshalb kann es vorkommen, dass **andere Personen im Familiensystem oder Freundeskreis zu elterlichen Bezugspersonen werden und eine erzieherische Autorität für das Kind darstellen**. So kann das Kind etwa einen Mutterbezug zu einer Freundin seiner Mutter oder zu seiner Großmutter entwickeln. Dies kann auch damit zusammenhängen, dass die Eltern in dieser Beziehungskonstellation manchmal eine gewisse Unfähigkeit verspüren, ihr Kind zu führen.

Hilfestellungen für den Elternteil

- *Als Elternteil sollten Sie über Ihre eigenen Werte reflektieren und sich bewusst damit auseinandersetzen, was Ihr Leben mit Sinn erfüllt. Dieser Aspekt ermöglicht es Ihnen,* ***das Wesen sowie den Forschergeist Ihres Kindes zu verstehen und zu erfassen****. Zudem gelingt es Ihnen auf diese Weise, in Ihrer Vorbildfunktion und Elternrolle authentischer aufzutreten.*
- *Wenn Sie sich als Elternteil* ***ausreichend Zeit für Gespräche mit Ihrem Kind nehmen (mit jedem Kind einzeln),*** *fördert dies das Verhältnis zu Ihrem Kind. Solche Gespräche sollten Sie am besten in der Natur führen. Auch gemeinsame Zeit, Bewegung und Naturbeobachtungen wirken sich positiv auf die Beziehung zu Ihrem Kind aus und vertiefen diese.*
- *Achten Sie darauf, die Fragen Ihres Kindes überlegt und ehrlich zu beantworten.* ***Nehmen Sie Ihr Kind in seiner Neugierde und seinem Wissensdurst ernst und üben Sie sich darin, diese Triebe nicht als lästig zu empfinden****.*

Hilfestellungen für das Kind oder den Jugendlichen

- *Für Kinder mit dieser Kinder-Eltern-Zahl, und vor allem für Jugendliche in der Pubertät, ist es sehr wichtig,* ***Zeit allein verbringen zu dürfen und den eigenen Hobbys und Interessen nachgehen zu können****. Diese Kinder sind oft sehr musisch, neugierig und künstlerisch veranlagt. Sie beschäftigen sich auch gerne mal mit sich selbst, um ihre Kreativität zum Ausdruck zu bringen. Als Elternteil können Sie Ihren Nachwuchs im Ausleben seiner schöpferischen Seite optimal unterstützen, indem Sie ihm genügend Freiraum für diese Aktivitäten einräumen.*
- *In der Beziehungskonstellation mit der Zahl 7 ist es essenziell,* ***die Heranwachsenden ernst zu nehmen und ihnen auch zu erlauben, den Eltern gegenüber kritisch zu sein****. Zudem sollten sich die Eltern ehrlich und offen zeigen, denn Kinder mit dieser Kinder-Eltern-Zahl sind sehr einfühlsame Charaktere. Sie können regelrecht fühlen, wie es ihren Eltern geht. Dazu ist*

im Grunde jedes Kind fähig, besonders aber Kinder in dieser Beziehungsdynamik.

- ***Es fördert die Entwicklung des Kindes ungemein, wenn die Eltern versuchen, Möglichkeiten zu finden, um Zugang zum Kind zu erhalten.*** *Diesen tieferen Draht zum eigenen Nachwuchs können die Eltern etwa durch die Kommunikation über gemeinsame Interessen herstellen oder indem sie bewusst Zeit mit ihrem Kind verbringen. Die Eltern sollten sich darüber Gedanken machen, wie sie ihr Kind besser verstehen können, und erkennen, wie sie ihren eigenen Nachwuchs dazu bewegen können, sich zu öffnen.* ***Auch wenn sich das Kind zurückzieht und sehr selbstständig ist, sollten die Eltern auf eine offene Kommunikation mit dem Kind achten.*** *Sie sollten in dieser Beziehung als Elternteil nie damit aufhören, immer wieder neue, kreative Wege zu suchen, um mit Ihrem Nachwuchs in Beziehung zu treten. Die Eltern sollten außerdem davon Abstand nehmen, nur dann stolz auf ihren Nachwuchs zu sein, wenn er eigenständig handelt und sie entlastet.*
- *Für diese Eltern-Kind-Beziehung ist die* ***Anwesenheit von Tieren im Haushalt sehr förderlich.*** *Auch gemeinsame Tätigkeiten mit Tieren (z. B. reiten) unterstützen die Beziehung.*

Lernaufgabe der Eltern

Als Elternteil sollten Sie lernen, zu **Ihren inneren Werten und Ihrer Spiritualität zu finden sowie Ihre wache Achtsamkeit zu schulen**. Eine weitere Lernaufgabe für Sie besteht darin, **Ihre Empathie zu entfalten und an dieser Charaktereigenschaft zu arbeiten**. Dadurch, dass Ihr Kind seine Gefühle oft nicht preisgibt und nicht verbalisiert, sind Sie in der Elternrolle fast dazu gezwungen, eigenständig herauszufinden, wie es Ihrem Kind geht. Darüber hinaus stehen Sie in diesem Rahmen vor der Herausforderung, die Mimik und Gestik Ihres Kindes und die damit verbundenen Gefühlszustände zu erfassen.

Lernaufgabe des Kindes

Bereits in der frühen Kindheit, vor allem aber in der Pubertät, geht es bei diesem jungen Menschen darum, ein Gleichgewicht zwischen seinem natürlichen Bedürfnis nach Rückzug und seiner Fähigkeit, offen auf Mitmenschen zuzugehen, zu schaffen. **In der Beziehung mit der Zahl 7 erhält das Kind die Aufgabe, seine Bindungsfähigkeit zu entfalten, um mit seinen Mitmenschen mit offenem Herzen, ehrlich und bewusst in Beziehung zu treten.**

Kinder-Eltern-Zahl 8 – eine intensive und herausfordernde Eltern-Kind-Beziehung

Beziehungsdynamik

Die Beziehungsdynamik dieser Eltern-Kind-Konstellation ist in vielen Fällen von Machtspielen und Konflikten geprägt. Wie auch bei der Kinder-Eltern-Zahl 1 **haben die Eltern bei der Zahl 8 häufig das Bedürfnis, das Kind nach den eigenen Wünschen und Vorstellungen zu erziehen.** Sie möchten das Kind sozusagen in ihrem Sinne prägen und dem Kind alles ermöglichen, was ihrer Meinung nach gut für das Kind ist. Um diese Entwicklung zu vermeiden, sollten Sie als Elternteil Rücksicht auf die Persönlichkeit sowie die Wünsche und Bedürfnisse Ihres Kindes nehmen. Wenn Sie diesen Ratschlag nicht beherzigen, fühlt sich das Kind oder der Jugendliche meist unter Druck gesetzt, kritisiert und unter ständiger Beobachtung.
An dieser Eltern-Kind-Beziehung ist es zudem **sehr faszinierend zu beobachten, dass die Wahrnehmung der Eltern und Kinder oft extrem voneinander abweicht**. Die Eltern meinen, dass sie ihr Kind verstehen

und wissen, was gut für das Kind ist. Das Kind hingegen vertritt die Auffassung, dass es nicht verstanden und wahrgenommen wird und auch nicht danach gefragt wird, was es will oder was ihm wichtig ist. Aufgrund dieser gegensätzlichen Wahrnehmungen entstehen häufig Konflikte und das Kind, vor allem der Jugendliche, reagiert frustriert und wütend. Der Heranwachsende verspürt in diesem Fall den inneren Druck oder Wunsch, sich zurückzuziehen und auszubrechen. Konkret erhofft er sich, durch seinen Rückzug aus dem Familiensystem mehr Freiheit zu erlangen.

Des Weiteren lässt sich in der numerologischen Beratungspraxis oftmals feststellen, dass es für solche Situationen unterschiedliche Formen der Bewältigung gibt. **Kinder, die ein ruhiges Temperament haben, entwickeln das Verhaltensmuster, eine beobachtende Rolle einzunehmen und lernen, sich anzupassen.** Sie erreichen manchmal sogar den Punkt, an dem sie versuchen, so zu sein, wie ihr Gegenüber es am liebsten hätte.

Umso näher eine Person dem Kind oder Jugendlichen steht, desto mehr versuchen die Kinder sich an diese anzupassen, um die Liebe und Anerkennung dieser Bezugsperson zu bekommen. Sie lernen, ihr Inneres genau zu betrachten und zu reflektieren. **Wenn sie spüren, dass sie von außen Akzeptanz erfahren, dann zeigen sich diese jungen Menschen so, wie sie sind.** Sind sie jedoch der Auffassung, sie könnten Kritik oder Ablehnung ausgesetzt sein, so verharren sie in ihrer Beobachterrolle, ziehen sich zurück und kommunizieren nicht mit den Menschen in ihrem Umfeld.

Ein **weiteres Bewältigungsmuster** von Kindern, die temperamentvoll und sehr stark mit ihren Gefühlen verbunden sind, zeigt sich in Form von **Rebellion**. Dies kann sogar so weit reichen, dass Kinder selbst im Erwachsenenalter noch in dieser Rebellenrolle gefangen bleiben. Bekommen die Kinder in dieser Beziehungsdynamik zu wenig Aufmerksamkeit oder haben sie das Gefühl, nicht gesehen zu werden, so **stillen sie ihr Bedürfnis nach Anerkennung durch ein störendes oder rebellisches Verhalten**.

Ihren Eltern werfen die Kinder häufig ein Leben lang vor, dass sie keine Zeit für sie hatten und sich nicht um sie gekümmert haben. Die Kinder fühlen sich, als ob nie jemand nach ihrem wahren Ich gefragt hätte. Um eine harmonische Beziehung zu Ihrem Nachwuchs aufzubauen, ist es daher wichtig, dass Sie bewusst auf Ihr Kind eingehen und bestmöglich versuchen, seine Bedürfnisse zu erfassen. Versuchen Sie als Elternteil oder Erzieher, **Ihrem Nachwuchs liebevoll Grenzen zu setzen und gewähren Sie ihm gewisse Freiräume.** Auf diese Weise stellen Sie für Ihr Kind und auch für sich selbst eine Art Türöffner dar, der den Weg für ein gemeinsames Wachsen ebnet und sie voneinander lernen lässt.

Hilfestellungen für den Elternteil

» *Diese Hilfestellung ist gleichzeitig auch eine Lernaufgabe: Als Elternteil mit der Kinder-Eltern-Zahl 8 sollten Sie an Ihrem Selbstbewusstsein arbeiten und lernen, sich zu behaupten.* ***Üben Sie sich darin, zu Ihrer Größe zu stehen und sich selbst sowie Ihrem Nachwuchs klare Grenzen zu setzen****. Auf diese Weise bringen Sie mehr Ausgeglichenheit in die Eltern-Kind-Beziehung und stillen das Bedürfnis Ihres Kindes nach klaren Verhältnissen.*

» *Um Ihr Kind besser zu verstehen und zu vermeiden, die Verhaltensmuster der eigenen Eltern zu wiederholen, ist es* ***für Sie als Elternteil sehr wichtig, an Ihrem eigenen Inneren Kind zu arbeiten****. Die Arbeit mit Ihrem Inneren Kind ermöglicht Ihnen,* ***in der Beziehung zu Ihrem Nachwuchs authentisch zu wirken.***

Hilfestellungen für das Kind oder den Jugendlichen

- » **Die Entwicklung der emotionalen Intelligenz und von Sozialkompetenz** hilft dem Kind dabei, vom Kleinkindalter an einen direkten Zugang zu seinen Emotionen zu haben. Dadurch wird dieser junge Mensch dazu befähigt, **seine Emotionen zu benennen und konstruktiv zum Ausdruck zu bringen**. Diese emotionale Kompetenz gibt dem Kind oder Jugendlichen zudem die Möglichkeit, die Konflikte, die im Rahmen der Eltern-Kind-Beziehung entstehen können, zu verbalisieren und offen auszutragen. Auf diese Weise bleibt der Heranwachsende nicht in Wutausbrüchen oder belastenden emotionalen Zuständen gefangen. **Wenn das Kind oder der Jugendliche in der Lage ist, seine Gefühle auszudrücken, und wenn es/er sich von seinem Umfeld ernst genommen fühlt, löst sich zumeist auch der damit verbundene emotionale Stau in seinem Inneren.** Dies ist vor allem dann möglich, wenn Sie Ihr Kind in seiner Gesamtheit wahrnehmen, es verstehen und ihm zuhören. Versetzen Sie sich in die Lage Ihres Kindes und versuchen Sie auf diesem Weg, seinen emotionalen Zustand nachzuvollziehen.
- » Empathie zu entfalten, stellt einen wichtigen Entwicklungsschritt für Ihr Kind dar. **Die Entwicklung von Einfühlungsvermögen befähigt Ihr Kind nämlich dazu, seine persönlichen Bedürfnisse sowie die seines Gegenübers in der Eltern-Kind-Beziehung sowie in der Beziehung zu Schulfreunden oder Gleichaltrigen zu erkennen und zu kommunizieren.** Dadurch fällt es Ihrem Nachwuchs leichter, sich Ihnen und seinen Mitmenschen gegenüber zu öffnen. Zugleich lernt Ihr Kind im Zuge dessen, Freundschaften zu pflegen und an diesen zu arbeiten.
- » **Auch die Beziehung zu Tieren stellt eine enorme Unterstützung in der Beziehungskonstellation mit der Kinder-Eltern-Zahl 8 dar.** Wenn das Kind die Verantwortung für ein Tier trägt, lernt es aufgrund der fehlenden verbalen Kommunikation, zu fühlen, was das Tier braucht. Das Kind merkt, was es heißt, Verantwortung zu übernehmen und sich um ein Lebewesen zu kümmern. **Durch das Pflichtgefühl dem Tier gegenüber kann das Kind somit auch die Position des Elternteils besser nachvollziehen**.

Wenn das Kind, zum Beispiel bei einem Hund, Grenzen setzen muss, versteht es unbewusst die Lage des Elternteils.

Lernaufgabe der Eltern

Die Lernaufgabe für Sie als Elternteil besteht in dieser Beziehungskonstellation darin, am eigenen Selbstwertgefühl zu arbeiten und Ihre persönliche Größe anzuerkennen. Zudem sollten Sie **an der Heilung Ihrer emotionalen Verletzungen arbeiten, um zu vermeiden, dass sich Verletzungen aus Ihrer Kindheit wiederholen.**

Lernaufgabe des Kindes

Das Kind sollte lernen, mit den eigenen belastenden Emotionen umzugehen und Grenzen zu akzeptieren. Das Kind steht zudem vor der Herausforderung, **nicht in seiner Rebellenrolle zu verharren**. In dieser Eltern-Kind-Beziehung neigen Kinder und besonders Jugendliche in vielen Fällen dazu, Widerstand zu leisten. **Als junger Mensch ist es essenziell, diese Rolle eine Zeit lang auszuleben, weil sie Teil der persönlichen Entwicklung ist.** Allerdings sollte darauf geachtet werden, dass diese rebellische Jugendphase auch wieder vorübergeht.

In der Beratungspraxis kann häufig beobachtet werden, wie erwachsene Menschen, die in ihrer Kindheit die Kinder-Eltern-Zahl 8 hatten (mit einem oder beiden Elternteilen), **im Erwachsenenalter in manchen Beziehungen noch immer rebellieren**. Ihr widerständiges Verhalten kommt dann meist ihrem Vorgesetzten oder Partner gegenüber zum Vorschein.

Kinder-Eltern-Zahl 9 – Hand in Hand durchs Leben gehen

Beziehungsdynamik

Die Kinder-Eltern-Zahl 9 beschreibt in den überwiegenden Fällen eine Beziehungsdynamik, die von gegenseitiger **Unterstützung, Empathie und Akzeptanz** geprägt ist.
Meistens übernehmen Sie als Elternteil eine übertriebene Beschützerrolle für das Kind und opfern sich teilweise für Ihren Nachwuchs auf. **In der Rolle als beschützender Elternteil beharren Sie darauf, Ihrem Kind Ihre elterliche Autorität konstant zu zeigen, selbst wenn das Kind schon erwachsen ist.** Ihnen fällt es als Elternteil in der Konstellation mit der Zahl 9 schwer, Ihr Kind loszulassen und zu akzeptieren, dass das Kind zum Erwachsenen heranreift. Teilweise wollen Sie es nicht wahrhaben, dass Ihr Kind eine eigenständige Persönlichkeit besitzt, es eigensinnig sein kann und seinen Willen durchsetzen darf. Die Eltern, vor allem wenn Sie jener Elternteil sind, der die beschriebene Rolle einnimmt, kämpfen regelrecht damit, die Lebensweise des Kindes in der Pubertät oder im Erwachsenenalter zu akzeptieren. Dies führt dazu, dass Sie etwa die Partner- oder Berufswahl Ihres Kindes gerne in Frage stellen.

Dieses Verhalten Ihrerseits gründet sich meist auf Ihrem elterlichen Beschützerinstinkt und bestärkt die Auffassung, dass ein Kind, ungeachtet seines Alters, immer ein Kind bleibt. Gelegentlich kann sich somit selbst im Erwachsenenalter die Situation ergeben, dass Sie sich in die Partnerschaft Ihres Kindes einmischen oder auch andere Lebensbereiche des Kindes mitbestimmen wollen. In diesem Kontext sehen Sie sich nach wie vor vollständig für die Erziehung des Kindes verantwortlich. Dies kann sogar dazu führen, dass Sie es dem anderen Elternteil ver-

wehren, eine bedeutende Rolle in der Erziehung des Kindes zu spielen und ihn somit daran hindern, eine innige Bindung zum Kind aufzubauen. Obwohl es sich hierbei zwar um einen Extremfall handelt, tritt dieser jedoch nicht selten auf.
Trotz dieser Muster kann es Ihnen als Elternteil jedoch gelingen, in diesem Beziehungssystem erfolgreich eine harmonische Beziehung zu schaffen. **Dazu sollten Sie in der Rolle des Beschützer-Elternteils lernen, dem Kind oder Jugendlichen (vor allem aber dem erwachsenen Sohn bzw. der erwachsenen Tochter) ausreichend Freiheiten zuzugestehen.**

Vergessen Sie neben der Aufgabe der Erziehung nicht darauf, auch Ihren eigenen beruflichen Weg zu verfolgen und Ihre zwischenmenschlichen Beziehungen zu pflegen. Wenn Sie ohne schlechtem Gewissen Ihren Interessen nachgehen, so werden Sie erkennen, dass die Erfüllung Ihrer Bedürfnisse Ihnen dabei hilft, die Elternrolle mit mehr Gelassenheit anzunehmen, ohne sich dabei aufopfern zu müssen.

Wenn es das Kind schafft, sich aus der einengenden Beschützerrolle der Eltern oder eines Elternteils zu befreien und mutig seinen Willen sowie seine Bedürfnisse zu zeigen, kann die Beziehung auch für die Eltern sehr lehrreich sein. Die Eltern werden durch das Kind und seinen Widerstand mit ihren Schattenseiten konfrontiert und schaffen es sogar, sich von diesen zu lösen. Konkret deutet das Kind dem Elternteil an, dass er sich wie ein Märtyrer verhält, der alles aufgibt, weil er das Gefühl hat, sein Kind ständig beschützen zu müssen. Oft handelt es sich hierbei auch um Eltern, die ihren Selbstwert auf das Gefühl stützen, nur etwas wert zu sein, wenn sie gebraucht werden und in eine ausgeprägte Helferrolle schlüpfen. Die Kinder wollen die Hilfe der Eltern jedoch nicht immer annehmen und auch nicht über sich bestimmen lassen. Dadurch konfrontieren sie die Eltern mit der Tatsache, dass man seine Mitmenschen und auch die eigenen Kinder sozusagen nicht zwangsbeglücken kann.

Des Weiteren kann es in dieser Beziehungskonstellation vorkommen (vor allem, wenn das Kind die Lebenszahl 2, 4, 6 oder 9 hat), dass das Kind die Elternrolle übernimmt und sich für die Eltern verantwortlich fühlt. Häufig fokussiert sich das Kind in diesem System darauf, den Eltern zu helfen, und sich um das Wohlbefinden sowie das Glück der Familie zu kümmern. Das Kind zeichnet sich durch ein ausgeprägtes Einfühlungsvermögen und eine starke Sozialkompetenz aus, weshalb es oft zum Berater und nicht unbedingt zum Freund der Eltern wird. Auf diese Weise lässt sich auch die Tatsache erklären, warum das Kind zögert, die elterliche Autorität zu akzeptieren. Wenn sich eine solche Beziehungsdynamik ergibt, hat der Sohn oder die Tochter im Erwachsenenalter oft Schwierigkeiten damit, sich von seiner bzw. ihrer Verantwortung gegenüber der Stammfamilie und den Eltern zu befreien. Eine eigene Familie zu gründen und den eigenen Weg zu gehen, stellen vor diesem Hintergrund besondere Hürden dar. In der Beratungspraxis kann jedoch häufig beobachtet werden, wie es Menschen mit der Kinder-Eltern-Zahl 9 geschafft haben, sich von diesen einengenden Beziehungsmustern der Eltern zu lösen. Dies kann gelingen, indem man beispielsweise den Wohnort wechselt und sich somit räumlich von den Eltern distanziert.

Hilfestellungen für den Elternteil

- *Für die Eltern ist es hilfreich,* ***das Freiheitsbedürfnis des Kindes zu akzeptieren*** *und das Kind in seinem Sein sowie in seinem natürlichen Wesen zu erfassen und anzunehmen.*
- *Diese Eltern haben das Gefühl, das Kind ständig beschützen zu müssen und treten in der Elternrolle deswegen häufig sehr bestimmend auf.* ***Selbst wenn Sie als Elternteil Ihrem Kind Ihre Ängste nicht immer offen zeigen, so spürt Ihr Nachwuchs Ihre Sorgen und interpretiert diese als fehlendes Vertrauen.*** *Daher ist es wesentlich, dass Sie sich von den Ängsten Ihrem eigenen Kind gegenüber lösen und damit aufhören, Ihren*

Nachwuchs kontrollieren zu wollen. Wenn Sie sich in der Elternrolle mit Ihrer eigenen Angst davor, Ihr Kind zu verlieren, auseinandersetzen, so verbessert dies die Beziehung zwischen Ihnen und Ihrem Kind deutlich. Ängste, dass dem Kind etwas passiert oder es etwas nicht schafft, gilt es zu bewältigen, da sie den heranwachsenden Menschen belasten und von ihm, vor allem in der Pubertät, als fehlendes Vertrauen interpretiert werden. Das Kind entwickelt folglich das Gefühl, dass man ihm nichts zutraut und es sein Leben nicht allein meistern kann.

Hilfestellungen für das Kind oder den Jugendlichen

- ***Für das Kind ist es wichtig, vom Kleinkindalter an in spielerische Tätigkeiten involviert zu sein.** Das Spielerische schafft beim Kind einen Ausgleich zwischen Verantwortungsbewusstsein und Spaß und sollte deshalb auch im Erwachsenenalter beibehalten werden.*
- ***Das Kind sollte lernen, die eigenen Gefühle und Wünsche ehrlich zu kommunizieren.** Es sollte stets um Hilfe bitten können und seine Herzensangelegenheiten äußern, ohne dass sich die Eltern sofort Sorgen machen. In vielen Fällen tendiert das Kind in dieser Beziehungskonstellation allerdings dazu, zu verstecken, was es will oder was es macht. Zudem kann es das Kind innerhalb dieser Dynamik nur schwer ertragen, dass die Eltern oder ein Elternteil immer wieder Angst haben und meinen, es könnte etwas Schlimmes passieren.*

Lernaufgabe der Eltern

Als Elternteil stehen Sie bei der Kinder-Eltern-Zahl 9 vor der Aufgabe, Ihren natürlichen Beschützerinstinkt Ihrem Kind gegenüber in Grenzen zu halten. Arbeiten Sie auch speziell daran, nicht beleidigt oder persönlich zu reagieren, wenn Ihr Kind nicht immer das tut, was Sie für richtig halten.

Lernaufgabe des Kindes

Junge Menschen in dieser Beziehungskonstellation sollten lernen, selbst dann zu sich zu stehen, wenn sie auf Widerstand stoßen. Konflikte sollten offen ausgetragen werden, ohne sich dabei zu verstecken. Wenn das Kind die Bewältigung von Konflikten nicht in der Kindheit oder Pubertät erlernt, zieht es sich auch später im Erwachsenenalter zurück und verstellt sich, um sich vor Konfrontationen zu schützen. Um dieser Entwicklung vorzubeugen, sollte das Kind am Verhaltensmuster arbeiten, sich anders zu geben, als es tatsächlich ist. Das Kind sollte Abstand von seiner Neigung gewinnen, sich anzupassen, um Zugehörigkeit und Liebe zu erfahren oder um Konflikten von Beginn an aus dem Weg zu gehen.

Nachwort

Im Zuge meiner 23-jährigen Forschung ist es mir gelungen, das praxisnahe und ganzheitliche System der **Psychologischen Numerologie** nach Dr. Mazza ® zu erarbeiten. Die Freude an dieser Arbeit im Allgemeinen und die wertvollen Ressourcen, die sich mir vor allem durch die Selbsterkenntnis erschlossen, bildeten gemeinsam eine Quelle der Motivation, die sowohl das Entstehen als auch die Vollendung dieses Buches bewirkt hat.
Die **Psychologische Numerologie** nach Dr. Mazza ® stellt durch ihre Instrumente, also die Zahlen, ein wertvolles Hilfsmittel auf dem Weg zur Selbsterkenntnis dar. Dadurch wird es uns möglich, den eigenen Lebensweg zu erkennen und das Potenzial, das in uns allen schlummert, auszuschöpfen sowie die Prüfung, die auf jedem Lebensweg wartet, zu erfassen. Die Numerologie unterstützt uns auf vielfältige Weise auf unserem Weg zur Entfaltung unserer Persönlichkeit und befähigt uns dazu, individuell unsere Lebensaufgaben zu erkennen. Es ist wichtig, bei der Interpretation der Zahlen das Hauptaugenmerk auf zwei oder drei Zahlen zu legen und diese sehr vorsichtig zu interpretieren; definitive sowie stark positiv oder negativ wertende Aussagen sind absolut zu vermeiden. Es ist stets zu bedenken, dass die Numerologie weder ein Zahlenspiel ist noch versucht, sich durch neutrale und allgemein gültige Aussagen „aus der Affäre" zu ziehen; stattdessen kann sie durchaus so manchen Menschen durch ihre hohe Aussagekraft außerordentlich überraschen. Aus diesem Grund sollte sie mit Respekt und Vorsicht behandelt und eingesetzt werden, denn jeder einzelne Mensch ist in seiner Gedankenwelt durch alle möglichen Emotionen – Ängste, Hoffnungen oder Zweifel – sowie die Einflüsse seines Unbewussten sehr leicht zu beeinflussen und zu verletzen.

Weiterführende Literatur

Adams, Stefan (2007): Fantasiereisen für Jugendliche. 1. Aufl. Norderstedt: Books on Demand GmbH.

Adams, Stefan (2012): Neue Fantasiereisen. Entspannende Übungen für Jugendarbeit und Erwachsenenbildung. 8. Aufl. München: Don Bosco Medien GmbH.

Baisch-Zimmer, Saskia; Petrig, Gabriele (2011): Kinder-Mentaltraining. Kinder für das Leben stärken. 1. Aufl. Weinheim: Beltz Verlag.

Bauer, Joachim (2006): Warum ich fühle, was du fühlst. Intuitive Kommunikation und das Geheimnis der Spiegelneurone. 10. Aufl. München: Heyne Verlag.

Blakeslee, Sandra; Blakeslee Matthew (2009): Der Geist im Körper. Das Ich und sein Raum. 1. Aufl. Heidelberg: Spektrum Akademischer Verlag.

Bolam, Christine (2010): Kreativität ... die Kunst im Fluss zu sein. 3. Aufl. Bielefeld: Aurum Verlag.

Brockert, Siegfried; Braun, Gabriele (1998): Das EQ Testbuch. Wie groß ist Ihre emotionale Intelligenz? 1. Aufl. Weyarn: Seehamer Verlag GmbH.

Chapmann, Gary (2009): Die fünf Sprachen der Liebe für Kinder. 16. Aufl. Marburg an der Lahn: Francke-Buchhandlung Verlag.

Csikszentmihalyi, Mihaly (2010): Kreativität. Wie Sie das Unmögliche schaffen und Ihre Grenzen überwinden. 8. Aufl. Stuttgart: Klett-Cotta.

Day, Jennifer (1998): Wenn ich eine Farbe wäre: Spiele, Geschichten und Phantasiereisen für Kinder. Braunschweig: Aurum Verlag.

Friedlander, Brian S.; Elias, Maurice J.; Tobias, Steven E. (2000): EQ für Eltern. Kinder erziehen und fördern mit emotionaler Intelligenz. 1. Aufl. Berlin und München: by Econ Ullstein List Verlag GmbH & Co. KG im Verlag Gesundheit.

Goleman, Daniel (1996): Emotionale Intelligenz. 1. Aufl. München: Carl Hanser Verlag. S. 65.

Juul, Jesper; Hoeg, Peter (2012): Miteinander. Wie Empathie Kinder stark macht. 3. Aufl. Weinheim und Basel: Beltz Verlag.

Kabat-Zinn, Myla & Jon (2009): Mit Kindern wachsen. Die Praxis der Achtsamkeit in der Familie. 3. Aufl. Freiamt: Arbor Verlag.

Kaltwasser, Vera (2013): Achtsamkeit in der Schule. Stille-Inseln im Unterricht: Entspannung und Konzentration. 2. Aufl. Weinheim und Basel: Beltz Verlag.

Kumbier, Dagmar (2010): Sie sagt, er sagt. Kommunikationspsychologie für Partnerschaft, Familie und Beruf. 3. Aufl. Reinbek bei Hamburg: Rowohlt Verlag GmbH.

Lantieri, Linda; Goleman, Daniel (2009): EQ Emotionale Intelligenz für Kinder und Jugendliche. Ein Übungsprogramm, um innere Stärke aufzubauen. 1. Aufl. München: Arkana in der Verlagsgruppe Random House GmbH.

Märtin, Doris; Boeck, Karin (1996), EQ Gefühle auf dem Vormarsch. Wie die emotionale Intelligenz unseren Erfolg bestimmt. 3. Aufl. München: Wilhelm Heyne Verlag GmbH und Co. KG.

Hoffmann, Klaus W.; Roggenwallner, Bernd (2001): Das EQ-Programm für Kinder. So fördern Sie spielerisch die emotionale Intelligenz. Originalausgabe. Reinbek bei Hamburg: Rowohlt Taschenbuch Verlag GmbH.

Kagan, Jerome (1987): Die Natur des Kindes. 2. Aufl. München: Piper Verlag.

Müller-Lissner, Dr. Adelheid (1988): Nestwärme. Erziehung mit EQ. Wie Sie die emotionale Intelligenz Ihres Kindes fördern. München: Wilhelm Heyne Verlag GmbH & Co. KG.

Pana, Johanna (2011): Mentales Training für Kinder. Spielend leicht zum Erfolg. 1. Aufl. Leipzig: Draksal Fachverlag GmbH.

Peterman, Ulrike (2013): Entspannungstechniken für Kinder und Jugendliche. Ein Praxisbuch. 7. Aufl. Weinheim und Basel: Beltz Verlag.

Ratey, John (2006): Das menschliche Gehirn. Eine Gebrauchsanweisung. 4 Aufl. Düsseldorf/Zürich:Piper Taschenbuch.

Reeker-Lange, Claudia; Aden, Patricia; Seyffert, Sabine (2010): Handbuch der Progressiven Muskelentspannung für Kinder. 1. Aufl. Stuttgart: Klett-Cotta.

Rich, Dorothy (2001): Lernspiele für den EQ. 1. Aufl. München: Deutscher Taschenbuch Verlag GmbH.

Rost, Wolfgang (2001): Elixiere des Lebens. 2. Überarb. Aufl. Berlin: Springer Verlag.

Salovey, Peter; Mayer, John D. (1990): Emotional Intelligence. In: Imagination, Cognition, and Personality. Band 9. S. 185–211.

Shapiro, Lawrence E. (1999), EQ für Kinder. Wie Eltern die Emotionale Intelligenz ihrer Kinder fördern können. 3. Aufl. München: Deutscher Taschenbuch Verlag GmbH & Co. KG.

Siegler, Robert; DeLoache, Judy; Eisenberg, Nancy (2011): Entwicklungspsychologie im Kindes- und Jugendalter. 3. Aufl. Heidelberg: Spektrum Akademischer Verlag.

Storch, Maja; Cantieni, Benita; Hüther, Gerald; Tschacher, Wolfgang (2006/2010): Embodiment. Die Wechselwirkung von Körper und Psyche verstehen und nutzen. 2. erweiterte Aufl. Bern: Verlag Hans Huber.

Lizenzhinweis und Ausbildung

PSYCHOLOGISCHE NUMEROLOGIE NACH DR. MAZZA ®

Die Bücher der **Psychologischen Numerologie** nach Dr. Mazza ® sind grundsätzlich für das Selbststudium konzipiert und ermöglichen eine tiefgründige, autodidaktische Ausbildung in dieser Disziplin. Um eine fundierte und professionelle Interpretation eines Numeroskops durchführen zu können und die Wirkungsweisen, Zusammenhänge und gegenseitigen Beeinflussungen der Zahlen besser zu verstehen, ist es sinnvoll, einzelne Seminare bzw. die gesamte Ausbildung der **Psychologischen Numerologie** nach Dr. Mazza ® zu besuchen.

Dies ist besonders jenen zu empfehlen, die eine professionelle Numerologin / ein professioneller Numerologe werden möchten. Auch ist es Voraussetzung für all jene, die beruflich mit der offiziellen Qualitätsmarke **Psychologische Numerologie** nach Dr. Mazza ® auftreten wollen und dafür neben dem Ausbildungszertifikat auch die Lizenz zur Markenverwendung erwerben möchten.

Die Marke **Psychologische Numerologie** nach Dr. Mazza ® bildet den Qualitätsnachweis dieser Ausbildung sowohl für die Praktizierenden und Interessierten als auch für die zukünftigen KlientInnen. Im Sinne der Qualitätssicherung ersuchen wir alle in diesem Bereich, dieses Gütemerkmal zu beachten. Die Methode wird in Seminaren und Ausbildungen ausschließlich von der Institutsleiterin Dr. Ernestina Sabrina Mazza (oder von persönlich von ihr ausgebildeten TrainerInnen) vermittelt und – neben den Büchern und der Website – von den lizenzierten BeraterInnen in individuellen, persönlichen Sitzungen verbreitet.

Alle lizenzierten BeraterInnen der **Psychologischen Numerologie** nach Dr. Mazza ® werden auf der offiziellen Webseite aufgelistet:
www.psychologischenumerologie.eu

Über die Autorin

DR. ERNESTINA SABRINA MAZZA

Dr. Ernestina Sabrina Mazza wurde 1976 in Italien geboren. Bereits in ihrer frühen Kindheit kam sie mit den Themen der Spiritualität und der Selbstfindung in Berührung und zeichnete sich schon in sehr jungen Jahren durch eine ausgeprägte mediale Fähigkeit und eine tiefe Empathie aus. Dadurch war es ihr möglich, die Empfindungen der Menschen in ihrem Umfeld wahrzunehmen sowie deren Gefühlswelt und die Grundstruktur ihrer Persönlichkeit intuitiv zu erfassen.

Im Alter von sieben Jahren begann sie, sich mit dem Bereich der fernöstlichen Körper- und Geistesdisziplinen auseinanderzusetzen. Seit November 1983 kam es zu einer intensiven Auseinandersetzung mit der Theorie und Praxis asiatischer Körperarbeit sowie einiger Kampfkünste und ihren Stilrichtungen, darunter Seitai, Shotokan-Karate, Kung-Fu, Tai-Chi und Aikido.
Auf diese Weise beschäftigt sie sich intensiv mit asiatischer Philosophie im Allgemeinen und dem Taoismus im Speziellen, weshalb sie in ihrer Arbeit gegenwärtig Elemente der fernöstlichen und taoistischen Tradition mit energetischen, therapeutischen und wissenschaftlichen Ansätzen, die aus der westlichen Kultur stammen, verbindet.

Dr. Ernestina S. Mazza ist seit mehreren Jahren selbständig tätig und leitet derzeit die *akademie bios*®, deren Hauptsitz in Graz ist. Durch ihre fortwährende Auseinandersetzung mit spirituellen Grundlagen konnte sie damit ein Forschungs-, Ausbildungs- und Beratungsinstitut etablieren, in dem sie mit einzigartigen und größtenteils selbstentwickelten Methoden arbeitet. Die Schwerpunkte ihrer Arbeit sind Psychologische Numerologie, Mental-, Kreativititäts- und Intuitionstraining mit Kindern und Erwachsene, Visionssuche, emotionale Heilung und archetypische Persönlichkeitstraining und körperorientierten Methoden wie intuitives Tanzen und taoistische Körperübungen.

Aktuell betätigt sich Dr. Ernestina S. Mazza als Buchautorin, Ausbildnerin und Beraterin, wobei sie die an der *akademie bios*® angebotenen Methoden stets weiter entwickelt. Die vorgestellten Methoden sind eine Synthese ihres Fachwissens und ihres facettenreichen Lebens als Journalistin, Buchautorin, Sprachwissenschaftlerin, Lehrerin, Tänzerin, Energetikerin, Shiatsu-Praktikerin, Pädagogin und Erwachsenenbildnerin.

Fernöstliche Kampfkunst, Meditationslehre und Philosophie

Dr. Ernestina S. Mazza beschäftigt sich bereits seit ihrem siebenten Lebensjahr intensiv mit diesen Themenbereichen. Sie ist in den asiatischen Kampfkünsten und -stilen Shotokan-Karate, Kung-Fu und Tai-Chi sehr bewandert und hat sich im Zuge dessen gründlich mit fernöstlicher Philosophie auseinandergesetzt. In Padua studierte sie chinesische Philosophie und Buddhismus bei Prof. Giorgio Pasqualotto und erweiterte ihre langjährige theoretische Auseinandersetzung mit diesen Wissensinhalten sowie der indischen und ethnischen Philosophie durch mehrere Aufenthalte in Indien. Überdies widmete sie sich im Rahmen ihres sprachwissenschaftlichen Studiums zwei Jahre lang dem Studium des Sanskrit.

Tanz und Körperarbeit

Schon im Alter von drei Jahren erhielt Dr. Ernestina S. Mazza Ballettunterricht und setzte sich in den Folgejahren auch mit Jazz Dance, Salsa, Merengue sowie intuitivem, rituellem und meditativem Tanz und der Ausbildung zum Shiatsu-Practitioner auseinander. Durch diese vielfältige Vorbildung konnte sie eine eigene Methode entwickeln, die auf intuitivem Tanz basiert – **intuitive dance** nach Dr. Mazza ®. Der Körper ist ihrer Überzeugung nach der Ort des seelischen Geschehens.

Durch intuitives und meditatives Tanzen gelingt es, sowohl eine Harmonie zwischen Körper und Geist zu schaffen als auch die persönliche Authentizität zur Entfaltung zu bringen. Sie begann, sich aufgrund ihrer Auseinandersetzung mit asiatischer Kampfkunst und fernöstlicher Philosophie im Alter von vierzehn Jahren auch mit der Lehre des Yoga zu beschäftigen. Im Laufe der Zeit war es ihr durch die Verbindung unterschiedlicher Formen der Therapie und des Tanzes sowie intensiver Körperarbeit (wie Shiatsu) möglich, eine wirksame und wertvolle Methode zu entwickeln, die es erlaubt, die somatische Intelligenz des Körpers intuitiv anzuregen. Dies geschieht, indem mittels ethnischer Musik eine befreiende und entspannende Wirkung auf das triadische System Seele, Körper und Geist bewirkt wird. Durch mehrere Aufenthalte in Indien vertiefte Dr. Mazza ihre Praxis im Bereich des Yoga, weshalb sich in der Behandlungsmethode **intuitive dance** nach Dr. Mazza ® auch Grundlagen aus dem Bhakti finden lassen. Ebenso hielt sie auch über mehrere Jahre hinweg eine Vielzahl an Kursen für Erwachsene, Kinder und ältere Mitmenschen ab, die sich mit der Yoga-Lehre, Tanz und Kampfkunst befassten.

Pädagogische Tätigkeiten: Trainerin, Lehrerin und Erzieherin

1997 begann Dr. Ernestina S. Mazza, nach ihrer abgeschlossenen pädagogischen Ausbildung an der Lehrerbildungsanstalt in Padua, als Erzieherin und Lehrerin in pädagogischen Einrichtungen in Padua zu arbeiten. Im Rahmen eines Fremdsprachenprojektes unterrichtete sie sieben Jahre lang an Hauptschulen in Deutschfeistritz in Graz-Umgebung.
Sie war von 2001 bis 2007 auch als Fremdsprachentrainerin bei der Urania in Graz tätig. Die intensive Auseinandersetzung mit Kindern und deren Bedürfnissen gaben ihr, sowohl in Bezug auf die Entwicklung ihres Erziehungstrainings als auch hinsichtlich der energetischen Arbeit mit Kindern und Eltern, wichtige Impulse. Dr. Mazza hat effiziente Behandlungsabläufe und Intuitionstrainings erarbeitet, mit deren Hilfe Kinder in ihrer persönlichen Entwicklung gefördert werden können. Es ist ihr auch stets ein großes Anliegen, dass den Eltern die richtigen Werkzeuge für deren aktive und empathische Beschäftigung mit ihren Kindern mitgegeben werden können, damit in weiterer Folge ein eigenständiges Agieren möglich ist. Daher werden den Eltern Grundlagen der Körperarbeit, des Intuitionstrainings und weiterer Techniken vermittelt, damit es zu einer produktiven Arbeit mit den eigenen Kindern sowie einem positiven Zugang zu diesen kommen kann.

Journalistin und Buchautorin

Dr. Ernestina S. Mazza zeigte bereits sehr früh ein ausgeprägtes Talent für das kreative Schreiben und die romanische Philologie. Sie setzte sich bereits in sehr jungen Jahren mit der Sprache und der ihr innewohnenden therapeutischen und kreativen Dimension auseinander. Ihre Karriere als Publizistin nahm im Alter von neunzehn Jahren ihren Anfang. Seit dieser Zeit verfasst sie regelmäßig Artikel für verschiedene Zeitschriften und Online-Magazine, die sich sowohl mit kulturellen Themen beschäftigen als auch in den Bereich der Alternativmedizin,

Gesundheit und Spiritualität einzuordnen sind. Ihre intensive Auseinandersetzung mit Sprachen und ihre Wissbegierde sowie eine ausgeprägte Kommunikationsfähigkeit bewogen sie dazu, sich für ein Studium der Literatur und Sprachwissenschaft zu entscheiden. Durch dieses große Interesse verfügt sie nun über eine Vielfalt an Sprachkenntnissen: Neben Italienisch als Muttersprache gehören Deutsch, Englisch, Französisch, Spanisch, Altgriechisch und Latein zu ihrem Kommunikationsrepertoire. Weiters ist sie in Portugiesisch und Sanskrit bewandert. Die Leidenschaft für die Sprache an sich führte in weiterer Folge dazu, dass sich ihr Interessengebiet um die Beschäftigung mit der Philosophie, der Mythologie, der Archetypenlehre und der kulturellen Anthropologie erweiterte.

Seit ihrem neunzehnten Lebensjahr liegt hinsichtlich ihrer Wissenssuche ein Schwerpunkt auf dem Bereich der Archetypenlehre, wobei sie in ihrer Arbeit stark von Carl Gustav Jung und James Hillman beeinflusst worden ist. In der Mythologie ließ sie sich durch Joseph Campbell inspirieren und hinsichtlich der Auseinandersetzung mit der Sprache der Symbole sowie den unterschiedlichen sprachlichen Traditionen kommt den Schriften C. G. Jungs, René Guénons und Marcel Granets eine gewichtige Rolle zu.

Diese Aspekte vertiefte sie später durch das Studium der Psychologie in Padua und Graz und durch das Interesse für unterschiedliche psychotherapeutische Ansätze.

Behandlungsmethoden entwickelt von Dr. Ernestina Sabrina Mazza

Psychologische Energetik nach Dr. Mazza ® **/ Energetic Tao Healing** nach Dr. Mazza ®

Diese Methode verfolgt das Ziel, eine Brücke zu bauen zwischen den neuen wissenschaftlichen Erkenntnissen im Bereich der Energetik und den jahrtausendelangen Erfahrungen energetischer Traditionen und Weisheitslehren aus dem asiatischen Raum.

Psychologische Numerologie nach Dr. Mazza ®

Aus der Verbindung der klassischen Numerologie mit den Archetypen C. G. Jungs und der archetypischen rituellen Psychologie entsteht ein mächtiges Werkzeug zur Entschlüsselung und Deutung unseres Lebensweges.

Dea Nova ®

Diese Methode hilft Frauen, sich in dieser gemeinsamen Entdeckungsreise von alten Verletzungen und vorgegebenen Stereotypen zu befreien und sich im jeweiligen weiblichen Aspekt beheimatet zu fühlen. Durch die Ausbildung **Dea Nova®** lernen die TeilnehmerInnen eine ganzheitliche Methode, die ihnen erlaubt, Einzelsitzungen zu begleiten und einen Frauenkreis zu leiten.

Tao Healing Mind nach Dr. Mazza ® **bzw. auch Intuitionstrainer®**

Hierbei handelt es sich um eine Methode, um die eigene Intuition zu entwickeln und mit dem eigenen Fluss des Lebens verbunden sein zu dürfen.

Tao Healing Heart nach Dr. Mazza ®

Dies ist eine Beratungs- und Coachingmethode, die die Heilung der emotionalen Verletzungen und die Integration der eigenen Schattenseiten ermöglicht. Das Hauptziel dieses Weges ist, mit offenem Herzen zwischenmenschliche Beziehungen mit einer liebevollen und begeisterten Haltung in jedem Bereich des Lebens zu gestalten.

Rituelle Prozessarbeit nach Dr. Mazza ®

Im Rahmen dieser Methode gehen wir den Weg einer Innenschau, die zu Klarheit über die tiefen Wurzeln seelischer und körperlicher Blockaden führt.

Matrix and Cellular Tao Healing nach Dr. Mazza ®

Bei dieser Methode wird mit bestimmten Mudras, sanfter Berührung und fokussierten Impulsen der mentalen Kraft am Gedächtnis der Körperzellen und an der Matrixstruktur im Energiefeld gearbeitet. Diese

Methode versetzt in einen Zustand, in dem tiefe Regenerationsprozesse stattfinden können.

Tao Healing Bodywork nach Dr. Mazza ®
Diese sanfte, energetische Körperarbeit findet ihren Ursprung in der jahrtausendealten taoistischen Tradition der Meridianlehre und in der bewussten Anwendung der mentalen Kraft, um Regenerationsprozesse im Körper zu aktivieren.

Tao Breath Flow nach Dr. Mazza ®
Diese Methode ist verwurzelt in der traditionsreichen, taoistischen Disziplin und in den ursprünglichen Formen der Kampfkunst, die versuchten, in sich die Kraft der Naturelemente aufzunehmen und für die Menschen durch die Ausübung der Bewegungsformen zugänglich zu machen.

intuitive dance nach Dr. Mazza ®
Die grundlegenden Elemente des **intuitive dance** nach Dr. Mazza ® sind ethnische Musik aus verschiedensten Kulturen der Erde, intuitive, befreiende und spontane Bewegungen und darauffolgende geführte Übungen und Meditationen, die ein tieferes Körperbewusstsein anregen.

archetypical journey ®
Diese Behandlungsmethode zeigt eine archetypische Grundstruktur, ein initiatorisches Training, das das Leben in seinen wesentlichen Etappen beschreibt und die wichtigsten Rollen, die jeder Mensch im Leben annimmt, schildert.

Seelenreisen und Rückführungsarbeit nach Dr. Mazza ®
Die Methode ist eine Kombination aus dem Wissen um die Karmalehre, aus Meditationstechniken von **Tao Healing Mind** nach Dr. Mazza ® und assoziativen Fragetechniken, die dem/der SeelenreisenbegleiterIn ermöglichen, die inneren Reisen lösungsorientiert auszurichten.

Ausbildungen

Hochschulen

1995–1997	Ausbildung als Erzieherin und Volksschullehrerin an der Lehrerbildungsanstalt D'uca D'Aosta Padova Bakkalaureatsstudium Handelswissenschaften, Recht und Marketing an der Universität Ca'Foscari in Venedig
1998–2002	Diplomstudium der Literatur- und Sprachwissenschaft an der Università degli Studi di Padova und an der Karl-Franzens-Universität Graz Lehramtstudium für Italienisch, Latein und Geschichte an der Università degli Studi di Padova
1998–2000	Diplomstudium Italienisch als Fremdsprache an der Università degli Studi di Siena
2001–2004	Studium der Pädagogik und Translationswissenschaft (Französisch, Deutsch) an der Karl-Franzens-Universität Graz
2002–2004	Aufbaustudium Lehramt für Deutsch an der Pädagogischen Akademie in Graz
2002–2005	Studium der Psychologie an der Università degli Studi di Padova
Ab 2007	an der Karl-Franzens-Universität Graz

Zusatzausbildungen

1996–1998	Verschiedene Seminare über holistische Therapieformen am Istituto RIZA in Padua
2001	Weiterbildung auf dem Gebiet der asiatischen Körperarbeitsform Seitai und der Kampftechnik Aikido sowie der Kunstform des No-Theaters an der Atemschule in Mailand Scuola della Respirazione)
2002	Ausbildung zur Übungsleiterin an der Volkshochschule Stmk.
2004–2007	Ausbildung zur Dipl. Shiatsu-Praktikerin an der Internationalen Shiatsu Schule Österreich (ISSÖ) in Graz
2011–2015	Psychotherapeutisches Propädeutikum

Bücher

aus dem bios® verlag

Psychologische Numerologie nach Dr. Mazza ® – **Band 1**

Zahlen als Spiegel der Persönlichkeit und Lebensaufgabe

von Dr. Ernestina S. Mazza

Sie wollten schon immer wissen, welche Ihre verborgenen Talente sind, wohin Ihr Leben führt, wie Ihre Persönlichkeit und Ihr Unbewusstes funktionieren? Und schon immer hatten Sie den Wunsch in sich, andere Menschen zu erfassen? All jene Fragen können Sie durch dieses Nachschlagewerk beantworten. Dieses Buch kann zu einem treuen Begleiter werden. Die vielen Anregungen der psychologischen Numerologie bieten eine optimale Orientierungshilfe in der komplexen Welt der zwischenmenschlichen Beziehungen. Lebenszahlen, Schicksalszahlen und die weiteren Werkzeuge der psychologischen Numerologie lassen Sie Ihre Menschenkenntnis entfalten.

2. Aufl. Juni 2017, 512 S. Farbe, Illustrationen, A5 Taschenbuch, Ökopapier

ISBN: 978-3-9502733-4-2, **EUR 25,-**

Psychologische Numerologie nach Dr. Mazza ® – Band 2

Das Entwicklungspotenzial und die Herausforderungen des Lebensweges erkennen

von Dr. Ernestina S. Mazza

Das Buch ist ein breitgefächertes Nachschlagewerk für Numerologiebegeisterte. Es bietet eine erweiterte Perspektive und eine detaillierte Interpretation unserer persönlichen Lebensabschnitte, der persönlichen Jahre und Monate, und unserer verborgenen Entwicklungspotenziale. Das Leben hat immer Überraschungen für uns auf Lager. Wenn Sie im Leben eine Hilfestellung suchen und erkennen möchten was Ihr Lebenspfad für Sie an Herausforderungen bereit hält, sollten Sie sich dieses Buch zulegen. Auf eindringliche Art und Weise beschreibt es die Herausforderungen unseres Lebensweges und bietet dazu eine wesentliche Hilfestellung, um diese erfolgreich zu bewältigen.

2. Aufl. Dezember 2018, 450 S. in Farbe, A5 Taschenbuch, Ökopapier
ISBN: 978-3-9502733-3-5, **EUR 19,-**

Das Handbuch der Partnerschaftsnumerologie

Erkenntnisse und Rituale für eine harmonische Partnerschaft

von Dr. Ernestina S. Mazza

Dieses Buch bietet Ihnen wertvolle Übungen, Hinweise und praktische Empfehlungen, um ihre Beziehungsfähigkeit zu entfalten und eine erfüllende, sinnliche und innige Partnerschaft zu leben.
Das Buch der Psychologischen Numerologie nach Dr. Mazza ® nutzt die Weisheit der Zahlenlehre in Verbindung mit fundiertem psychologischem Wissen und stellt Ihnen zusätzlich eine Selbstcoaching-Anleitung bereit. Wenn Sie auf der Suche nach einem Partner sind, hilft Ihnen das Buch dabei herauszufinden, worauf Sie achten sollten, um eine erfüllende Beziehung anziehen zu können.
Lassen Sie sich von der Vielfalt dieses Buches überraschen. Vor allem die umfassenden Beschreibungen und die vielen Übungen werden Ihnen in Krisenzeiten in Ihrer Beziehung zur Seite stehen und Ihnen in jedem Augenblick des gemeinsamen Lebens mit Ihrem Partner zu Harmonie verhelfen.

1. Aufl. November 2014, 304 S., A5 Taschenbuch, Ökopapier
ISBN: 978-3-902907-07-3, **EUR 19,-**

Der Weg zur emotionalen Selbständigkeit

Emotionale Verletzungen heilen und erfüllende Beziehungen leben

von Dr. Ernestina S. Mazza

Warum fühlen wir uns nicht geliebt und oft in Beziehungen verletzt?
Je mehr wir uns der Liebe hingeben, desto verletzlicher sind wir.

Mit Klarheit erklärt dieses Buch, wie unverarbeitete Kindheitsverletzungen hingebungsvolle, erwachsene Beziehungen verhindern. Wir können aber der Spirale der verletzten Liebe ein Ende bereiten. Die vielen Lebensgeschichten und Anregungen dieses Buches lassen die eigenen Verletzungen und die daraus resultierenden Glaubens- und Verhaltensmuster erkennen und nachhaltig auflösen. Die Zeit der Vorwürfe und des Beleidigtseins hört auf, wir begegnen uns selbst und den anderen mit Dankbarkeit und Toleranz. Der breitgefächerte Praxisteil lässt uns konkrete Schritte zur Liebesfähigkeit gehen und die gewonnenen Erkenntnisse unmittelbar umsetzen.
Dieses Buch ist eine Einladung, im Hier und Jetzt die Liebe mit offenem Herzen zu leben. **Wir sind Schöpfer unseres Beziehungsglücks!**
Wie wir dies erkennen und umsetzen, verrät uns dieses Buch.
3. Aufl. August 2015, 507 S., A5 Taschenbuch, Ökopapier, Bestseller
ISBN 978-3-9502733-5-9, **EUR 19,-**

Glückliche Kinder, gelassene Erwachsene

Selbstwahrnehmung und Emotionale Intelligenz
bei Kindern und Jugendlichen fördern

von Dr. Ernestina S. Mazza

Wie kann man Selbstwertgefühl, Selbstvertrauen und Empathie von Kindern und Jugendlichen fördern?

Dieses Buch mit effektiven Übungsprogrammen beantwortet diese Frage in Theorie und Praxis. Sie finden in diesem Buch auch ein Gelassenheitstraining, das Ihnen einen entspannten Umgang mit jungen Menschen ermöglicht. Die liebevolle und fröhliche Gestaltung der 42 leicht durchführbaren Übungen lässt Erwachsene und Kinder in einer spielerischen und vertrauensvollen Stimmung zueinander finden. Atemübungen, Entspannungsgeschichten, Selbstwahrnehmungsübungen, Fantasiereisen, Empathie- und Kommunikationsübungen, Kreativitätsübungen und Rituale bieten eine einzigartige Vielfalt an Möglichkeiten für die Arbeit und kreative Zeitgestaltung mit jungen Menschen.

Praxisnah und vielseitig eignet sich dieses Buch für all jene, die beherzigen, dass Kinder unsere Zukunft sind, und ihnen helfen möchten, ihr Naturell selbstbewusst zu leben.

1. Aufl. November 2013, 330 S. in Farbe, A5 Taschenbuch, Ökopapier
ISBN: 978-3-902907-03-5, **EUR 19,-**

Tao Healing Mind nach Dr. Mazza ®

Im Fluss mit dem Leben sein

Das Tao der Intuition

von Dr. Ernestina S. Mazza

Auf das Bauchgefühl vertrauen – ja oder nein?
Diese ewige Frage begleitet jeden von uns im täglichen Leben. Eingebungen und intuitive Gedanken kennt jeder. Oft wagen wir es jedoch nicht, darauf zu vertrauen. „Im Fluss mit dem Leben sein" ebnet den Weg zur Intuition. Sie können sich dann auf Ihre innere Stimme verlassen und spüren, ohne langes Überlegen, was stimmig ist.
Die vielen Übungen und Reflexionen nehmen den Leser bei der Hand und lassen ihn Vertrauen zu seinem Bauchgefühl entwickeln. Das einfache und wirksame 21-Tage-Übungsprogramm hilft jedem, auch im stressigen Alltag eine mitschwingende Intuition zu entwickeln.
Das Buch ist in vielen Lebenssituationen ein praktischer Ratgeber und ermöglicht, eigenständig neue Strategien für eine bewusste und intuitive Lebensführung zu entdecken.

1. Aufl. August 2010, 360 S. in Farbe, zahlreiche Abbildungen, sehr viele Übungen, 21 x 21 cm, Hardcover, ISBN 978-3-9502733-2-8, EUR 25,-

Der bios® verlag

DER VERLAG MIT HERZ UND WEITBLICK

Der *bios®verlag* will ein Zeichen des Wandels und der Erneuerung setzen. Das Wort „bios“ stammt aus dem Altgriechischen und bedeutet „Leben“. Unsere Arbeit will Menschen darin unterstützen, eigenmächtig ein erfüllendes Leben zu führen.
Zu den **Schwerpunkten unseres Verlagsprogramms** zählen folgende Themenbereiche: bewusste Lebensführung, persönliches Wachstum, Psychologische Energetik, Psychologische Numerologie, Mentaltraining für Kinder und Erwachsene, Taoistische Körperübungen, Intuitionstraining, Mental- und Empathietraining, Persönlichkeitstraining mit Archetypen, Spiritualität, spezifische Frauen- und Männerseminare.
Die Entscheidung, die eine positive Veränderung in die Wege leitet, liegt stets in unserer eigenen Hand.
Unsere Bücher und Meditations-CDs verfolgen das Ziel, die Brücke zu einer erfüllenden Lebensführung zu bauen, in der sich die Weisheit des Fernen Ostens mit der Kraft und den Erkenntnissen der westlichen Weltanschauung harmonisch miteinander verbinden.
Die Entscheidung, diesen Verlag zu gründen und das wertvolle Wissen und unsere Erfahrung in Form von Büchern und CDs weiterzugeben, entstand in der *akademie bios®*. Im Rahmen von Beratungs- und Seminartätigkeiten sind mehrere Behandlungsmethoden und Trainingsprogramme entwickelt worden, die sich in der Praxis als sehr erfolgreich erwiesen haben. Dieses Wissen und den Erfahrungsschatz weiterzugeben, motivierte Dr. Ernestina Mazza dazu, ihre ersten Bücher zu verfassen.

www.bios-naturshop.eu